예수라면 어떻게 하실까

찰스 M · 쉘돈 지음 / 최정선 옮김

지 성 문 화 사

세상에는 참으로 훌륭한 철학과 사상이 있고, 그것을 잘 알고 있는 지식인은 헤아릴 수 없을 만큼 많습니다.

대부분의 인간은 선악(善惡)과 미추(美醜)에 대한 분별력을 가지고 있습니다. 예컨대 도둑질과 살인이 나쁘다는 것을 모르는 사람은 없습니다. 그런데도 도둑질과 살인 등의 범죄가 끝없이 벌어지고 있습니다.

사람들은 선을 알면서도 악을 범합니다. 입으로는 천사의 말을 하면서도 행동으로는 악마의 행동을 하는 경우가 많습니다. 하나님의 말씀을 좇아 살겠다고 맹세한 크리스천 중에도 말따로 행동따로의 사람들이 적지 않습니다.

이 책은 어느 실직당한 사나이가 난데없이 출현하여 다음과 같은 질문을 던지고 죽음으로써 시작됩니다.

"예수님이라면 어떻게 하실까?" 주님의 발자취를 따른다는 것이 무엇을 뜻하는 것일까?

이 말은 나태하고 무감각하게 종교 생활을 하는 이들의 가슴에 큰 파장을 일으키게 하고, 크리스천으로서의 삶에 대하여 진지한 질문과 명쾌한 답을 제시하고 있습니다.

이 책은 출간되자마자 거의 전세계의 모든 언어로 번역되어 수천 만의 사람들에게 큰 영향을 끼쳤습니다. 이 책의 판매량을 능가한 책은 《성경》과 《천로역정》뿐일 것입니다.

사람의 인생을 변화하게 만드는 놀라운 힘이 이 책 속에 담겨져 있습니다. 당신도 이 책의 마지막 페이지까지 다 읽고 나면 진한 감명과 깨달음을 얻게 되어 획기적인 인생관의 변화를 느낄 수 있을 것입니다.

이 책의 원제는 "주님의 발자취를 따라서(In His Steps)"이며, "예수라면 어떻게 하실까?(What would Jesus do?)"는 부제입니다. 그러나 이 부제가 이 책의 주제임과 동시에 가장 많이 나오는 대사이기 때문에 제목으로 사용했음을 밝힙니다.

1998년 여름 역자

차 례

제 1 장
방랑자

여러분이 부르심을 받은 것은
그리스도의 발자취를 따라오게 하시려는 것입니다.
그리스도께서도 여러분을 위하여
고난을 받으시고 여러분에게 본을 남겨 놓으셨습니다.
(베드로 전서 2장 21절 새 번역—역자 주)

　금요일 아침이었다. 헨리 멕스웰 목사는 주일 아침 설교할 원고 준비를 마무리하려고 안간힘을 쓰는 중이었다. 그는 준비 도중에 수 차례 방해를 받아 아침 시간을 뺐겼으므로 신경질이 나 있었다. 그러다 보니 설교 원고의 마무리가 만족스럽게 진전되지 않았다.
　"메어리."
하고 그는 마지막 방해를 받은 후 이층으로 올라가면서 아내를 불렀다.
　"이제부터 누가 오거든 내가 몹시 바빠서 아주 중요한 일이 아니면 내려올 수 없다고 말해줘요."
　"알았어요, 헨리. 하지만 나는 지금 유치원엘 가 봐야 하니 어쩌죠. 그러니까 집을 봐야 하겠어요."
　목사는 자기 서재로 들어가 문을 닫았다. 조금 후 아내가 외출하는 소리가 들렸고 온 집안이 아주 조용해졌다. 그는 비로소 안도의 한숨을 내쉬고, 책상 앞에 앉아 원고를 쓰기 시작했다. 그가 설교에 인용한 성경 구절은 베드로 전서 2장 21절이었다.

　'여러분이 부르심을 받은 것은 그리스도의 발자취를 따라오게 하시려는 것입니다. 그리스도께서도 여러분을 위하여 고난을 받으시고 여러분

에게 본을 남겨 놓으셨습니다.'

맥스웰 목사는 설교 첫 부분에서 예수께서 자기 희생으로 속죄하셨음을 강조하였고, 그의 죽으심뿐 아니라 생애에서 다방면으로 예수께서 고통 당하신 사실에 주의를 환기시켰다. 그리고 모범적 면에서 예수님의 생애와 교훈을 실례를 들어가면서 그가 보여준 본보기를 더욱 강조하려고 했다. 그리스도 안에 있는 신앙이 인간을 구원하는 데에 얼마나 도움이 되었는가를 실례를 들어 설명해서 그들이 예수님을 모방하도록 예수님이 보여주신 것을 회상시키면서 예수님의 대속을 강조했다. 그리고 세번째이자 마지막 요점으로 맥스웰 목사는 예수님의 희생과 모법을 따라야 할 필요성을 강조하게 되었다.

맥스웰 목사는 "세 단계가 있습니다. 그것이 무엇일까요?"라고 설교 제목을 정해 놓은 다음, 세 단계를 논리적인 순서로 열거하려는데 갑자기 벨이 울렸다. 그것은 일종의 태엽장치 벨이었는데, 언제나 열두 번을 한꺼번에 치게 시도한 벨소리였다.

헨리 맥스웰 목사는 의자에 앉은 채 약간 눈살을 찌푸렸다. 그는 벨소리에 응하려고 하지 않았다. 벨소리가 급하게 다시 울리자, 그는 마지못해 일어나서 현관이 내려다보이는 창가로 가서 섰다. 한 사나이가 계단에 서 있었는데, 그 사나이는 젊은이였으나 매우 누추한 의복을 입고 있었다.

"방랑자 같군 내려가 봐야겠는데."

맥스웰 목사는 혼자 중얼거리며 자기가 쓰던 문장의 마무리를 맺지 못한 채 아래층으로 내려가 현관문을 열었다. 두 사람은 잠시 말없이 서로 바라보다가 마침내 행색이 초라한 젊은이가 입을 열었다.

"목사님, 저는 직장을 잃었습니다. 목사님이라면 제게 뭔가 일거리를 얻어 주실 것 같다고 생각했습니다."

"나는 아무것도 모르겠소. 요즈음 직장이 하도 귀해서……"

맥스웰 목사는 이렇게 대답하고 천천히 현관문을 닫기 시작했다.

"그럴 줄은 몰랐습니다. 목사님은 저를 시의 철도 일이나 상점 관리인이나 아니면 어떤 일을 주선해 주실 수 있을 거라고 생각합니다만."

그 젊은이는 초조한 표정으로 말하면서 색이 바랜 모자를 신경질적으로 손에서 손으로 옮겼다.

"나는 아무 도움도 드릴 수 없어서 미안하오. 더구나 나는 오늘 아침 매우 바쁘답니다. 무슨 일이든 찾게 되기를 바라오. 안됐지만 지금은 우리 집에도 당신에게 일거리를 드릴 수 없어서 미안하오. 말 한 마리와 소 한 마리가 있긴 하지만, 그 일도 내가 손수 하고 있으니까요."

헨리 맥스웰 목사가 현관문을 닫아 버리자, 그 사나이가 계단을 내려가는 소리가 들렸다. 그가 2층 서재로 들어와 창밖을 내다보니 그 사나이는 모자를 손에 든 채 천천히 거리를 걸어 내려가는 것이 보였다. 목사는 어쩐지 풀죽고 집없으며 버림받은 그 사람의 모습을 보고 잠시 망설였다. 그는 책상으로 돌아와 앉자 한숨을 짓고는 끝맺지 못한 원고를 계속 쓰기 시작했다. 더 이상의 방해를 받지 않았고, 두 시간이 지나 그의 아내가 돌아왔을 때에는 설교 원고가 완전히 끝났다. 그는 여기저기 흐트러진 원고지를 한데 모아 말끔하게 묶은 다음 성경 위에 얹어 놓았다. 비로소 주일 아침 예배의 설교 준비가 완전히 끝난 셈이었다.

"헨리, 오늘 아침 유치원에서 이상한 일이 있었어요."
하고 그들이 점심식사 때, 그의 아내가 말했다.

"당신도 아시다시피 나는 브라운 씨 부인과 함께 그 유치원을 방문했는데, 게임이 막 끝나고 아이들이 테이블 주위에 앉았을 때, 느닷없이 문이 열리더니 더러운 모자를 두 손에 든 한 젊은이가 들어 왔어요. 그는 문간에 털썩 주저앉더니 아무 말도 하지 않고 아이들만 물끄러미 바라보지 않겠어요. 그는 분명히 방랑자였는데, 렌 양과 그녀의 조수인 카일 양은 처음에는 깜짝 놀랐지요 그런데 그 젊은이는 아주 조용히 앉아 있더니 조금 후에 나갔어요."

"아마 피곤해서 잠시 쉬고 싶었던 모양이구려. 아까 여기 찾아왔던 같은 사람인듯 하구려. 방랑자 같다고 했지요?"

"그래요. 매우 먼지 투성이에 초라하고 더러워서 영낙없이 방랑자 같았어요. 서른이나 서른 두세 살쯤 돼 보이더군요."

"바로 그 사람이오"

헨리 맥스웰 목사는 동정심 많은 듯이 생각에 잠겼다.

"당신, 설교 준비는 다 끝내셨어요?"

그의 아내가 말을 멈추었다가 다시 물었다.

"음, 마쳤소. 이번 주는 매우 바쁘구려. 설교를 두 번씩 하는 것은 내게는 무척 힘든 일이오."

"이번 주일에는 좀더 많은 사람들이 와서 설교를 듣고 평가해 줬으면 좋겠어요."

그의 아내는 미소지으며 물었다.

"주일 아침에는 무슨 말씀을 설교하실 작정이세요?"

"그리스도를 본받고 따르자는 것이오. 즉, 희생과 모범을 첫째로 삼으시는 그리스도의 대속하심을 채택했고, 예수님의 희생과 모범을 따르는데 필요한 몇 가지 단계를 제시하려고 하오."

"틀림없이 좋은 설교가 되겠군요. 그러나 저러나 이번 주일에는 비가 내리지 않아야 할 텐데. 근래에 와서 주일마다 너무 많은 폭풍우가 왔단 말이예요."

"정말 그랬었지. 어떤 땐 교인들이 너무 적게 모이더군요. 사람들은 폭풍우 속에 교회로 오려고는 하지 않거든."

헨리 맥스웰 목사는 이렇게 말하면서 한숨을 쉬었다. 그는 자기가 공들여서 준비한 설교 내용에 비해 교회에 모이는 교인들의 수가 너무 부족하다는 생각을 하고 있었다. 그러나 주일 아침 레이먼드 시는 오랜 바람과 비로 인해 궂은 날씨였는데, 이 날은 오래간만에 볼 수 있는 쾌창한 날씨였다. 공기는 맑았고 하늘은 구름 한 점 없이 맑았다. 맥스웰 목사의 교구 안에 살고 있는 신도들은 모두 교회에 갈 준비를 하느라고 분주했다. 오전 11시 예배가 시작될무렵 넓은 교회당 안에는 훌륭한 옷차림에 기분좋아 보이는 레이먼드 시의 사람들로 가득찼다.

레이먼드 제일교회는 돈으로 살 수 없는 최상의 음악을 보유하고 있었고, 그 날 아침 성가대의 노래는 교인들에게 큰 기쁨과 감동을 주었다. 송영은 고무적이었다. 모든 음악이 설교 제목에 부합되었으며, 그리고 송영은 찬송가를 가장 현대적으로 정성들여 편곡한 것이었다.

　　십자가를 내가 지고
　　주를 따라가도다 (367장 역자 주)

　설교가 시작되기 직전에 소프라노 가수가 유명한 한 구절을 독창으로
불렀다.

　　주의 인도하심 따라
　　주의 인도하심 따라
　　어디든지 주를 따라
　　주와 함께 함께 가려네 (360장 후렴)

　그날 아침 십자가와 가시 면류관의 무늬가 뜻깊게 새겨진 참나무 판
자 칸막이를 배경으로 서 있는 레이첼 윈슬로우의 모습은 그 날 따라 매
우 아름다웠고, 그녀의 음성은 얼굴보다 더 아름다웠고, 그보다 더 큰
뜻을 지니고 있었다. 그녀가 일어서자 교인들은 전반적으로 웅성거렸다.
맥스웰 목사는 만족스런 표정으로 강단 뒤에 앉아 있었다. 레이첼 윈슬
로우의 노래는 언제나 그에게 도움이 되었다. 대개 설교 전에 노래를 부
르도록 순서를 정했다. 이런 찬송가는 특별한 감동을 불러일으켜 자기
의 설교를 더 인상깊게 할 수 있기 때문이다. 교인들은 전에 그녀처럼
노래하는 것을 제일교회에서 들어 본 적이 없다고 생각했다. 교회의 예
배 시간만 아니라면 틀림없이 그녀의 독창은 우뢰와 같은 박수갈채를
받았을 것이다. 맥스웰 목사 자신도 그녀가 노래를 마치고 앉을 때면 박
수를 치거나 발로 마루를 구르고 싶은 충동 같은 것이 교회 전체를 휩쓸
고 지나가는 것을 느낄 정도였다. 그러다가 그는 소스라치게 놀랐다. 그
러나 그가 일어나서 성경 위에 설교 원고를 놓으면서 그는 내가 잘못 생
각했구나 했다. 물론 이런 착각은 생길 수 없었다. 잠시 후 그는 자기의
설교에 몰두했고, 설교하는 기쁨에 모든 일을 잊어버렸다.

　어느 누구도 헨리 맥스웰 목사가 하는 설교가 활기없는 설교가라고 책망한 사람은 한 명도 없었다. 오히려 그는 다소 선동적이라는 책망을 자주 받았는데, 그것은 그가 한 설교 내용이 아니라 설교하는 방식에 관한 것이었다. 그들의 설교자나 교인들은 그런 설교 방식을 좋아했다. 사람들은 그런 점을 독특한 장점으로 받아들이고 있었다.

　또한 제일교회 목사가 설교하는 것을 좋아한다는 것도 부인할 수 없는 사실이었다. 그는 좀처럼 다른 사람에게 강단을 비워주지 않았다. 주일만 되면 자기 강단에서 열성을 다해 설교를 하였다. 그는 넓은 교회를 가득히 메운 회중들을 향해 30여분 동안 설교하고 나면 기분이 유쾌했는데, 모두 자기의 설교를 열심히 듣고 있음을 알고 더욱 그러했다. 그는 회중의 수가 많고 적음에 특히 민감했다. 그는 적은 회중 앞에서는 설교가 잘 되지 않았다. 날씨도 그의 설교에 결정적인 영향을 끼쳤다. 바로 그 날 아침처럼 쾌청한 날씨에 교회를 가득 메운 회중을 대하면 그의 설교는 가장 좋은 것이 되었다. 그는 설교를 하면서 말할 수 없는 기쁨과 만족감을 느꼈다.

　'이 제일교회는 레이몬드 시에서 가장 훌륭한 교회이다. 이 교회는 최고의 성가대를 가지고 있다. 이 교회는 레이먼드 시의 재계, 사회의 지성을 대표하는 지도급 인사들로 구성되었다. 나는 여름에 3개월의 휴가 여행으로 해외로 떠난다. 그리고 이 시의 제일교회 목사의 직위, 나의 영향력, 나의 목사직의 환경들이 있지 않은가.'

　헨리 맥스웰 목사가 이런 생각들을 그의 설교에 어떻게 연관시키고 있는지 확인할 수 없지만, 그는 설교 도중 그 모든 느낌들을 이따금 반영시키고 있음을 자신 스스로 알고 있었다. 그런 생각들은 그의 사고의 본질 속에 깊숙히 자리잡고 있었으며, 자신도 모르게 가끔씩 순간적으로 모두 나타나기도 했다. 더구나 그는 자신의 지위와 자기의 정서에 대해 독백(獨白)할만큼 확실한 지각을 갖고 있었다. 따라서 그의 설교에는 개인적인 만족감이 다분히 내포되어 있었다.

　설교는 매우 재미있었다고 인상적인 말들로 가득차 있었다. 만일 이 설교가 인쇄된 설교문이었다면 상당한 주목을 받았을 것이다. 그는 연극대사를 외듯이 정열적으로 고상하게 설교했으므로, 폭언이나 지나친 언사라고 의심받아서 감정을 해치지 않았으며, 오히려 대단한 호응을 얻었으며 효과적이었다. 그 날 아침에 헨리 맥스웰 목사가 자기의 목사직에 만족했다면, 제일교회 교인들도 같은 기분일 것이다. 즉, 자신들이 학자답고 세련되었으며 약간 인상적인 얼굴과 풍모를 지니고, 열성을 다해 활기있고, 저속하고 시끄러우며 불쾌하고 틀에 박힌 데서 해방된 언어로 설교하는 목사를 강단에 모시고 있다는 것을 자랑스럽게 여겼을 것이다.

그러므로 설교자와 회중 사이에 거의 완벽하게 호흡이 일치되고 있을 때 느닷없이 훼방꾼 한 명이 들어왔다. 그 충격의 한도는 지적하기 어려웠고, 그 훼방꾼을 측정하기 어려웠다. 또한 그 충격은 의외였으며, 예배에 참석한 교인들 중 아무도 예상치 못한 사건이라 아무도 그 사람에게 따지거나 가로막을 만한 마음의 여유도 없었다.

맥스웰 목사는 설교를 마치고 큰 성경을 덮어 설교 원고 위에 놓으려는 참이었고, 좌석에 앉아 있던 성가대가 마지막 찬송을 부르려고 일어서려는 때였다.

　　　　내 죄 속해 주신 주께 힘과 정성다하니……(354장 역자 주)

갑자기 한 남자의 목소리가 울려퍼지자, 교인들은 깜짝 놀랐다. 그 목소리는 교회 뒤쪽에 있는 특별석에서 들렸다. 이어 한 사람의 모습이 어두운 그늘에서 나타났다. 그는 교회 한가운데로 걸어나왔다. 놀란 회중들이 사태를 파악하기 전에 그는 강단 앞까지 걸어나가 회중을 향해 돌아서 있었다.

"저는 이 곳에 온 후로 계속 여기저기 방황했습니다."

이 말은 그 사람이 방금 교회당 뒷쪽에서 했는데 또다시 되풀이했다.

"죄송합니다만, 예배가 끝나기 전에 드리고 싶은 말씀이 있습니다. 저는 술에 취하지도 않았고 미치지도 않았습니다. 저에게는 전혀 악의가 없습니다. 그러나 만일 제가 죽는다면, 며칠 내에 그럴 가능성이 있습니다. 저는 여기에 모이신 훌륭한 회중 앞에서 한 말씀 드린 것을 만족스럽게 여기면서 눈을 감을 것입니다."

맥스웰 목사는 자기 좌석으로 가서 앉지 않고 강대에 몸을 기대고 서서 그 낯선 사람을 내려다보았다. 지난 금요일 아침, 집으로 찾아왔던 바로 먼지투성이고, 해진 옷을 걸친 초라한 젊은이였다. 여전히 두 손에는 낡은 모자를 들고 있었다. 이것은 상대방의 호의를 구할 때 취하는 몸짓인 것 같았다. 면도도 하지 않았고 머리털은 거칠고 헝클어져 있었다. 과연 이런 사람이 제일교회의 강단에까지 들어온 일이 있었는지 의심스러웠다. 이런 류의 사람들이 길거리나 철도공작소 주변에 오르내린다면 참을 수 있겠지만, 강대 가까이에서 이런 사람을 대하리라고는 꿈에도 생각지 못했던 것이다.

그 사람의 태도나 목소리에는 전혀 도전적인 데가 없었다. 그는 흥분하지도 않았고, 목소리가 너무 낮아서 먼 곳에서 들려오는 소리같았다. 맥스웰 목사는 이 갑작스러운 사건에 너무나 놀라서 아무 말 없이 서 있었는데, 그 사람의 거동에서 언젠가 꿈속에서 만나 함께 걸으면서 이야기를 나눈 것처럼 느껴졌다.

교회 안의 교인들은 아무도 이 낯선 사람을 저지하거나 끌어내려는 행동을 하지 않았다. 아마 그 사람의 갑작스런 출현으로 인한 첫 충격이 너무나 커서 모두 크게 당황한 나머지 어찌할 바를 몰랐기 때문일 것이다.

그 사람은 말을 계속했는데, 자기가 저지받으리라는 생각도 없고, 제일교회 예배에 이변을 일으켰다는 생각도 전혀 하지 않는 듯했다. 또한 맥스웰 목사는 계속 몸을 강대에 기대고 있었는데, 그 사람이 말하는 동안 그의 얼굴은 점점 더 창백해지고 슬픔이 순간마다 더해 졌다. 그러나 목사는 그 사람이 말을 못하게 저지하지 않았고, 교인들은 강하게 얻어맞은듯 숨을 죽이고 침묵한 채 멍하니 앉아 있었다. 성가대에 섞여 앉아 있는 레이첼 윈슬로우는 창백해진 얼굴로 모자를 든 그 초라한 남자를 유심히 내려다보고 있었다. 그녀의 얼굴은 언제나 인상적이었다. 이때 전례가 없는 뜻밖의 사태에 부딪치게 되자 마치 불이 붙어 빛을 뿜듯이 두드러져 보였다.

"저는 보통 방랑자가 아닙니다. 예수님이 어떤 방랑자는 다른 방랑자보다 구원받을 만한 가치가 적다고 가르치셨는지 모릅니다만, 여러분은 아시겠지요."

그 사람은 전체 회중이 작은 성경 교실에 있기나 한 것처럼 자연스럽게 질문 했다. 그는 말을 잠시 멈추고 고통스럽게 기침을 하더니 다시 말을 계속했다.

"저는 10개월 전에 직업을 잃게 되었습니다. 저는 숙련된 인쇄식자공입니다. 새로 나온 라이노타이프(Linotype : 주조식 타자기)는 정말 훌륭한 발명품이지만, 저는 그 기계 때문에 실직한 나머지 자살한 사람이 금년에도 6명이나 생긴 사실을 알고 있습니다. 물론 저는 그 기계를 설치한 신문사를 탓하지는 않습니다. 하지만 이럴 경우 무엇을 할 수 있겠습니까? 저는 다른 직업은 배우지 못했고 할 수 있는 건 인쇄 기술뿐입니다. 저는 다른 일거리를 찾아 전국을 방랑했습니다. 저와 같은 처지에 놓인 사람이 이 나라에는 많습니다. 저는 불평하는게 아니라 사실을 있는 그대로 말할 뿐입니다. 그러나 제가 뒷자석에 앉아 이상하게 여기고 있을 때, 목사님이 예수님에게 부르심을 받았으면, 예수님을 따르라고 부르짖었는데, 과연 그것이 예수님께서 가르쳐 주신대로일까 하고 의아스럽게 여겼습니다. 목사님은, '예수님께서 나를 따르라고 말씀하셨을 때 예수님께서 뜻한 바가 무엇을 의미하신 것입니까?' 라고 말씀하셨습니다."

그 사람은 이렇게 말하고 뒤로 돌아서서 강대를 올려다보았다.

"목사님은 이렇게도 말씀하셨지요. 예수님의 제자는 예수님의 발자취를 따라야 하며, 그 발자취란 '순종, 믿음, 사랑, 본받음'이라고 역설하셨습니다. 그러나 여러분에게 그 말씀의 뜻은 말씀하지 않으셨는데, 특히 마지막 '본받음'에 대해서 말입니다. 여러분, 기독교인들에게 예수님의 발자취를 따른다는 것이 과연 무엇을 의미할까요? 저는 이 도시를 3일간 방랑하며 직업을 찾으려고 떠돌아 다녔지만, 그 동안 제게 동정이나 위로의 말이라도 해 주신 분은 여기 계신 여러분의 목사님 한 분 뿐이셨는데, 미안하다고 하시면서 어딘가 다른 곳에 가서 직업을 찾게 되기를 바란다고 하셨습니다. 여러분은 직업적 방랑자에게 시달리시어, 어떤 다른 종류의 방랑자에게도 관심을 못가지신다고 저는 생각하는데, 그렇죠? 저는 사실대로 말씀드리고 있을 따름입니다. 물론 여러분께서는 모든 일을 저와 같은 사람들을 위해 전적으로 직업을 알선해 주려고 나서실 수 없다는 것을 잘 알고 있습니다. 여러분에게 추궁하는 것은 아닙니다만, 예수님을 따른다는 것이 무엇을 뜻하느냐는 것이 바로 제가 묻고 싶은 말입니다. 방금 여러분께서는 '어디든지 주를 따라 주와 함께 가려네' 하고 찬송가를 부르셨는데 과연 그 뜻이 무엇입니까? 제가 알기로는 예수님이 하신 대로 스스로 고난을 당하고 자신을 부인하면서 길 잃은 자와 고통받는 자을 구원하려고 노력하는 것인데 여러분도 그렇게 생각하십니까? 여러분은 '예수님의 발자취를 따른다'는 뜻을 어떻게 해석합니까?

지금 우리나라는 도처에서 물자가 다량으로 부족한 것으로 알고 있습니다. 이 도시에서도 저와 비슷한 처지의 사람이 5백 명은 더 될 것입니다. 그들 대부분이 가족을 거느리고 있습니다. 제 아내는 4개월 전에 세상을 떠났습니다. 저는 제 아내가 고통에서 벗어난 것이 오히려 다행으로 생각합니다. 저의 어린 딸은 제가 직업을 얻기까지 한 인쇄공의 가족과 함께 지내고 있답니다. 그런데 저에게 수수께끼가 있습니다. 그것은 수 많은 기독교인들이 호화롭게 생활하면서 '십자가를 내가 지고 주를 따라가도다' 라고 찬송하는 것과, 제 아내가 뉴욕 시의 초라한 셋방에서 마지막 숨을 몰아쉬면서 어린 딸도 데려가게 해 달라고 하나님께 빌다가 죽은 일입니다.

물론 여러분에게 모든 사람이 굶어죽지 않도록 먹을 음식과 거처의 결핍을 막도록 기대하지 않습니다. 그러나 예수님을 따른다는 것이 무엇을 의미합니까? 크리스천들이 많은 셋집을 소유한 것도 알고 있습니다. 제 아내가 죽은 셋집의 주인이 크리스천이었는데, 그가 진심으로 끝까지 예수님을 본받고 따랐는지 의아스럽습니다. 어느 날 밤 저는 교회의 기도회 모임에서 사람들이 다음과 같은 찬송가를 부르는 것을 들었습니다.

나의 모든 속죄 받은 능력

나의 모든 생각과 나의 모든 일

나의 모든 날과 모든 시간을

모든 것을 예수님을 위해

모든 것을 예수님을 위해 (354장 역자 주)

저는 그 교회 바깥 계단에 앉아 그 찬송가의 뜻이 무엇일까 하고 생각해 보았습니다. 이 세상에 많은 고통이 있어도 모든 사람이 그 찬송가 가사처럼 생활한다면 고통이 없을 것 같았습니다. 하지만 아직도 저는 이해할 수 없다고 생각됩니다. 그것은 '예수님이라면 어떻게 하실까?' 그리고 '예수님의 발자취를 따른다는 것을 여러분은 어떻게 해석하실까' 입니다. 저는 이따금 예수님의 발자취를 따른다는 것이 과연 큰 교회에 적을 두고, 좋은 옷을 입으며, 좋은 집에 살고, 사치품에 돈을 쓰며, 여름 휴가를 즐기기 위해 멀리 갈 수 있고, 그런 모든 것일까 하고 생각합니다. 한편 교회 밖에 있는 많은 사람들이 셋집에서 죽고, 직업을 구하려고 거리를 헤매며, 집에는 피아노나 그림 한 폭 걸지 못하고 곤궁과 술과 죄악에 점점 더 깊이 빠져들고 있으니 말입니다."

여기까지 말을 마친 그 사람은 갑자기 술취한 것처럼 비틀거리며 대쪽으로 가더니, 그 위에 손을 얹고는 몸을 기대었다. 그와 동시에 모자가 그의 발밑 양탄자에 떨어졌다. 한바탕 큰 충격이 회중 전체를 휩쓸었다. 의사인 웨스트 박사가 좌석에서 반쯤 몸을 일으켰다. 청중 속에 생긴 침묵은 어떤 소리나 행동으로도 깨어지지 않았다. 그 사람은 다른 손으로 눈을 가리더니 그대로 앞으로 쿵하고 통로에 길게 고꾸라졌다. 헨리 맥스웰 목사가 말했다.

"이 일을 참작하여 예배를 마치겠습니다."

목사는 강단 계단을 내려와 제일 먼저 그 남자 곁에 무릎을 꿇고 앉았다. 그 순간 회중이 모두 일어섰고 통로는 꽉 들어찼다. 웨스트 박사는 그 남자가 아직 살아있다고 회중에게 알렸다. 그 남자는 정신을 잃고 실신했다. 웨스트 박사는 실신한 남자를 목사의 서재로 옮기는 것을 도우면서 나즈막히 중얼거렸다.

"심장 마비 증세로군"

제 2 장
예수라면 어떻게 하실까?

헨리 맥스웰 목사와 몇몇 신도들은 한동안 서재에 머물렀다. 그 사람은 긴 의자에 누워서 힘겹게 숨을 쉬고 있었다. 그 남자를 어떻게 할 것인가 하는 문제가 대두되자, 목사가 주장해서 자기 집으로 데리고 가겠다고 했다. 목사의 집은 교회에서 가까운 곳에 있었고, 또한 빈 방이 있었다.

레이첼 윈슬로우 양이 말했다.

"저의 어머니는 현재 사교 모임에는 안 가셔요. 기꺼이 저의 집에 머물도록 이 사람에게 말씀드리겠어요."

그녀는 몹시 동요되어 있었다. 아무도 자세히 눈치채지 못했다. 이번 사건은 제일교회 신도들이 잘 기억할만큼 괴이한 사건이었으며, 모두들 흥분했다. 그러나 목사는 그 사람을 돌보겠다고 주장했으며, 그 사람은 그의 집으로 옮겨졌다.

그 사람이 목사의 비어있던 방으로 들어가는 순간, 헨리 맥스웰 목사의 인생에 새로운 장이 시작되었다. 그러나 아무도 목사 자신조차도 뚜렷한 변화가 생길 것인지, 그리스도의 제자로서 그의 남은 여생이 어떻게 운명지어질 지를 꿈에도 생각하지 못했다.

이 사건은 제일교회 교구에 커다란 화제거리가 되었다. 교인들은 한 주간 동안 다른 이야기는 하지 않았다. 교인들이 일반적으로 받은 인상은 그 남자가 병으로 정신 착란을 일으켜 방랑하다가 무작정 교회로 들어왔고, 이상한 소리를 하는 동안 고열에 들떠 있었으며, 자기 주위를 전혀 의식하지 못했다는 것이다.

그는 그런 행동 때문에 교인의 동정을 받았다. 그가 한 말에는 모진 데나 불평이 전혀 없다는 일반적인 의견이었다. 그는 내내 회중의 한 사람이 매우 어려운 문제를 놓고 그 해결책을 찾아내려고 애쓰듯이 부드럽고 겸손하게 말을 했다는 것이다.

사택으로 옮긴지 사흘째 되던 날, 그 사람의 건강이 약간 호전되었다. 의사에게 이 말을 했으나 살아날 가망이 없다고 했다. 토요일 아침까지 병세가 지연되었으나, 주말이 가까워지자 다시 악화되었다. 일요일 새벽 시계가 1시를 치기 직전에 그 사람은 기운을 회복하더니, 자기 딸을 데려다 줄 수 있겠느냐고 물었다. 목사는 그 사람의 호주머니에서 찾아낸 편지에서 딸의 소재를 확인하는 동시에 당장 그애를 위해 사람을 보냈다. 그 사람은 기절한 후 처음으로 의식을 회복하고 잠시 말을 할 수 있게 되었다.

"딸아이는 지금 이리로 오는 중이오. 곧 도착할거요."

맥스웰 목사는 다소 안심을 했는지 의자에 앉으면서 말했다. 그의 얼굴에는 일주일간 철야 간호의 긴장한 기색이 역력히 나타나 있었다. 거의 매일 밤 간호를 강행했기 때문이다.

"이 세상에서 내 딸을 만나기는 틀린 것 같습니다."

하고 그 남자는 속삭였다. 그는 무척 힘이 든 듯 간신히 말을 이었다.

"목사님은 저에게 참 잘해 주셨습니다. 예수님께서도 목사님처럼 해 주셨으리라고 생각합니다."

잠시 후 그 남자는 머리를 가볍게 떨구었는데, 맥스웰 목사가 사태를 깨닫기 전에 의사가 조용히 말했다.

"그는 세상을 떠났습니다."

레이먼드 시의 일요일 아침은 지난 주 일요일 아침과 똑같이 밝았다. 맥스웰 목사가 강대에 올라서자 제일교회가 창설된 이래 가장 많은 교

인들을 대하게 되었다. 목사는 오랜 병석에서 금방 일어난 사람처럼 수
척해 보였다. 목사 부인은 죽은 남자의 어린 딸과 함께 집에 있었는데,
어린 딸은 아버지가 죽은 후 1시간쯤 지나서 새벽 기차로 도착했던 것
이다. 그 남자의 시신은 사택의 비어 있던 방에 누워 있었고, 모든 고통
에서 벗어난 것이다. 목사는 성경을 펼치자 그 남자의 얼굴이 떠올랐고,
10여 년간 하던 습관대로 강대 위에 설교의 주요 기록들을 가지런히 정
돈해 놓았다.

그 날 아침 설교는 새로운 내용을 담고 있었다. 헨리 맥스웰 목사가
원고 없이 아침 설교를 한 적은 거의 없었다. 사실은 그가 처음으로 목
회를 시작했을 때에는 때때로 그렇게 했다. 그러나 오랜 세월동안 그는
아침 설교의 모든 원고를 공들여 기록했고, 저녁 설교 원고도 언제나 충
실하게 했다. 그런데 이 날 아침 설교는 충격적이거나 감동적이라고는
할 수 없었다. 그는 매우 망설이면서 말했다. 분명히 뭔가 중대한 관념
이 그의 생각 속에서 발언하려고 몸부림쳤으나, 자기가 채택한 설교 제
목으로는 제대로 그 생각을 표현할 수 없었다. 설교가 끝날 때가 가까워
지자, 처음에 아파서 약했던 힘이 다시 생겨나기 시작했다.

맥스웰 목사는 성경을 덮고 강대 옆으로 걸어나와 교인들과 마주 서
서 지난 주에 있었던 주목할 만한 사건에 대해서 말하기 시작했다. 어쩐
지 그의 입에서 나오는 말씨가 약간 이상하게 들렸다.

"그 사람은 오늘 새벽에 죽었습니다. 나는 아직 고인의 과거 내력을
소상히 알아볼 만한 시간이 없었습니다. 고인에게는 시카고에 사는 누
이 한 분이 있다는 것을 알고 그녀에게 편지를 냈지만 아직 답장이 없습
니다. 고인의 어린 딸은 지금 우리 집에 와 있는데, 당분간 함께 머무르
게 될 것입니다."

맥스웰 목사는 잠시 말을 멈추고 예배당 안을 둘러보았다. 지금까지
목회하는 동안 그토록 많은 진지한 얼굴들을 대한 적이 없었다고 생각
했다. 그러나 교인들에게 자기의 경험, 지금 자기가 겪고 있는 위기를
이야기 할 수 없었다. 그래도 자기가 느끼고 있는 뭔가가 교인들에게 전
달되고 있다고 믿으며, 오늘 아침 자기 마음 속에 품은 메시지를 교인들

에게 말할 만큼 경솔한 충동으로 행동하는 사람은 아니라고 생각했다.

그래서 목사는 말을 계속했다.

"지난 주일 우리 교회에 나타난 그 낯선 사람이 한 말은 나에게 매우 강력한 감동을 주었습니다. 우리 집에서 죽은 고인이 말한 진실을 여러분이나 나에게 숨길 수 없습니다. 전에는 한적이 없는 '예수님을 따른다는 것은 무엇을 뜻하는가?' 라는 질문을 나 자신에게 던져 보지 않을 수 없습니다. 나는 우리 그리스도를 닮은 이들과 그 사람이나 그런 범위의 사람들과의 관계라는 면에서, 여러분과 나를 비난할 처지가 아닙니다. 그러나 그 사람이 한 말은 너무나도 진실한 말이었으므로 우리는 그 질문을 직면해서 우리가 해답을 시도하지 않으면 우리는 그리스도의 제자로서의 비난을 면치 못할 것입니다.

지난 주일 이곳에서 그 사람이 한 말은, 우리 모두가 보고 느낀 대로 그리스도교에 대한 도전적 성격을 다분히 띠고 있었습니다. 그날 이후로 나는 매일 그런 느낌이 더욱 강하게 증가되었습니다.

그래서 지금보다 어느 때가 더 적절한 때인지 모르겠습니다만, 지난 주일 이곳에서 우리들에게 던진 질문에 만족스런 대답을 형성할 계획과 목표를 제안하려고 합니다."

헨리 맥스웰 목사는 또 말을 중단하고 교인들의 얼굴을 살폈다. 제일 교회의 강력하고 진지한 남자와 여자 교인이 몇 명 앉아 있었다.

레이먼드 데일리 뉴스(Raymond Daily News)의 편집인인 에드워드 노먼의 얼굴이 보였다. 그는 10여 년 전부터 제일교회의 교인이었다.

모두 레이먼드의 저명한 인사들이었다. 알렉산더 파워즈는 거대한 레이먼드 철도공작소의 소장으로서, 전형적인 철도인이었고, 그 일을 위해 태어난 사람 같았다. 레이먼드 교외에 자리잡은 링컨대학의 도널드 마쉬 학장도 앉아 있었다. 레이먼드의 거상(巨商) 밀턴 라이트 그는 레이먼드 시내에 여러 개의 상점을 갖고 적어도 백여 명의 점원을 거느리고 있는 굴지의 상인이었다. 비교적 젊은 편이지만 특수 외과 분야에서 권위자인 웨스트 박사도 있었다. 성공적인 책을 썼고 새 소설을 쓰는 중이라는 젊은 작가 야스퍼 체이스도 있었다. 최근에 아버지의 사망으로 최소한 백만 달러의 유산을 상속 받은 뛰어난 미모와 지성을 갖춘 버지니아 페이지 양도 있었다. 그리고 그 누구보다도 두드러져 보이는 사람은 성가대에 앉아 있는 레이첼 윈슬로우인데, 교인들에 관심을 가진 때문인지 그녀의 독특한 미모가 오늘 아침에는 달아오르는듯 빛났다.

제일교회의 이런 실직적인 광경을 이유로 아마 헨리 맥스웰 목사의 만족감은 지난 주일에 느꼈던 것처럼 자기 교구의 교인들을 생각할 때마다 생길 것이다. 그 날 아침 제일교회 교인임을 주장하는 뛰어나고 강력한 저명 인사들의 모습이 많이 보였다. 그러나 헨리 맥스웰 목사는 그들의 얼굴을 주의해 살펴보면서 그들 가운데 몇 사람이나 자기가 제출하려는 생소한 제안을 받아들일 것인가 하는 궁금증에서 벗어날 수가 없었다. 목사는 이따금 어휘를 신중히 골라 말하려고 말하는 중간중간에 잠시 쉬는가 하면 극적인 효과를 거두려고 안간힘을 다 쓰면서도 교인들에게 전에 없이 강한 감명을 주려고 천천히 말을 이어 나갔다.

"지금 내가 내놓으려는 제안은 결코 이상하거나 실현이 전혀 불가능한 것은 아닙니다. 그러나 아마 우리 교회 교인들 중 많은 분들이 그렇게 여기실 것입니다. 하지만 우리 모두 잘 알아듣도록 나의 제안을 아주 평범하게, 아니 솔직하게 말씀드리겠습니다. 앞으로 1년 동안 '예수님이라면 어떻게 하실까?' 라고 스스로 묻지 않고는 어떤 일도 하지 않겠다고 진지하고도 정직하게 서약하는 자원자가 우리 제일교회 교인 중에서 나오기 바랍니다. 그리고 이렇게 서약한 다음에는 그 결과가 어찌 되리라고 짐작되든, 예수님께서 하시리라고 생각되는 그대로 행하는 것입니다. 물론 나도 이 자원자 모임의 일원이 되겠습니다. 그리고 내가 이러한 행동 기준에 따름으로써 앞으로 어떻한 행동을 하든 여러분께서는 조금도 놀라지 마시고, 또 자원자들이 예수님께서 하시리라고 생각되는 그대로 믿고 무슨 행동을 하든 그들의 행동에 반대하지 마시기 바랍니다. 나의 의도를 분명히 아시겠습니까? 예배를 마친 후, 이러한 자원자 모임에 참여하실 분은 남으셔서 더 자세히 의논해 주시기 바랍니다.

우리의 표어는, '예수님이라면 어떻게 하실까?' 입니다. 우리의 목표는 예수님이 우리의 입장에 처할 경우 몸소 행하시리라고 생각되는 그대로 실천하는 것입니다. 이 때문에 일어나는 결과에 구애되지 않습니다. 다시 말해서 예수님의 발자취를 그대로 따르는 것입니다. 그러니까 예수님께서 제자들에게 실행하도록 가르치신 그대로 아주 가까이에서 예수님을 따르자는 것입니다. 이 계획에 참여하실 분은 오늘부터 1년 동안 실행하기로 서약하는 것입니다."

헨리 맥스웰 목사는 다시 말을 중단하고 교인들을 둘러보았다. 그 단순하기 짝이 없는 제안이 몰고 온 물의는 기술(記述)하기 어려운 것이었다. 교인들은 당황한 나머지 서로 의아한 눈길을 주고받고 있었다. 이런 식으로 그리스도의 제자를 규정하는 것은 헨리 맥스웰 목사답지 않았다. 목사의 당돌한 제안에 교인들에게는 분명한 혼란이 일어났다. 그것은 언뜻 생각하면 충분히 이해할 만했으나 예수님의 교훈과 모범을 이렇게 적용시킨다면 분명히 큰 의견 차이가 생길 수 있었다.

맥스웰 목사는 짤막한 기도로 예배를 조용히 끝냈다. 축복기도가 끝나자 올갠의 후주곡이 울리는 가운데 교인들은 밖으로 나가기 시작했다. 교인들의 이야기 소리가 떠들썩했다. 흥분한 교인들이 교회 부근 여기저기에 모여서 목사의 제안을 놓고 서로 이야기를 나누고 있었다. 몇 분 후 목사는 남아서 토론에 참여할 분은 모두 교회 옆 교육관으로 모이라고 부탁했다. 목사는 교회 앞에 서서 몇몇 교인들과 이야기를 나누다가 작별하고 교회 안으로 돌아오니 교회 안은 텅 비어 있었다. 그는 교육관 입구로 가서 방에 들어서다가 거기에 모여 있는 교인들을 보고 깜짝 놀랐다. 그는 어떤 교인이 참여할 것이라고 예상하지 않았지만, 이렇게 많은 교인들이 자기를 그리스도의 제자로서 문자 그대로 시험하려고 기다리고 있는 줄을 미처 몰랐다. 약 50여 명의 교인들이 모여 있었는데, 그 중에는 레이첼 윈슬로우, 버지니아 페이지, 노먼 사장, 마쉬 학장, 철도공작소 소장 알렉산더 파워즈, 밀턴 라이트, 웨스트 박사, 그리고 야스퍼 체이스의 모습도 보였다.

맥스웰 목사는 교육관 문을 닫고 그 소그룹 앞으로 가서 섰다. 깊은 감명을 받은 목사의 얼굴은 창백해졌고 입술은 가볍게 떨리고 있었다. 그 시간이야말로 그의 생애뿐만 아니라 그의 교구의 진정한 위기였다.

맥스웰 목사가 성령에 의해 움직이고 있는 한, 그가 앞으로 무엇을 할지, 그리고 지금까지의 생각과 설교와 행동의 고정되고 습관화한 자기 생애의 방향을 어떻게 바꿔놓을지는 아무도 말할 수 없었다. 헨리 맥스웰 목사 자신도 자기가 어떤 위험한 고비를 지나가고 있는지를 전혀 알지 못했다. 그러나 그는 그리스도의 제자로 자신의 자격에 커다란 시련이 다가오고 있음을 깨달았고, 이때 교육관에 모인 남녀 교인들의 표정을 살피다가 이루 헤아릴 수 없는 깊은 감동에 휩싸이고 말았다.

이런 때 가장 적절한 말은 기도뿐이라는 생각이 떠올랐다. 그래서 모두 함께 기도하자고 말했다. 그리고 첫 마디의 기도가 시작되는 순간, 목사는 그들 모두에게 성령이 임했음을 분명히 느낄 수 있었다. 실내에는 눈에 보이는 것처럼 분명하게 능력으로 가득찼다. 기도가 끝나자 한동안 침묵이 흘렀으며, 모두가 머리를 숙이고 있었다. 헨리 맥스웰 목사의 얼굴은 눈물로 젖어 있었다. 실제로 하늘에서 목소리가 울려퍼지며 예수님의 발자취를 따르겠다는 그들의 서약을 직접 인정했다 해도, 그보다 더 절실하게 하늘의 축복을 느끼지는 못했을 것이다.

이래서 레이먼드 제일교회에서 비롯된 험난하기 그지없는 교회 개혁의 불꽃이 전국적으로 번질 조짐을 보이기 시작했다. 목사는 매우 조용하게 말했다.

"우리는 지금 하고자 하는 일이 무엇인지 잘 알고 있습니다. 우리는 일상생활에서 무슨 일을 하든지 '예수님이라면 어떻게 하실까' 라고 질문한 연후에 그 결과에 구애됨이 없이 예수께서 하시리라고 생각되는 행실을 그대로 본받아 행하기로 지금 서약하고 있습니다. 언젠가 때가 되면 1주일 동안 내 생활에 얼마나 큰 변화가 생겼는지 말씀드릴 수 있겠지만, 지금은 말씀드릴 수 없습니다. 그러나 나는 지난 주일 이후의 경험으로 지금까지 그리스도의 제자로서의 나의 생활에 매우 큰 회의를 느끼게 되었고, 오늘 이같은 행동을 강행하게 되었습니다. 나 혼자서는 감히 이 일을 시작할 수 없었습니다. 이 모든 일에 하나님의 사랑의 손길에 의해 인도받고 있음을 잘 알고 있습니다. 이와 똑같은 하나님의 추진력이 여러분에게도 틀림없이 임하실 것입니다. 이제 우리가 하려는 일이 무엇인지 잘 아시겠지요?"

"한 가지 질문이 있습니다."

레이첼 윈슬로우가 말했다. 모두 그녀에게로 몸을 돌렸다 그녀의 얼굴은 이루 형용할 수 없을 정도로 진실한 사랑의 아름다움으로 빛나고 있었다.

'예수님이라면 어떻게 하실까?' 라는 질문에 대답할 만한 우리의 지식이 약간 불확실하다고 생각됩니다. 예수님께서 제 처지라면 어떻게 하실 것이라고 저에게 확실히 알려 주실 분이 있다면, 과연 그분은 누구일까요? 그리고 예수님이 살아계실 때와 지금은 시대가 다릅니다. 더구나 근래에는 예수님의 교훈에서 언급되지 않은 복잡한 문제들이 우리 문명에 많이 있습니다. 예수님이라면 어떻게 하실까를 제가 어떻게 알 수 있을까요?"

"교우 여러분, 내가 알고 있는 바로는 우리가 성령을 통해 예수님의 뜻을 알게 된다는 것 말고는 다른 도리가 없습니다. 그리스도께서 예수님의 제자들에게 성령에 관해서 하신 말씀을 여러분은 기억하실 것입니다. '그러나 보혜사 곧 진리의 영이 오시면 너희를 모든 진리 가운데로 인도하실 것이다. 그는 자기 마음대로 말씀하시지 않고 들은 것만 일러 주실 것이요, 앞으로 올 일을 너희에게 알려 주실 것이다. 또 그는 나를 영광스럽게 하실 것이다. 그가 내것을 받아가지고 너희에게 알려 주실 것이기 때문이다. 아버지께서 가지신 것은 다 내것이다. 성령이 내게서 받은 것을 너희에게 알려 주실 것이라고 내가 말한 것은 이 때문이다.' (요한복음 16장 13~15절 새 번역—역자 주) 라고 하셨는데, 내가 알고 있는 방법은 이것밖에 없습니다. 그러므로 우리는 모두 이러한 지식의 근원 연구를 시도한 후에 예수님이라면 어떻게 하실까를 결정해야 할 것입니다."

"만일 우리가 확신한 일을 했는데 다른 사람들이 예수님은 그렇게 하지 않으실 것이라고 말한다면 어떻게 합니까?"
하고 철도공작소 소장이 물었다.

"물론 우리는 그 말을 막을 수는 없습니다. 그러나 우리는 철저하게 스스로에게 정직해야 합니다. 크리스천의 행동 기준이 보편적 행동 기준과 다를 수는 없습니다."

"그러나 한 교회의 교인이라도 '예수님이라면 어떻게 하실까?'에 대한 생각에서 한쪽은 예수님처럼 행동하기를 거절할 수도 있을 겁니다. 우리의 행동이 일률적으로 그리스도처럼 되게 하려면 어떻게 해야 할까요? 그리고 모든 경우에도 언제나 똑같은 결론에 도달할 수 있을까요?"

마쉬 학장이 물었다. 맥스웰 목사는 잠시 잠자코 있다가 입을 열었다.

"아닙니다. 우리가 그것을 기대할 수 있을지 나는 모르겠습니다. 그러나 진실하고 정직하며 순수하게 예수님의 발자취를 따른다면, 우리 자신의 마음이나 다른 사람들의 판단에 어떤 혼란도 없을 거라고 믿습니다. 우리는 광신주의에서 벗어나야 하겠지만, 그 반대의 경우도 주의 해야 합니다. 만일 예수님께서 보여 주신 모범이 이 세상 사람들 모두가 따르기 위한 모범이라면, 그것은 따를 수 있는 모범임에 틀림없습니다. 그러나 우리가 기억해야 할 중요한 사실이 있습니다. 그것은 '예수님이라면 어떻게 하실까?'를 성령께 여쭈어 보고 그 대답을 받은 다음에는 그 결과가 우리에게 어떠한 영향을 줄 것인지 구애받지 말고 행동해야 합니다. 이제 아시겠습니까?"

교육관에 모인 사람들은 모두 그 제안을 받아들이겠다는 표정으로 엄숙하게 목사를 쳐다보았다. 그 제안에 대한 오해는 말끔히 없어졌다. 헨리 맥스웰 목사의 얼굴에는 남녀 노인의 뒷좌석에 앉아 있는 약간의 교인들 중에서 전도봉사회 회장의 모습을 보자 다시금 자신의 얼굴에 경련이 일어남을 느꼈다.

그들은 한참 동안 남아서 세부적인 사항을 토의하고 서로 질문했다. 매주 규칙적인 모임에서 예수님의 발자취 따른 그들의 경험의 결과를 서로 보고하기로 의견의 일치를 보았다. 헨리 맥스웰 목사는 다시 기도했다. 그러자 전과 같이 성령께서 분명히 자신을 나타내셨다. 모두 장시간 머리를 숙이고 있었다. 마침내 그들은 조용히 물러나려고 했으며, 말로 형언할 수 없는 감동이 교육관에 가득차 있었다. 목사는 나가는 교인들과 일일이 악수를 나눈 다음 교회당 강단 뒤에 있는 자기 서재로 들어가 무릎을 꿇었다. 그런 자세로 30여 분 동안 혼자 있었다.

그는 집에 돌아와서 고인이 안치되어 있는 방으로 들어갔다. 고인의 얼굴을 보면서 그가 힘과 지혜를 얻게 해준 데 대하여 다시 진심으로 애도의 눈물을 흘렸다. 그러나 헨리 맥스웰 목사는 아직도 어떤 개혁운동이 시작된 것을 깨닫지 못했고 그 운동이 레이먼드 시가 생긴 이래 한번도 겪어 보지 못한 일련의 너무 놀라운 사건들로 확산될 줄은 정말 몰랐던 것이다.

제 3 장
예수님의 뜻대로

하나님 안에서 살고 있다고 말하는 그 사람은
자기도 그리스도가 행하신 것과 같이
행해야 합니다
(요한의 첫째 편지 2장 6절 새 번역—역자 주)

'레이먼드 데일리 뉴스'의 편집인 에드워드 노먼은 월요일 아침 자기 사무실에 앉아서 새로운 행동의 세계에 직면했다. 그는 진심에서 우러난 신앙심으로 '예수님이라면 어떻게 하실까?' 라고 질문한 후에 모든 일을 하기로 서약했었고, 두 눈을 활짝 뜨고 그로 인한 결과를 관찰할 작정이었다. 그러나 규칙적인 신문사의 일과는 지난 주에 일어난 사건의 소용돌이 속으로 휘말리기 때문에 그는 약간의 망설임과 두려움으로 일을 시작하게 되었다.

그는 사무실로 일찍 나와 몇 분 동안 혼자 있었다. 책상 앞에 앉아 있는데 불현듯 한 가지 생각이 떠올랐고, 그 생각은 전에 없이 커져서 마침내 소망으로 변해 버렸다. 그리스도의 발자취를 따르겠다고 서약한 다른 교인들처럼, 그도 생명의 성령께서 자기 생활 속에서 전에 없이 힘차게 움직이고 있음을 깨달았던 것이다. 그는 일어나서 출입문을 닫고 여러 해 동안 하지 않았던 일을 했다. 그는 책상 옆 바닥에 무릎을 꿇고 하나님이 임하시어 자신의 삶을 인도해 주시기를 기도하였다.

그는 서약한 그 날을 상기하면서 일어났고, 자기가 한 서약이 마음속에 분명하고 선명하게 떠올랐다.

'자, 이제 행동으로 옮겨야지'

하고 그는 마음 속으로 말했다. 그러나 그는 뜻밖에도 순식간에 한 가지 사건에 연루되었다.

그는 사무실 문을 열어 놓고 일상 업무를 시작했다. 옆 방에 편집국장이 방금 들어와서 자기 책상에 앉았다. 한 기자가 타자기로 뭔가 찍고 있었으며, 에드워드 노먼 사장은 사설을 쓰기 시작했다. 데일리 뉴스는 석간 신문이었으므로 노먼은 대개 주요 사설을 오전 9시 이전에 써야만 했다.

그가 15분 가량 사설을 쓰고 있을 때, 편집국장이 말을 걸었다.

"어제 유원지에서 있었던 프로 권투 기사가 여기 있습니다. 이 기사를 3단 반으로 만들려고 합니다. 괜찮을까요?"

노먼은 신문의 모든 세부사항까지 주의해 보는 신문인이었다. 편집국장은 언제든지 작거나 크고 중요한 모든 기사를 사장과 의논해서 싣도록 하고 있었다. 지금처럼 이따금 하는 의논은 형식적인 절차에 지나지 않았다.

"그러지…… 아닐세, 좀 보여주게."

노먼은 전문 담당 편집기자에게서 타자기로 정리된 기사를 받아 차근차근 읽어내려갔다. 다 읽고 나서 그는 그것을 책상 위에 내려놓고 한동안 깊은 생각에 잠겨 있었다. 마침내 그는 입을 열었다.

"오늘은 이 기사를 싣지 말기로 하지."

편집국장은 두 사무실의 통로에 서 있었다. 그는 사장의 말에 깜짝 놀랐으며, 혹시 자기가 잘못 들은 것이 아닌가 하고 생각했다.

"방금 뭐라고 하셨습니까?"

"이 기사는 보류시키게, 싣지 말자는 걸세"

"하지만……."

편집국장은 그만 말문이 막혀 버렸다. 그는 노먼 사장이 제 정신이 아닌가 하는 생각으로 그를 멍하니 바라보았다.

"클라크 국장, 그런 기사를 다뤄서는 안 된다는 것이 내 생각일세. 앞으로는 그런 기사는 다루지 말도록 하게."

하고 노먼은 책상 앞에 앉은 채 편집국장을 쳐다보았다.

　클라크 국장은 직속 상사인 노먼 사장과 말다툼을 벌인 적은 거의 없었다. 노먼 사장이 사무실에서 한 말은 언제나 법률과 같았고, 번복된 적이 거의 없었다는 것을 잘 알고 있었다. 그러나 지금의 경우는 너무 의외여서 클라크 국장은 자기의 견해를 말하지 않을 수 없었다.

　"프로 권투에 관한 기사를 한 마디도 싣지 않은 채 신문이 나가야 한단 말씀입니까?"

　"그렇다네. 그게 바로 내 생각일세."

　"하지만, 그것은 전례가 없는 일입니다. 다른 신문들은 모두 그 기사를 다룰 겁니다. 독자들이 뭐라고 하겠습니까? 왜냐하면, 다만……."

　클라크 국장은 자기 생각을 나타낼 말을 찾지 못해서 입을 다물었다.

　노먼은 친절하게 클라크 국장을 쳐다보았다. 편집국장은 노먼과 교파는 달랐으나 같은 신자였다. 두 사람은 수년 동안 함께 신문사 일을 해 왔으나 종교 문제를 놓고 함께 이야기를 나눈 적이 없었다.

　"클라크 국장, 잠깐 이리로 들어오게, 문을 닫고."
하고 노먼이 말했다.

　클라크 국장은 사장실로 들어왔고 두 사람은 서로 얼굴만 마주보고 있었다. 노먼은 한참 동안 말을 하지 않고 있다가 그는 갑자기 말문을 열었다.

　"클라크 국장, 만일 예수님께서 이 신문의 편집인이라면, 과연 그분이 프로 권투 기사를 3단 반으로 지면을 할애하여 다루실까? 그렇게 생각하는가?"

　"아닙니다, 예수님은 그렇게 하지 않으시리라고 저는 생각합니다."

　"좋아요, 그것이 바로 내가 우리 신문에서 이런 기사를 다루지 않겠다는 이유일세. 나는 1년 동안 예수님이라면 절대로 다루지 않으시리라고 확신되는 기사는 우리 신문에 싣지 않기로 결심했네"

　클라크 국장은 사장이 갑자기 미친 게 아닌가 하고 놀랐다. 정말로 그는 노먼 사장이 자기의 판단으로는 세상에 하나밖에 없는 잘못된 사람이라고 생각했다.

　"그렇게 되면 신문이 어떤 영향을 받게 될까요?"

하고 크라크는 힘없이 말했다.

"자네는 어떻게 생각하나?"

하고 노먼은 날카롭게 쳐다보면 질문했다.

"우리 신문이 망할 겁니다"

하고 그는 재빨리 대답했다. 그는 어리둥절한 생각을 가다듬은 다음, 그는 간곡하게 충고하기 시작했다.

"왜냐하면, 오늘날 그런 엉뚱한 생각을 하면서 신문을 발행할 수 없습니다. 그것은 너무 이상적인 생각입니다. 세상은 이런 생각을 받아들일 준비가 되어 있지 않습니다. 사장님은 손해를 보실 필요가 없습니다. 만일 사장님께서 이 프로 권투 기사를 싣지 않으신다면 많은 독자를 잃으실 겁니다. 이 점에 있어서 의심할 여지가 없습니다. 이 도시의 독자들은 모두 그 기사를 읽고 싶어 한답니다. 독자들은 그 기사가 실리는 지면까지 알고 있으며, 저녁에 우리 신문을 받으면 프로 권투 기사를 적어도 반 페이지는 차지했겠지 하고 기대할 것입니다. 사장님께서는 대중의 소원을 그렇게 무시하실 필요는 없다고 생각합니다. 만일 그렇게 하신다면 큰 실수를 범하시는 거라고 생각합니다."

노먼은 잠시 침묵했다. 마침내 그는 앉아 있다가 부드럽지만 단호하게 말했다.

"클라크 국장, 인간의 행위를 규정하는 올바른 자네의 기준이 무엇인지 자네의 솔직한 의견을 듣고 싶네. 예수께서 하시리라고 생각되는 행위만이 모든 인간의 올바른 행동 기준이 아닐까? 인간이 살아가면서 좌우명으로 삼아야 할 최선의 율법이 바로 '예수님이라면 어떻게 하실까?'라는 질문에 포함되어 있다고 생각되지 않는가? 그 결과에 구애됨이 없이 그대로 행동하는 것을 어떻게 생각하나? 다시 말해서, 인간은 모든 면에서 모든 일상생활에서 가능한 한 예수님의 모범을 따라야 한다고 생각되지 않는가?"

클라크 국장은 의자에 앉은 채 어색하게 몸을 움직이더니, 사장의 질문에 다음과 같이 대답했다.

"글세요, 그렇겠지요. 저는 사장님께서 사람이 마땅히 해야 할 행위에 입각하여 이 질문을 하신다면 별다른 행동 기준이 없다고 생각됩니다. 하지만 질문은 무엇이 실천 가능한가입니다. 그렇게 한다면 어떤 보상을 받을 수 있느냐 입니다. 신문 사업이 성공하려면 사회의 관습과 공인된 방법론에 순응해야 합니다. 우리는 이상향에서 사는 사람처럼 살아갈 수는 없으니까요."

"그렇다면 우리는 그리스도교 원리를 엄격하게 적용하는 신문을 발행할 수 없고, 또 성공시킬 수도 없다는 말인가?"

"네, 바로 그 말씀입니다. 그런 신문은 유지될 수 없습니다. 1개월 이내에 파산할 겁니다."

노먼은 당장 대꾸하지 않았다. 그는 한참 동안 생각하고 있다가 겨우 입을 열었다.

"클라크 국장, 우리는 이에 대해 다시 이야기 할 기회를 가져야겠네. 우리는 시간을 두고 서로 솔직하게 이해해야겠다고 생각하네. 앞으로 나는 1년간 '예수님이라면 어떻게 하실까?' 라는 질문에 가능한 한 정직하게 대답한 후에 우리 신문과 관련된 모든 일을 하기로 굳게 맹세했네. 또한 나는 이러한 결단으로 우리가 성공할 수 있을 뿐만 아니라 과거 그 어느 때보다도 더 성공할 수 있다는 확신으로 계속 밀고나갈 작정일세"

클라크 국장은 자리에서 일어나며 물었다.

"그럼, 그 기사는 싣지 않겠군요."

"그 기사는 싣지 말게. 그 자리를 메꿀 만한 훌륭한 기사는 많으니까. 자네가 알아서 처리하게."

클라크 국장은 망설여지는지 또다시 물었다.

"사장님께선 그 기사가 빠진 데 대한 무슨 말씀을 하지 않으시겠습니까?"

"않겠네. 우리 신문은 어제 있었던 그 따위 프로 권투 같은 것은 없었던 것처럼 발행하세,"

클라크 국장은 사장실에서 나와 자기 사무실로 가서 책상 앞에 앉자 허탈감에 빠져 들었다. 그는 놀라고 당황하며 흥분한 데다가 상당히 화가 나 있었다. 노먼 사장에 대한 존경심 때문에 치밀어오르는 분개와 불만을 겨우 억제했지만, 데일리 뉴스사에 들어와 틀림없이 파괴할 것 같이 위협하는 돌변 사태의 원인에 대한 의심이 생기고 있었다.

정오가 되기도 전에 데일리 뉴스의 탐방 기자들을 비롯한 직원들이 일요일에 있었던 그 유명한 프로 권투 경기에 대한 말이 한 마디도 없는 석간신문이 나간다는 보통이 아닌 사실을 알게 되었다. 기자들은 그 사실의 발표에 그냥 놀라는 정도가 아니었다. 인쇄, 조판실의 직원들도 모두 전례가 없는 기사 삭제건에 대해 뭔가 한 마디씩 했다. 그 날 노먼 사장은 두세 번 정도 조판실에 들를 기회가 있었는데, 그때마다 직원들은 일손을 멈추고 호기심 어린 눈초리로 쳐다보거나 힐끔힐끔 곁눈질을 했다. 노먼 사장은 자기가 관찰의 대상이 되고 있다는 사실을 알았지만, 아무 말도 하지 않았을 뿐만 아니라 조금도 내색을 하지 않았다.

노먼 사장의 제안에 의해 데일리 뉴스지에는 여러 가지 사소한 변화가 잇달아 일어나고 있었지만, 그렇다고 해서 그런 변화에 대한 언급이나 예고도 없었다. 그는 기다리면서 깊이 생각하고 있었다.

그는, '예수님이라면 어떻게 하실까?' 라는 질문에 올바른 대답을 하려면, 우선 여러 가지 일들을 처리할 때, 최선의 판단을 내려야 하고 또 그렇게 하려면 시간과 상당한 기회가 필요하다고 생각되었다. 그가 그렇게 생각하게 된 까닭은 신문사의 업무로 그리스도의 정신에 위배되지만 당장 행동하지 않은 일이 많았기 때문이 아니라, 아직 그는 '예수님이 어떤 행동을 취하실까?' 라는 질문에 분명히 의문을 품었기 때문이었다.

그 날 저녁, 데일리 뉴스가 나가자 독자들에게서 큰 물의가 일어났다. 오직 그 프로 권투 기사가 실렸더라면, 그것이 탈락된 영향과는 같지 않았을 것이다. 번화가의 호텔과 상점에서 수많은 사람들이 정기 구독자들처럼, 신문을 열심히 펼치고 유명한 권투 경기 기사를 찾다가 발견치 못하자, 신문판매대에 도로 꽂아버리고 다른 신문을 사는 것이었다. 신문팔이 소년들도 그 기사가 삭제되었다는 사실을 미처 모르고 있었다. 한 소년이 마구 소리쳤다.

"데일리 뉴스요! 유원지에서 벌어진 프로 권투 기사가 자세히 실렸어요. 신문 드릴까요?"

신문사 부근의 길 모퉁이에서 한 남자가 그 신문을 사서 황급히 일면 기사를 훑어보다가 성난 소리로 그 소년을 불러세웠다.

"이봐! 이 신문 어떻게 된 거냐? 프로 권투 기사가 없잖아! 묵은 신문을 팔다니 어찌된 노릇이냐?"

"묵은 신문이라뇨, 아닙니다! 그건 오늘 신문입니다. 뭐가 잘못되었다는 거예요?"

"여긴 프로 권투 기사라곤 눈곱만큼도 없어! 자, 봐라!"

그 남자가 신문을 다시 건네주자, 신문팔이 소년은 신문을 급히 훑어보았다. 소년은 휘파람을 부는 순간, 얼굴에 당황하는 빛이 퍼졌다. 그때 또 한 소년이 신문 뭉치를 가지고 달려가는 것을 보고 소리쳤다.

"이봐, 샘. 네 신문 뭉치 좀 보여줘"

그는 급히 살펴봤는데, 데일리 뉴스에는 모두 그 프로 권투에 관한 기사는 한 줄도 다루지 않았다는 기막힌 사실이 드러났다. 조금 전에 신문을 샀던 그 손님은 소리쳤다.

"애, 다른 신문을 다오! 프로 권투 기사가 있는 걸로 말이야!"

그 남자는 다른 신문을 받아쥐고 유유히 가 버렸고, 두 신문팔이 소년은 거기에 남아서 다른 신문과 비교하다가 데일리 뉴스에 기사가 없자 놀랐고 당황했다.

"틀림없이 뭔가, 데일리 뉴스가 실수를 한거야"

하고 첫번째 소년이 소리쳤다. 그러나 그 소년은 이유를 알 수 없어서 사유를 알아보려고 신문사 사무실로 달려갔다.

신문 배달실에는 이미 여러 명의 소년이 몰려와 모두 흥분해서 마구 불만을 터뜨렸다 신문팔이 소년들이 온갖 상스럽게 항의를 퍼부으면서 담당 직원을 길다란 카운터 뒤로 몰아붙이니 어찌 정신을 차릴 수 있겠는가.

배달실 담당 직원은 언제나 이런 소란을 겪었기 때문에, 상당히 단련되어 있었다. 때마침 노먼 사장이 집으로 가려고 계단을 내려오면서 배달실 출입문 옆을 지나가다가 멈추고 안을 들여다보았다.

"이봐, 조지. 무슨 일인가?"

하고 전에 없이 혼란스러운 것을 보고 노먼 사장은 직원에게 물었다.

"이 소년들이 프로 권투 기사가 빠졌다면서 오늘밤엔 우리 신문을 한 부도 팔 수 없다고 아우성입니다."

이렇게 조지는 대답하면서, 오늘 수많은 직원들이 호기심 어린 눈초리로 사장을 쳐다본 것처럼 그렇게 쳐다봤다. 노먼 사장은 잠시 망설이다가 배달실로 들어가 신문팔이 소년들 앞에 섰다.

"애들아, 신문이 얼마나 남았지? 오늘밤에는 내가 살테니 모두 세어봐라."

소년들은 사장을 힐끔힐끔 쳐다보면서 빠르게 신문을 세었다.

"조지, 이 애들에게 대금을 지불하게. 다른 아이들이 같은 항의를 하러 오거든 안 팔린 신문을 모두 사주도록 하게. 이제 됐나?"

노먼 사장의 전례가 없는 행동에 어리둥절해서 입을 딱 벌리고 서 있는 소년들에게 물었다.

"됐습니다! 좋아요, 사장님. 그렇게 하겠습니다. 그런데 이렇게 해도 신문사가 유지될까요? 설마 계속해서 이런 선심을 쓰지는 않으시겠지요?"

노먼 사장은 약간 미소를 띠었으나, 그는 굳이 그 질문에 대답할 필요는 없다고 생각했다.

그는 신문사 사무실을 나와 집으로 향했다. 집으로 가는 도중에 그는 끊임없이 '예수님이라면 어떻게 하실까?' 하고 자신에게 묻지 않을 수 없었다. 이러한 질문은 그가 예수님의 발자취를 따르기로 서약한 이래 줄곧 자기를 재촉해 온 전체적인 동기에 관련된 것이 아니라 차라리 방금 처리하고 온 일에 관한 것이었다.

신문팔이 소년들은 그가 취한 행동 때문에 부득이 손해를 본 자들임에 틀림없었다. 무엇 때문에 그 애들이 이 일로 돈을 잃어야 하는가? 그 애들에게는 아무 잘못이 없었다. 그는 부자였으므로 이것을 하기로 선택한다면 그 애들의 생활에 약간의 광명을 줄 여유도 있었다. 집으로 가면서 그는 비록 예수님이라 할지라도 부당한 처사 때문에 느끼는 양심의 가책에서 벗어나기 위해 조금 전에 자기가 한 행동을 그대로 하셨거나 그와 유사한 행동을 하셨을 것이라고 믿게 되었다.

그가 이 문제를 놓고 결심한 것은 다른 사람 때문이 아니라, 자신의 서약 때문이었다. 그는 독단적으로 일을 단정하는 위치에 있으려 하지 않고, 그의 예수님이 하시리라고 생각되는 행동에 대한 해석은 오직 자기의 판단과 양심에 의해서만이 얻을 수 있다고 느꼈다. 신문 판매 부수의 대폭적인 저하는 이미 예상하고 있었다. 그런데 그가 그런 행동을 계속 밀고 나간다면 언젠가는 신문 판매 부수 저하의 확실한 윤곽을 파악할 수 있을 것이다.

제4장
시 련

그 주간에 노먼 사장은 프로 권투 기사를 데일리 뉴스가 삭제시킨 데 대한 의견의 편지를 여러 통 받았다.

그 중에서 관심을 끌 만한 두세 통의 편지를 소개하면 다음과 같다.

데일리 뉴스 편집인 귀하

안녕하세요. 내가 보는 데일리 뉴스를 다른 신문으로 바꿀까 생각합니다. 나는 현시대에 적합하고 진보적이며 기업심이 왕성한 모든 관점에서 대중이 요구하는 것을 공급하는 신문을 원합니다. 귀 신문이 최근의 변덕으로 유원지에서 있었던 그 유명한 권투시합의 기사를 싣지 않았으므로, 나는 구독하던 신문을 결국 다른 신문으로 바꾸기로 결심하였습니다. 이제 더 이상 신문배달을 중지해 주십시요.

진실한 친구 ○○○ 드림

위 편지는 다년 간 데일리 뉴스를 구독해 온 한 사업가의 이름으로 보낸 것이다.

레이먼드 데일 뉴스 편집인 에드워드 노먼에게

친애하는 에드워드, 자네가 시민들에게 이토록 물의를 일으키다니, 도대체 어찌 된 일인가? 새로운 방침을 시행하고 있는가? 설마 신문계에 '업무 개혁'을 시도할 의도는 하지 말기를 바라네. 그런 식으로 시험하는 것은 위험천만한 일일세. 내 충고를 받아들여 자네가 데일리 뉴스를 그렇게 성공적으로 발전시켜 온 기업심이 왕성하고 현대적인 경영 방법을 고수해 주게. 일반인들은 프로 권투 기사 같은 것을 읽고 싶어 한다네. 그들이 원하는 것을 싣도록 하게. 그리고 신문계에 '업무 개혁'은 다른 사람에게 시키게.

진실한 친구 ○○○ 로부터

이 편지는 이웃 도시의 신문 편집인인 노먼 사장의 오랜 친구가 보낸 편지이다.

친애하는 노먼 사장 귀하

나는 당신이 하신 약속을 제대로 이행하고 있음을 보고 감사의 말씀을 드리기 위해 서둘러 편지를 올립니다. 이 일은 정말 놀라운 출발이고, 아무도 그 가치를 나보다 더 느끼지 못할 겁니다.

나는 당신이 겪게 될 고충을 완전히 알지 못한다 해도 어느 정도는 알고 있습니다.

당신의 목사 헨리 맥스웰로부터

노먼 사장이 맥스웰 목사에게서 온 이 편지를 읽은 후 서둘러 개봉한 편지는 예견한 사업상의 손실이 구체적으로 기재되어 있었다.

데일리 뉴스 편집인 에드워드 노먼 귀하

안녕하세요. 저희와의 광고 게재 계약 기간이 만료되는 데로 더 이상 광고 게재를 중단해 주셨으면 합니다. 그 동안의 광고료 전액을 동봉하오니, 이로써 귀 신문사와의 거래가 끝난 것으로 알아 주시기 바랍니다.

이 편지를 보낸 사람은 레이먼드 시에서 가장 큰 담배상 중의 한 사람에게서 온 것이다. 그는 지금까지 뚜렷하게 보이는 광고의 재미있는 난을 게재하는 습관이 있었고, 거액의 광고료를 지불해 왔다.

노먼은 이 편지를 생각에 잠겨 내려놓은 다음, 신문을 집어들고 그 광고란을 유심히 살펴보았다. 담배상의 편지에는 프로 권투 기사의 삭제와 광고 게재 취소 사이에는 아무런 관련이 없었으나, 그 두 가지를 연관시키지 않을 수 없었다. 그가 한참 후에 깨달은 사실의 요점은, 담배상이 데일리 뉴스의 편집인이 해괴한 개혁 정책을 실현하려고 함으로써 구독자가 줄 것이 확실하다는 것을 들었기 때문에 담배 광고의 게재를 취소했다는 것이다.

그러나 노먼은 그 편지로 인해, 자기 신문의 광고 국면에 주의를 기울였다. 그 전에는 미처 그런 광고에 신경을 쓰지 않았던 것이다.

그는 그 담배 광고란을 훑어보면서, 예수님이라면 자기의 신문에 그런 광고가 실리는 것을 결코 용납하지 않으셨으리라는 죄책감에서 벗어날 수 없었다.

술과 담배를 선전하는 다른 장기 광고에 대해 예수님이라면 어떻게 하실까?

신도이자 존경받는 시민의 한 사람으로서 노먼은 술집 주인들이 자기 신문 광고란에 광고를 한다고 특별히 신경을 쓴 일은 없었다. 아무도 그런 광고에 개의치 않았다. 그것은 모두 합법적인 사업이었다. 그런데 왜 새삼스럽게 광고를 해선 안 된다는 것인가? 레이먼드 시는 도도한 허가 제도로 향략으로 흥청거리고 있었고, 술집과 당구장과 맥주 마시는 장소는 이 도시에서 이룩된 그리스도교 문명의 일부가 되어 있었다. 노먼은 다만 레이먼드 시의 기타 사업가가 하는 대로 사업을 하고 있었다. 그리고 광고는 가장 우수한 수입원이었다. 이런 광고를 게재하지 않는 데일리 뉴스는 어떻게 될까? 과연 생존할 수가 있을까? 이것이 문제였다. 그러나 과연 그것이 모든 것의 최후 문제일까?

'예수님이라면 어떻게 하실까?' 바로 그것이 그가 그 주간 내내 고심하면서 해답을 구하려고 하던 문제였다.

'예수님이라면 자기의 신문에 위스키와 담배 광고를 내실까?'

에드워드 노먼 사장은 정직하게 스스로 질문해 보았다. 그는 하나님의 도우심과 지혜를 구하는 기도를 드린 후, 클라크 국장을 자기 사무실로 불렀다.

클라크 국장은 데일리 뉴스가 위기에 직면했음을 느끼면서 사장실로 들어갔고, 지난 월요일 아침 사장과 옥신각신 다툰 후, 뭔가 마음의 준비를 하고 있었다. 그날은 목요일이었다. 노먼 사장은 느리고 조심스럽게 말했다.

"클라크 국장, 나는 우리 광고란을 훑어보았는데, 그 중 몇 가지는 계약 기간이 끝나는 대로 게재하지 않기로 작정했네. 내가 여기에 표시한 광고는 신규 청약이나 계약 갱신을 일체 받지 않도록 광고부장에게 통보해 주게."

노먼 사장은 표시가 된 신문을 클라크 국장에게 건네주었다. 클라크 국장은 심각한 표정으로 그것을 받아 훑어보았다.

"이 일은 데일리 뉴스의 큰 손실을 의미합니다. 사장님은 언제까지 이런 일을 하실 생각이십니까?"

하고 클라크 국장은 말하며 사장의 행동에 깜짝 놀랐고, 도무지 이해할 수 없었다.

"클라크 국장, 만일 예수님이 레이먼드 시의 한 일간지 편집인 겸 경영자라면, 그 신문에 위스키와 담배 광고가 실리는 것을 용납하시리라고 생각하는가?"

"그것은…… 아니죠……, 예수님은 그러지 않으시리라고 저는 생각합니다. 그러나 우리와 무슨 상관입니까? 우리는 예수님처럼 할 수 없습니다. 신문사를 그런 기초 위에서는 운영할 수 없습니다."

"왜 운영할 수 없단 말인가?"

하고 노먼은 조용히 물었다.

"왜냐구요? 그야 벌어들이는 돈보다 더 많은 돈이 지출하게 되기 때문입니다. 그 뿐입니다!"

클라크 국장은 의식적으로 짜증을 내면서 말했다.

"이런 식의 업무 방식으로는 결국 신문이 파산을 면치 못할 겁니다."

"클라크 국장은 그렇게 생각하는가?"

노먼 사장은 대답 따위는 기대하지도 않는다는 듯이 질문하고는 혼잣말을 하는 것 같았다. 그는 말을 멈추었다가 다시 말을 이어 나갔다.

"자네는 내가 말한 대로 마스크 부장에게 그렇게 하도록 지시하면 되네. 클라크 국장, 나는 이미 말한 것처럼 예수님이라면 그렇게 하실 것이라고 나는 믿네. 그 결과가 내게 어떤 영향을 끼치든지 나는 지금부터 1년간 그렇게 하겠다고 약속했다네. 어떤 이유로든 오늘날 우리가 신문에 위스키와 담배 광고를 내면서까지 우리 예수님을 정당화시키려는 결론에 도달할 수 있다고 믿지 않네. 이 밖에도 의심스런 성격의 광고가 몇 가지 있어, 내가 검토해야겠지만, 만일 내가 이런 광고를 중단시키지 못한다면 죄책감에서 벗어나지 못할 것 같은 심정이란 말일세."

클라크 국장은 자기가 매우 괴팍스런 사람과 함께 일하는 것 같은 기분으로 자기 책상으로 되돌아왔다. 그는 아무리 생각해도 사장의 마음을 파악할 수 없었다. 그는 분노가 치밀었다. 그는 사장이 그런 불합리한 도덕 기준에 따라 모든 일을 처리한다는 것이 일방적으로 알려진다면, 데일리 뉴스는 파멸될 것이 확실하다고 생각했다.

'만일 이 기준을 적용시킨다면 사업체는 어떻게 될까? 이런 기준은 모든 관습을 뒤엎고 끝없는 혼란을 야기시킬거야. 이건 바보 짓이야. 철저히 미친 행위라구'

이렇게 클라크 국장은 혼잣말을 했고, 마스크 부장에게 그런 행동을 통지하자, 그는 강력하고도 갑작스러운 외침과 함께 편집국장과 뜻을 같이 했다.

'사장님 신상에 무슨 일이 일어난 것이 아닐까? 이 사업을 몽땅 망치려는 걸까?'

그러나 정작 에드워드 노먼 사장은 심각한 문제에는 아직 직면하지 않았다. 그는 금요일 아침, 출근하자마자 일요일판의 편집 계획을 짜야

했다. 데일리 뉴스는 레이먼드에서 일요판을 발행하는 몇 안 되는 석간 신문 중의 하나였다. 일요판을 발행하면 언제나 재정상으로 뚜렷하게 성공했다.

일요판에는 문학과 종교 관계 기사는 평균 1면이 충당되었고, 스포츠, 연극, 가십, 패션, 사회 및 정치 관계의 기사가 30~40면에 집중적으로 실렸다. 따라서 일요판은 모든 종류의 읽을거리가 담겨 있는 매우 재미 있는 주간지로 인정되었으며, 크리스천을 포함한 모든 독자들로부터 언 제나 환영받았고, 마치 일요일 아침의 필수품과 같았다.

에드워드 노먼은 이제 이 사실에 직면해서 자신에게 질문을 던져 보 았다.

'예수님이라면 어떻게 하실까?'

만일 예수님이 신문의 편집인이시라면, 보다 유익하고 신성한 일에 몸을 바쳐야 할 주일날에 잡다한 읽을거리를 레이먼드의 크리스천들 가 정에 배달하기 위해 골몰하실까? 물론 노먼은 일요판 때문에 정규적으 로 논쟁이 벌어지고 있는 것을 익히 알고 있었고, 대중들은 뭔가 이런 종류의 읽을거리를 요구했으며, 특별히 사정에 의해서 교회에 나가지 못하는 근로자에게는 어떤 즐기고 배울 만한 읽을거리가 유일한 휴식일 인 주일에 필요했다.

'하지만, 그 일요판 신문이 적자를 본다면? 돈이 생기지 않는다면? 이 런 때에도 편집인 또는 발행인은 가난한 근로자들이 아우성치며 요구한 다고 해서 일요판 신문을 공급하는 데에 열의를 가질까?'

에드워드 노먼은 다음과 같이 정직하고 솔직한 심정으로 주제를 자문 자답했다.

'이런 모든 것을 계산에 넣고도, 예수님이라면 과연 일요판 신문을 편 집하실까?'

일요판 신문의 수익 여부는 문제가 되지 않았다. 그 점에 있어서는 의 심이 없었다. 사실상, 데일리 뉴스의 일요판은 꽤 수입이 좋았으므로, 일 요판을 중단하면 당장 수천 달러의 손해를 보게 되어 있었다. 더구나 정 기 구독자들은 7일 신문 대금을 지불하고 있었다. 그에게 그들이 이미 지불한 대금의 일부보다 적게 공급할 권리가 있을까?

그는 이 문제 때문에 정말 당황했다. 사실상, 일요판을 중단하면 너무나도 많은 문제점이 따를 것 같아서, 그는 처음으로 '예수님이라면 어떻게 하실까?'라는 기준에 따르기를 그만둘까 거의 결심을 했다. 그는 그 신문의 단독 경영자여서, 어떤 선택이든 혼자서 정했다. 어떤 방침을 의논할 이사회 같은 것도 없었다. 그러나 평소보다 많은 일요판 편집용 기사에 둘려쌓여 앉아 있다가 드디어 몇 가지 결정적인 결론에 도달했다. 그 중 한 가지 결론은 신문사의 전 직원을 모아놓고 자기의 의도와 목적하는 바를 솔직하게 진술하는 것이었다. 그는 사무실에서 일하는 클라크국장과 편집 기자들, 공무국장 등을 발송실로 불러 모았다. 발송실은 큰 방이었는데, 소집된 사람들은 호기심에 가득찬 표정을 짓고 들어와서 테이블과 카운터 둘레에 자리를 잡고 앉았다. 이런 모임은 매우 드문 일이었지만, 모두들 데일리 뉴스가 아무래도 새로운 원칙으로 운영되어가고 있다는 것을 알고 있었다. 노먼 사장이 말을 시작하자 모두 그를 주시했다.

"우리 데일리 뉴스의 장래 계획을 알려드리고자 여러분을 이 방으로 불렀습니다. 나는 우리 신문에 내가 확신하는 어떤 변화가 필요하다는 것을 말씀드리고자 합니다. 내가 이미 취한 몇 가지 조치가 여러분에게 아주 낯설게 받아들여졌다는 것도 잘 알고 있습니다. 내가 그렇게 한 동기를 소상히 말씀드리고자 합니다."

그래서 그는 이미 클라크 국장에게 말한 대로 사람들에게 말했는데, 소집된 그들은 클라크가 한 것처럼 그를 응시하거나 애써 이해하려는 것 같지 않았다.

"이제, 나는 이런 행동 기준에 따라 한 가지 결정에 도달했는데, 틀림없이 이 때문에 약간 놀라운 일이 생기겠지요. 내 결정은 데일리 뉴스의 일요판 발행을 이번 주일만 발행하고 중단하기로 결심했습니다. 이번 일요판에 발행 중단의 이유를 발표하겠습니다. 일요판 구독료까지 완납한 정기구독자가 일요판 대신 읽을거리를 원할 것 같아 권리를 주기 위해 토요일판을 배로 늘리겠는데, 일요판을 내지 않고 있는 여러 석간 신문사에서 이미 그렇게 하고 있는 것처럼 말입니다. 일요판을 발행한다는 것은 크리스천의 처지에서 볼 때, 이득보다 손실이 많다고 나는 확신합니다. 만일 예수님이 지금의 나의 입장에 계신다면 일요판을 발행하지 않으시리라고 믿습니다. 이러한 정책 변경으로 인하여 광고주와 정기구독자에게 생기게 될 사소한 문제까지 원만하게 조정하려면 상당한 어려움이 따를 것입니다. 이런 문제는 내가 알아서 처리 하겠습니다. 여러분은 오로지 이런 변화 자체에만 제대로 적응해 주시기 바랍니다. 어떤 손해이든 모두 내가 짊어지겠습니다. 기자들이나 전체 직원들의 업무 계획에는 조금도 차질이 있어서는 안 되겠습니다."

이렇게 말하고 방 안을 둘러보았으나, 말하는 사람이 없었다. 그는 자기가 신문계 생활을 시작한 이래, 이처럼 신문사 직원들과 일체감을 느낀 적이 한 번도 없었다는 사실에 평생 처음으로 큰 충격을 받았다.

'예수님이라면 이들과 일체감을 가지시겠지? 예수님이라면 아마도 편집 기자, 외근 기자, 공무직원 등 모두가 모여 그들이 목적하는 신문을 만들기 위해 토의하고 고안하며 계획하는 신문, 이른바 서로 사랑하는 가족들이 함께 세운 계획에 따르는 신문을 발행하시겠지.'

노먼 사장은 인쇄 노조, 회사 규칙, 기자 수칙, 그리고 신문사를 성공적으로 경영하는 데 필요한 사업 우선의 냉철한 모든 경영 방법에서 자기가 멀리 떨어지고 있는 사실을 발견했다. 그러나 그가 자기 사무실로 들어갈 때, 발송실에 왔던 사람들은 사장의 어처구니 없는 조치를 의아하게 여기고 온갖 이야기를 하면서 모두 제자리로 돌아갔는데, 그들의 머리 속에서 어른거리는 희미한 영상은 사라지지 않았다.

클라크 국장은 사장실로 와서 노먼 사장과 장시간 심각한 이야기를 나눴다. 그는 아주 흥분했고, 그의 항의는 거의 자기 자리를 사임하겠다는 뜻으로 말했다. 노먼 사장은 조심스럽게 자신을 억제했다. 대화를 하는 동안 내내 괴로웠지만, 그는 크리스천처럼 행동할 필요가 있다는 것을 느꼈다. 클라크는 매우 유능한 사람이었다. 그만한 인재를 구하기는 어려울 것 같았다. 그러나 그는 일요판을 계속 발행하는 데 대한 타당한 이유를 댈 수가 없었는데, 예수님이 그 일요판을 인쇄하실 경우 '예수님

50

이라면 어떻게 하실까?'하는 질문의 해답으로서 말이다.

클라크는 자신의 솔직한 심정으로 말했다.

"이렇게 하신다면, 사장님은 30일 이내에 신문사를 파산시키시게 될 겁니다. 우리는 앞으로 닥쳐올 현실에 대항해야 합니다."

"나는 그렇게 되리라고는 생각하지 않네. 자네, 이 신문사가 파산될 때까지만 있어 주지 않겠나?"
하고 노먼 사장은 기묘한 미소를 띠고 물었다.

"사장님, 저는 아무리 생각해도 사장님을 이해할 수 없습니다. 이번 주에는 사장님이 제가 전에 알던 분과 같은 분이 아니십니다."

"클라크 국장, 나도 나 자신을 모르겠네. 뭔가 어마어마한 것이 나를 붙잡고 누르는 것 같다네. 그러나 우리 신문을 기어코 성공시키겠다는 신념과 힘이 지금처럼 충만한 적은 없다네. 자네는 내 질문에 대답하지 않았네. 나와 함께 일해 보지 않겠나?"

클라크는 잠시 망설이다가 마침내 그렇게 하겠다고 대답했다. 노먼 사장은 그와 악수 한 다음 자기 책상으로 돌아갔다. 클라크는 착잡한 표정으로 자기 방으로 돌아갔다. 그는 이번 주처럼 흥분하고 혼란했던 일은 없었다고 생각했고, 그리고 지금은 자기가 어느 순간 갑자기 자신은 물론 동료들마저 모두를 붕괴와 파멸시킬 계획에 가담한 것처럼 느껴지기도 했다.

제5장
믿음의 길로

레이먼드의 주일 아침이 또다시 밝았고, 헨리 맥스웰 목사의 교회
는 또다시 교인들로 꽉 들어찼다. 예배가 시작되기 전에 데일리 뉴스
사장 에드워드 노먼은 뭇 사람들의 주목을 끌었다. 그는 강대에서 세
번째쯤 그가 늘 앉는 좌석에 조용히 앉아 있었다. 데일리 뉴스의 마지
막 일요판에서 그것의 발행을 중단하겠다는 해명 성명서를 포함시켰
는데, 그 기사의 내용이 매우 뚜렷해서 그것을 읽은 사람들은 모두 큰
감동을 받았던 것이다. 레이먼드의 전통적인 사업 관습을 매우 분명하
고 크게 교란시킨 일련의 사건은 지금까지 없었다. 데일리 뉴스와 관
련된 사건만이 전부가 아니었다. 사람들은 그 주간에 철도공작소 소장
알렉산더 파워즈가 근무처에서 이상한 일을 한것에 대해 밀턴 라이트
가 자기 상점에서 행한 일에 대해서 열심히 이야기하고 있었다.

예배는 교인들의 좌석 위를 덮는 뚜렷한 흥분의 파도를 타고 진행
되었다. 헨리 맥스웰은 평소보다 더한 힘과 목적의식을 암시하는 침착
성으로 그 모든 것을 대했다. 그의 기도는 큰 도움이 되었다. 그의 설
교는 말로 형언할 수 없을 만큼 오묘했다. 한 주 동안, '예수님이라면
어떻게 설교하실까? 예수님이라면 무슨 말씀을 하실까?' 하고 열심히
질문하면서 하는 맥스웰 목사의 설교가, 교인들에게 하기 쉬운 두 주

일 전의 설교와 같지 않은 것은 당연했다.

지난 주 화요일 그는 비참하게 죽어 간 그 낯선 사람의 무덤 곁에 서서 '흙은 흙으로, 재는 재로, 먼지는 먼지로 되돌아간다' 라고 말했 는데, 자신이 강대에 서기 전에 교인들을 생각하고 그리스도의 메시지 를 갈구할 때는 평소에 감히 상상도 하지 못할 정도의 깊은 감동으로 움직이고 있었다.

바야흐로 주일이 되어 교인들은 '예수님이라면 그들에게 무슨 말씀 을 하실까?'를 들으려고 모였다. 맥스웰 목사는 설교 준비를 하면서 매우 고민했는데, 그래도 자기가 설정해 놓은 그리스도의 이념에 자기 의 설교를 부합시킬 수 없다고 생각했다. 그러나 제일교회의 교인들은 과거에 그 어느 누구도 그런 설교를 맥스웰 목사로부터 들어 본 기억 을 지닌 사람은 없었다. 그 설교에는 죄악, 특히 위선에 대한 책망이 내포되어 있었고, 상류사회 사람들의 부에 대한 탐욕과 이기심에 대한 책망도 내포되어 있었으며, 이런 책망은 제일교회가 생긴 이래 한 번 도 들어본 일이 없었던 일이다. 또한 설교가 진행됨에 따라 교인들에 대한 사랑이 넘쳐흘러 새로운 힘을 모았다. 설교가 끝나자, '성령께서 이 설교를 인도하셨다' 하고 진심으로 말하는 교인들도 있었다. 그런 데 그들의 말은 옳은 말이었다.

설교가 끝났을 때, 맥스웰 목사의 요청에 따라 레이첼 윈슬로우가 일어나서 찬송가를 불렀다. 레이첼의 찬송은 이때 박수갈채를 받지 못 했다. 얼마나 깊은 감동이길래 교인들의 가슴을 경건한 침묵과 깊은 사색에 빠지게 했을까? 레이첼은 유난히 아름다웠다. 그러나 그녀는 얼마 전까지만 해도 자기의 뛰어난 미모를 의식함으로써, 그녀의 노래 는 가장 깊은 영적 감동을 느끼며 들으려는 사람들의 귀를 거슬리기 일쑤였고, 또 스스로 자기의 확실한 음악 연주를 망치기 일쑤였다. 그 런데 이 날은 그런 것이 모두 없었다. 그녀의 당당한 목소리에는 힘이 깃들어 있었다. 게다가 겸손과 순수성이 더해져서, 교인들이 크게 감 동되어 고개를 숙였다.

예배가 끝나기 전에 맥스웰 목사는 지난 주에 서약한 사람들은 의

논할 일이 있으니, 잠깐 남아달라고 부탁했는데, 이 밖에 서약하고자
하는 사람들은 이 시간에 하라고 했다. 자유롭게 그들은 교육관으로
들어갔다. 놀랍게도 그 곳은 거의 차 있었다. 이때 모인 교인들의 대
부분은 청년이었지만, 그들 중 사업가 몇 명과 교회 직원들의 모습도
간간이 보였다.

지난 번처럼 맥스웰 목사는 그들에게 함께 기도하자고 했다. 그리
고 지난 번처럼 성령님의 임재로부터 분명한 응답이 있었다. 거기에
참석한 교인들은 아무도, 그들의 목적하는 바가 거룩하신 하나님의 뜻
에 부합한다는 게 너무도 자명하다는 점과, 그 일에 하나님의 은혜가
특별한 방법으로 내려졌다는 것을 추호도 의심하지 않았다.

그들은 한동안 질문을 하는가 하면 서로 대화를 하면서 한동안 머
물러 있었다. 그곳에는 그들의 교우관계에서는 이제까지 맛보지 못했
던 돈독한 우정의 분위기를 느꼈다. 에드워드 노먼 사장의 조치는 거
기에 모인 모두에게 잘 이해되었고, 그는 몇 가지의 질문에 대답했다.

"일요판 발행의 중단으로 앞으로 어떤 결과가 초래될 것으로 봅니
까?"
하고 그의 옆자리에 앉아있던 알렉산더 파워즈가 물었다.

"아직은 잘 모르겠습니다만, 내 짐작으로는 구독자와 광고주의 수가
감소되는 결과가 있을 겁니다. 나는 그것을 예상했습니다만."

"당신은 자신이 취한 조치에 어떤 의심을 품고 계신건 아닙니까?
다시 말해서 그 조치에 후회하신다거나 예수님이라면 그렇게 하지 않
으셨을 거라고 우려하시지는 않는지요?"
하고 맥스웰 목사가 물었다.

"조금도 후회하거나 그런 우려는 하지 않습니다. 그런데 저는 제 만
족을 위해 질문합니다만, 여기 모이신 여러분 중에 예수님이라면 일요
판 신문을 내시리라고 생각하는 분이 계신지 묻고 싶습니다."

한동안 아무도 말을 하지 않았다. 마침내 야스퍼 체이스가 말문을
열었다.

"우리들도 동감입니다. 그러나 저는 지난 주에 과연, '예수님이라면

어떻게 하실까?' 라는 질문에 답을 얻지 못한 일이 한두 번 있었습니다. 결코 대답하기 쉬운 질문은 아닙니다."

"저도 그 걱정거리를 깨달았어요"

하고 버지니아 페이지가 말했다. 그녀는 레이첼 윈슬로우의 곁에 앉아 있었다. 버지니아 페이지를 알고 있는 사람들은 모두 그녀가 한 약속을 어떻게 성공적으로 지킬 것인가 궁금해 하고 있었다.

"제가 가지고 있는 돈에 대한 그런 질문에는 대답하기가 특별히 어렵다고 생각합니다. 우리 예수님은 애당초 재산이라고는 없으셨고, 또 그 분은 제가 재산을 어떻게 사용할 것인지에 대한 모범을 보여주지 않으셨어요. 지금도 저는 그 문제를 곰곰히 생각하고 기도한답니다. 예수님이라면 어떻게 하실까?에 대한 해답을 부분적으로나마 어느 정도 알겠지만, 그 정도로는 충분치 못합니다. '예수님이 백만 달러를 가지고 계신다면 어떻게 하실까?'가 저에게 당면한 문제입니다. 저는 실토하지만 아직 이 문제에 대한 만족할 만한 대답을 할 수 없습니다."

"저는 그 돈의 일부로 무엇을 할 수 있는지 말해 줄 수 있어요."

하고 레이첼이 버지니아를 돌아다보며 말했다.

그러자 버지니아가 살짝 웃으며 대꾸했다.

"그건 걱정거리가 아니예요. 나는 원칙을 발견하려고 시도하고 있는데, 나의 재산과 그 재산의 사용에 있어서 그 원칙이 나의 전 생애를 좌우할 만한 것일 때, 비로소 나는 예수님의 행동에 가장 가까이 갈 수 있게 될 겁니다."

"그 원칙을 발견하려면 시간이 걸릴 겁니다."

하고 목사가 천천히 말했다.

그 방에 있는 사람들은 모두 같은 문제로 고심하고 있었다. 밀턴 라이트가 자기의 경험을 이야기했다. 그는 자기 사업과 종업원들과의 관계를 개선하기 위한 어떤 계획이 완성돼 가고 있는 단계라고 했으며, 그것이 실현되면 자기와 종업원 사이에 새로운 세계가 전개될 것이라고 했다. 청년 몇 명이, '예수님이라면 어떻게 하실까?'에 대한 대답을 얻으려고 특별히 시도한 일을 이야기했다. 공통된 의견은, 그리스도의 정신과 실천을 일상 생활에 그대로 적용한다는 것이 얼마나 어려운 일인가 하는 것이었다. 그렇게 하려면, 그리스도에 대한 이해와 그리스도의 행동 동기에 대한 통찰이 선행 요건을 갖추고 있지 못했다. 거기에 모여 있는 사람들은 대개 그런 요건을 소유하지 못했다.

성령의 임하심을 점점 강력하게 나타내는 묵도가 끝나고 마침내 산회되자, 그들은 집으로 돌아가면서 서로 자기가 당한 고충을 진지하게 의논하고 상대방의 이야기에서 빛을 찾으려고 애썼다.

레이첼 윈슬로우와 버지니아 페이지는 함께 걸어나왔다. 에드워드 노먼과 밀턴 라이트는 그들의 공통된 이야기에 너무 흥미가 있어 노먼의 집을 지나쳤다가 함께 다시 되돌아오는 소동도 있었다. 야스퍼 체이스와 전도봉사회 회장은 방 한쪽 구석에 서서 진지하게 이야기를 나누고 있었다. 알렉산더 파워즈와 헨리 맥스웰은 교인들이 모두 물러갔는데도 그 방에 남아 있었다.

"목사님, 내일 철도공작소에 오셔서 제 계획을 보시고 종업원들에게 한 말씀 해 주시기 바랍니다. 지금은 누구보다도 목사님이라야만 그들에게 좀더 가까이 접근하실 수 있을 것 같습니다."

"그 점에 대해서는 뭐라고 말씀드릴 수 없습니다만, 여하튼 가겠습니다."

하고 맥스웰 목사는 약간 침울한 기분으로 대답했다.

'나는 2~3백 명의 근로자들 앞에 서서 메시지를 전달하기에 적합할까?' 그 질문을 해서 자신이 약해지려는 순간, 그는 정신을 가다듬고 자신을 책망했다.

'예수님이라면 어떻게 하실까?'

이 질문으로 그는 마음의 망설임을 끝냈다.

맥스웰 목사는 이튿날 철도공작소로 갔고, 사무실에서 파워즈 소장을 만났다. 정오 수분 전이었는데, 공장장이 말했다.

"윗층으로 올라가십시다. 제가 계획한 것을 설명해 드리겠습니다."

그들은 기계 공작실을 지나 긴 오르막 계단을 밟고 올라가 매우 크고 텅 비어 있는 방으로 들어갔다. 그 방은 한때 회사에서 창고로 쓰던 곳이었다. 파워즈 소장은 설명하기 시작했다.

"일 주일 전에 그 약속을 한 이래, 저는 생각할 것이 무척 많았습니다. 그 중 한 가지가 바로 이것이랍니다. 철도 회사측에서 이 방을 사용하라고 제게 줬는데, 저는 저기 있는 스팀파이프가 있는 구석에 테이블 몇 개와 커피 끓이는 도구를 가져다 놓을 작정입니다. 제 계획은 이 방을 근로자들이 자유롭게 들어올 수 있는 좋은 곳으로 만들어 여기서 점심도 먹고 일 주일에 두세 번 정도 생활에 도움이 될 만한 주제를 놓고 15분 가량 대화할 수 있는 특권을 주는 것입니다."

맥스웰 목사는 깜짝 놀라면서, 직원들이 그런 목적으로 모일지 의심스럽다고 말했다.

"네, 모일 겁니다. 결국 제가 그들을 잘 알고 있습니다. 오늘날 이 나라에서 최고의 지성을 갖춘 근로자들입니다. 그러나 그들은 한결같이 교회의 영향권에서 완전히 격리되어 있습니다. 저는 '예수님이라면 어떻게 하실까? 하고 자신에게 질문했습니다. 다른 일은 몰라도 예수님은 이 근로자들의 생활에 어떻게 해서라도 보다 큰 육체적, 정신적 위로를 주는 일을 시작하실 것으로 생각되었습니다. 사실 이 방을 그렇게 이용하겠다는 것은 매우 작은 일이지만, 저는 처음 생각대로 저의 상식으로 합당하다고 생각되는 이 일을 추진해 왔고, 이 생각을 성사시키고 싶습니다. 목사님께 부탁드리는 것은 점심 시간에 근로자들이 이리로 모여들면 한 말씀 해 주십사하는 것입니다. 그들에게 이리로 올라와서 방 구경을 하라고 부탁했습니다. 저도 이 방에 대해서 말을 한 마디 할 생각입니다."

맥스웰 목사는 근로자들에게 한 말씀 해 달라는 부탁을 받고 얼마나 불안하게 생각했던가를 말하기가 부끄러웠다. 그는 원고도 없이, 그런 근로자들에게 설교할 수 있을까? 솔직히 말해서 그는 설교의 부탁을 받고 정말 겁이 났다. 실제로 그런 사람들을 대하는 일에 공포를 느꼈다. 더욱이 그가 익히 알고 있는 주일의 교인들과는 아주 다른 무지막지한 사람들과 직면하는 것이 생각만 해도 마음이 위축되었다.

방 안에는 낡은 긴 의자와 테이블이 10여 개 놓여 있었는데, 정오를 알리는 사일렌 소리가 울리자 건장한 남자들이 아래층 기계공작실에서 윗층으로 우루루 올라와서는 테이블에 앉아 점심을 먹기 시작했다. 그들은 약 3백 명쯤 되었다. 그들은 소장이 여기저기 붙여 놓은 게시문을 읽고 호기심이 생겨 그 방으로 올라왔다.

근로자들은 좋은 인상을 받은 듯했다. 방은 넓고 공기가 맑으며, 매연과 먼지도 없으며, 스팀 파이프에서 나오는 온기로 알맞게 따뜻했다. 1시 20분쯤, 파워즈 소장은 자기가 생각한 것을 근로자들에게 이야기했다. 그는 직원들의 개성을 철저히 파악하고 있는 사람처럼 아주 쉽게 이야기하였고, 그러고 나서 몇 분 동안 설교하기로 이미 승낙한 바 있는 제일교회 목사 헨리 맥스웰을 소개했다.

맥스웰 목사는 얼굴에 기름이 묻은 근로자들 앞에 난생 처음으로 서게 된 느낀 감회를 결코 잊지 못할 것이다. 수많은 목사들처럼, 그도 지금까지 옷차림과 교육 수준, 관습이 서로 친숙하고 동질적인 사회 계층의 교인들이 아닌, 생소한 집단 앞에서 설교해 본 적이 한 번도 없었다. 이런 집단은 그에게 전혀 새로운 세계였으며 그가 서약한 새로운 행동 규칙이 아니었더라면 설교와 그 효과는 불가능한 일이었다. 그는 삶의 만족이란 주제 하에서 말했는데, 삶의 만족이란 도대체 그 근원이 어디 있으며 무엇이 삶의 만족을 가져다 주는가를 이야기했다. 그는 뛰어난 판단력을 소유했으므로 그들이 자기와는 다른 계층의 사람들로 생각되지 않았다. 그는 '근로자'라는 용어를 사용하지 않았고, 그들의 생활과 자기 생활 사이에 이질감을 암시하는 어휘는 일체 말하지 않았다.

근로자들은 즐거워했다. 그들 중 많은 근로자들이 일하러 아래층으로 내려가기 전에 그에게 다가와서 악수를 했고, 맥스웰 목사는 집으로 돌아와서 아내에게 육체 노동자와 악수할 때 느낀 즐거움이 그런 즐거움인지는 전혀 몰랐다고 모두 털어놓았다. 그 날은 헨리 맥스웰 목사의 생애에 있어서 가장 중요한 날이었다. 정말 그가 실감한 것보다 훨씬 더 중요한 날이었다. 이 날은 그와 근로자 사이에 동료의식이 생긴 첫 날이기도 했다. 이 날은 레이먼드의 노동사회와 교회 사이에

나 있는 깊은 틈에 다리를 놓기 위한 최초의 기둥을 세운 날이기도 했다.

그 날 오후, 알렉산더 파워즈는 자기 계획이 근로자들에게 많은 도움이 된다는 것을 알고 크게 기뻐하며 자기 책상으로 돌아왔다. 철도 아랫쪽에 있는 역에 버려진 것들 중에서 식당에서 사용된 테이블을 약간 얻을 것 같았고, 커피 도구까지 마련해 놓으면 얼마나 매혹적인 분위기가 될까 하고 상상해 보았다. 그의 계획에 응한 근로자들은 예상 밖으로 좋게 협조적인 사람들이었으므로, 모든 것을 갖추면 그들에게 크게 유익하리라고 생각되었다.

그는 매우 만족해서 그 날 일과를 시작했다. 결국 나는 '예수님이 하실 만한 일을 하고자 했다.'고 혼자 중얼거렸다.

그가 본사에서 보내온 길다란 서류 봉투를 뜯은 것은 오후 4시 경이었는데, 그 속에 서류는 상점의 구매 주문서인 듯했다. 그는 여느 때와 같이 사무적인 태도로 타자로 찍은 서류를 재빨리 훑어봤는데, 조금 읽다보니 그 서류는 자기 사무실에 올 것이 아니라 수송부장에게 갈 서류임을 알게 되었다.

그는 자기와 상관없는 것이므로 읽어 볼 생각 없이 기계적으로 한 장을 넘겼는데, 이 때 그가 알아챈 것은 자기 회사가 연방정부의 주간 통상법(州間通商法)에 위반되는 조직적인 범법 행위를 하고 있는 증거를 손에 들고 있음을 알았다. 이 행위는 분명하고도 명확한 위법이어서 어떤 시민이 어떤 집에 들어가 동거인에게 강도짓을 한 것과 같았다. 환불에 차별을 두는 것은 모든 법령을 전적으로 경멸하는 행위였다. 그리고 주법(州法)에 의해도 최근에 입법부가 철도회사의 트러스트를 막기 위해 통과시킨 특정 법규에도 분명히 위배되었다. 이로써 그는 자기 회사를, 연방법률 뿐아니라 주법을 고의적이고도 지능적으로 어긴 혐의로 고발할 충분한 증거를 손에 넣은 것이었다.

그는 그 서류를 마치 독약인 것처럼 책상 위에 던져 버렸다. 그 순간, '예수님이라면 어떻게 하실까?' 라는 질문이 그의 뇌리를 스치고 지나갔다. 그는 그 질문을 잊으려고 했으며, 그 범죄 행위가 자기 업무가 아니라고 혼잣말을 하면서 자기 생각을 합리화시키려고 했다. 그는 그전부터 회사의 다른 임원들처럼, 그런 범법 행위가 거의 모든 철도회사에서 공공연하게 자행되고 있음을 알게 되었다. 그는 철도회사의 공작소 소장 직위 때문에 그런 문제를 밝힐 처지도 아니었고, 자기와는 전혀 관계가 없는 일이라고 여겼다. 그러나 지금 자기 앞에 있는 서류가 사건의 전모를 낱낱이 밝혀 주고 있었다. 그 서류는 누군가의 부주의로 자기에게 배달되었던 것이다.

'이 서류를 어떻게 처리할까? 내가 어떤 사람이 도둑질하려고 이웃집에 들어가는 것을 목격했다면 경찰에 알리는 것이 시민의 의무가 아닐까? 철도회사라고 해서 그렇게 다른가? 철도회사는 다른 규칙 밑에 경영하는가? 큰 회사라고 국민에게 강도질을 하고 법을 짓밟으며 제멋대로 행동해도 될까? 예수님이라면 어떻게 하실까?'

그에게는 가족이 있었다. 만일 그가 범죄 행위를 사직당국에 고발한다면 그의 직위를 잃게됨은 물론이다. 그의 아내와 딸은 호화로운 생활을 즐겨왔고 사교계에서도 좋은 자리에 있었다. 만일 그가 이 불법 행위와 대항하다가 법정에 증인으로 서게 된다면, 그의 동기가 오해받을 수도 있고, 모든 일이 불명예와 실직으로 끝날 수도 있다. 확실히 이것은 그의 업무가 아니었다. 그가 편하게 그 서류를 수송부로 돌려보내는 것이 가장 현명할 것이다. 불법을 계속하게 내버려 두자. 법률도 무시하게 버려두자. 그것이 내게 무슨 상관이 있단 말인가?

그는 자기가 직면한 상황을 보다 더 개선하기 위한 계획에만 몰두할 수도 있었다. 원래 이 세상에는 사람이 크리스천의 가치 기준에 의해 살아나갈 수 없도록 하는 것이 많은데, 이 철도회사 업무에서 한 사람이 무엇을 어떻게 할 수 있단 말인가? 그러나 만일 예수님이 그런 불법적 사실을 아신다면 어떻게 하실까? 바로 그것이 그 날 저녁 때까지 알렉산더 파워즈가 직면한 질문이었다.

사무실에 전등이 켜졌다. 거대한 엔진이 돌아가는 소리와 공작기계가 작동하는 소리가 큰 공장 안에 저녁 6시까지 계속되었다. 사이렌

소리가 울리고 엔진 속도가 느려지면서 근로자들은 연장을 챙겨 놓고 탈의실로 달려갔다.

파워즈 소장은 재깍재깍 귀에 익은 시계소리를 들으면서 탈의실 창 문밖에 죽 늘어서 있는 근로자들을 바라보았다. 그는 자기 직원에게 말했다.

"나는 좀더 있다가 퇴근하겠네. 오늘밤에 처리 할 일이 있네."

그는 마지막 근로자가 탈의실에서 나가는 소리가 들릴 때까지 기다리고 있었다. 탈의실 뒤에서 웅성거리던 근로자들은 모두 가버렸다. 기계기사와 그의 조수들은 30분간 잔업을 했으나, 다른 문으로 퇴근했다.

만일 7시에 누군가가 소장실을 들여다보았다면 이상한 광경을 목격했을 것이다. 파워즈 소장은 무릎을 꿇고 두 손으로 얼굴을 감싼 채, 절하는 것처럼 머리를 책상 위에 얹은 자세로 고민하고 있었다.

제 6 장
유 혹

누구든지 내게 오는 사람은 자기 아버지나 어머니나 아내나
자식이나 형제나 자매를 버려야 한다.
또 자기 목숨까지라도 버리지 않으면 내 제자가 될 수 없다.
이와 같이 너희 중에 누구든지
자기 소유를 다 버리지 않으면 내 제자가 될 수 없다.
(누가복음 14장 26, 33절 새 번역—역자 주)

레이첼 윈슬로우와 버지니아 페이지는 제일교회에서 모임이 끝난
후, 헤어지면서 다음 날 다시 만나 이야기를 계속하기로 약속했다. 버
지니아는 레이첼에게 자기 집에 와서 점심을 같이 하자고 초대했는데,
레이첼은 11시반 경에 페이지의 집에 도착하여 벨을 눌렀다. 버지니아
는 몸소 나가 레이첼을 맞이했고, 두 처녀는 금시 진지하게 대화를 나
누기 시작했다.

"사실은 말이야 나는 '예수님이라면 어떻게 하실까?'에 대한 나의
판단으로는 그 제안을 조정할 수가 없어. 나는 딴 사람에게 어떻게 해
야 할지 말할 수 없지만, 나는 아무래도 이 제안을 받아들여서는 안
될 것 같아"

잠시 이야기를 주고받다가 레이첼이 말했다.

"그러면 어떻게 할 작정이니?"

"아직 모르겠지만, 나는 이 제안을 받아들이지 않기로 결심했어"

레이첼은 자기 무릎 위에 놓아 두었던 편지를 집어 들고 다시 그
내용을 훑어보았다. 그것은 한 희극 오페라단 단장으로부터 온 편지인
데, 이번 시즌의 대규모 순회 공연에서 한 자리를 주겠다는 내용이었
다. 봉급은 상당히 많았고, 단장이 제시한 여러 가지 특전에 꽤 호감

62

이 갔다. 그 오페라단 단장은 고인이 된 낯선 남자가 예배를 망쳐놓았던 그 주일 아침에 레에첼이 찬송가를 부르는 것을 들었었다. 그는 그때 큰 감동을 받았었다. 그 편지엔 그 목소리는 돈벌이가 되겠으므로 희극 오페라에 유용하겠다고 씌어 있었으며, 단장은 가급적이면 조속히 회답을 원했다.

레이첼은 곰곰히 생각하다가 말을 이었다.

"일단 내가 예수님의 발자취를 따르겠다고 서약한 이상, 그런 제안을 물리친다는 것은 별로 대수로운 일이 아니야. 결심하기가 보다 어려웠어. 하지만, 나는 이미 마음을 정했어. 버지니아, 솔직히 말해서 내가 무엇보다도 철저히 확신하는 것은, 예수님이라면 아름다운 목소리와 같은 천부적인 재능을 절대로 돈벌이 하는 데만 사용하지는 않으시리라는 거야. 그러나 이제 이 오페라단에서 제안한 걸 한 번 살펴보자구. 이건 유명한 오페라단이야. 배우, 바이얼리스트, 남성 4중창, 가수 등을 동반하고 있는데 이들은 꽤 유명해. 나에게 이 오페라단의 일원이 되어 소프라노를 맡아 달라는 거야. 봉급은, 내가 말하지 않았던가? 공연 기간 동안은 매달 200달러를 보장해 주겠다는 거야. 그러나 나는 예수님이라면 이 제안을 수락하지 않으시리라고 느꼈어. 너는 어떻게 생각하니?"

버지니아는 쓸쓸한 미소를 띠면서 대답했다.

"네가 결심할 문제를 내게 묻지 말어. 각기 자기 느낌에 의해 모든 일을 각자 판단해서 그리스도처럼 결정해야 한다고 말씀하신 맥스웰 목사님이 옳다고 생각해. '예수님이라면 어떻게 하실까?'라는 질문에 대하여 자기 판단으로 매사를 결정해야 한다고 목사님은 말씀하셨다구. 얘, 나는 너보다 더 어려운 때가 있단다. '예수님이라면 어떻게 하실까?'에 대한 해답을 얻지 못해서 말이야."

"그래?"

하고 레이첼은 반문하고 그녀는 일어나서 창문으로 걸어가 밖을 내다보았다.

버지니아는 그녀 곁으로 다가가 섰다. 거리는 활기찬 사람들로 붐

볏는데, 두 처녀는 그 광경을 말없이 한참 바라보고 있었다. 갑자기 버지니아가 침묵을 깨뜨렸는데, 레이첼이 전에 한 번도 들어 본 적이 없는 목소리로 말했다.

"레이첼, 너는 '예수님이라면 어떻게 하실까?' 라는 질문을 자신에게 할 때, 이 대조적인 주위 상황을 어떻게 생각하니? 내가 자라 온 사회, 우리 모두가 속해 있는 사회를 생각하면 미치겠어. 우리는 이 사회에서 해가 바뀜에 따라 입고 먹고 즐기고 서로 대접하고 호화주택과 사치품 마련에 돈을 물쓰듯 쓰고, 이따금 양심의 가책을 덜기 위해 아무 개인적 희생도 없이 보잘것없는 돈 몇 푼을 자선 사업에 희사하는 것으로 만족하고 있단 말이야. 나도 너처럼 미국에서 학비가 가장 비싼 학교에서 교육받았어. 나는 백만 달러의 재산을 상속받은 처녀 상속인으로 만인의 부러움을 받으면서 사회에 나섰어. 나는 아무것도 부족한 게 없어. 나는 당장 여행을 떠날 수도 있고 또 마음대로 집에 머물러 있을 수도 있어. 나는 내가 하고 싶은 대로 할 수 있어. 나는 내 소원과 욕망을 다 채울 수 있어.

그러나 예수님이라면 과연 내가 지금까지 생활해왔고, 또 생활할 것을 그대로 하시면서 여생을 수많은 부자들이 살아가듯 생활하실 것인가 하고 진지하게 생각하다가, 결국 나는 이 세상에서 가장 사악하고 이기적이며 쓸모없는 인간이구나 하는 죄책감에 빠지게 되었어. 지난 몇 주 동안 이 창문을 통해 우리 집 앞을 지나가는 사람들을 바라볼 때마다 나는 내 자신에 대한 두려움을 느꼈어."

버지니아는 돌아서서 방안을 서성거렸다. 레이첼은 버지니아를 바라보자, 그리스도의 제자본분에 대한 확고한 신념이 솟구치는 것을 억제할 수가 없었다.

'참다운 크리스천으로서 나는 노래 재능을 어떻게 활용해야 할까? 한 달에 얼마씩 받고 내 재능을 팔고 아름다운 옷차림으로 순회공연에 따라다니면서 관중의 박수 갈채에 흥분을 만끽하고 위대한 가수라는 명성을 얻는 것이 최선의 길일까? 예수님이라면 어떻게 하실까?'

레이첼은 병적이 아니었다. 그녀는 건강도 좋았다. 가수로서의 자기가 지닌 특출한 능력을 깨닫고 있었으며, 자신이 연예계에 들어간다면 많은 돈을 벌고 유명하게 될 수 있다는 것도 알고 있었다. 그녀는 스스로 생각하는 자신의 능력을 과대 평가하는 것이 아닌지 의심스러웠다. 그리고 버지니아는 조금 전에 자기가 한 말로 레에첼에게 격심한 양심의 가책을 느끼게 했다. 그것은 두 친구의 처지가 비슷하다는 것을 서로 깨달았기 때문이다.

점심 식사 준비가 다 되었다는 전갈이 와, 두 처녀는 방을 나가 버지니아의 할머니와 합석했는데, 할머니는 65세로 곱게 늙어 품위가 있는 여인이었다. 버지니아의 오빠 롤린 페이지와 합석했는데, 그는 온종일 클럽에 나가 시간을 보내고 있고 레이첼 윈슬로우를 갈수록 더 사모한다는 것을 제외하고는 다른 포부라고는 전혀 없는 건달 청년이었다. 그리하여 레이첼이 자기 집에서 식사한다는 것을 알기만 하면 무슨 수를 써서라도 집안에 있으려고 애쓰는 그런 위인이었다.

이 세 사람이 페이지 집안에 가족이었다. 버지니아의 아버지는 은행가 겸 곡물투기를 하는 상인이었다. 어머니는 10년 전에 세상을 떠나셨고 아버지는 작년에 세상을 떠나셨다. 할머니는 남부에서 태어나 그 곳에서 생활의 기반을 닦은 부인으로서, 절대로 흔들리지 않는 재산과 사회적 지위를 확보해야 한다는 신념과 감정에 흠뻑 젖어 있었다. 또한 할머니는 뛰어난 능력을 지닌 주의깊고 영리한 여성 사업가였다. 페이지 집안의 재산과 부는 대개 할머니의 큰 계획과 세심한 배려 아래 투자되고 있었다. 버지니아가 물려 받은 유산은 아무런 제한 없이 그녀의 소유로 되어 있었다. 그녀는 아버지한테서 사업계의 생리를 훈련받았는데, 할머니조차 손녀의 자기 재산을 관리하는 역량에 감탄하는 것이었다.

아마 할머니와 롤린 오빠만큼 처녀 버지니아를 제대로 이해하지 못하는 사람도 이 세상에서 찾기 어려울 것이다. 그러면 레이첼은 어떤가? 그녀는 어릴 때부터 버지니아의 놀이 친구로 페이지 집안의 가족들을 잘 알고 있었다. 그래서 레이첼은 버지니아가 예수님이라면 어떻게 하시리라는 확신에 따라 행동하기로 일단 결정할 경우, 그녀가 가정에서 직면하게 된 거센 반발을 예상하지 않을 수 없었다. 이 때 점심을 먹으면서 레이첼은 얼마 전에 방에서 버지니아가 갑자기 내뱉은 말을 회상하면서 언젠가 할머니와 손녀 사이에 일어나게 될 충돌 장면을 머리에 그려 보곤 했다.

그 때 롤린이 그리 활발치 못한 대화에 끼어들어 말했다.

"미스 레이첼 윈슬로우, 곧 무대 생활을 할 것이라고 알고 있는데, 정말 기쁩니다."

레이첼은 얼굴을 붉히고 역겹게 느껴졌다.

"오빠, 누가 그러던가요?"

하고 버지니아가 물었다. 그녀는 줄곧 침묵을 지키면서 조용히 앉아 있다가 갑자기 몸을 바로 세우고 적극적인 태도로 대화에 끼어들 자세를 보였다.

"오! 거리에 나가면 온갖 소문을 다 듣게 되지. 더구나 두 주일 전에 오페라 단장 크랜댈이 교회에 온 것을 모두 보았었지. 그는 설교를 들으러 가는 것은 아니지만, 사실 예배나 설교에는 마음이 없으면서 뭔가 더 좋은 것을 들으려고 거기 오는 사람들을 나는 알고 있어요."

레이첼은 이제 얼굴을 붉히지 않고 조용하게 대꾸했다.

"오해예요. 나는 무대에 안 설 거예요."

"정말 유감인데. 당신은 이미 히트를 치지 않았소. 모두들 당신 노래 솜씨를 칭찬하고 있어요."

이번에는 레이첼이 진짜로 노해서 얼굴을 붉혔다. 뭔가 나무라려고 하는데, 버지니아가 먼저 입을 열었다.

"'모두'라고 했는데, 그 '모두'가 도대체 누구죠?"

"누구냐고? 그거야 주일마다 미스 레이첼 윈슬로우의 노래를 들은 모든 사람들이지. 그들이 어떻게 다른 때 어찌 미스 윈슬로우의 노래를 들었겠니? 정말 레이먼드 이외의 지역에 사는 일반 대중들이 미스 윈슬로우의 노래를 들을 수 없다는 것은 매우 유감천만이야."

"뭔가 딴 이야기를 해요."

하고 레이첼이 약간 날카롭게 말했다. 버지니아의 할머니가 레이첼의 표정을 살피면서 온화하고 정중하게 말했다.

"레이첼아, 롤린은 원래 말을 돌려서 할 줄 모른단다. 꼭 제 아비를 닮았어. 그러나 우리 세 식구는 모두 너의 장래 계획에 대해 뭔가 알고 싶어 한단다. 너도 알겠지만 우리는 오래 전부터 가까이 지내고 있으니 당연히 그럴 만하지 않겠니. 버지니아가 너의 오페라단 입단 제안을 벌써 말했단다."

"물론 대중에게 알려지리라고 생각했어. 나는 며칠전 데일리 뉴스 사무실에 들렸단다."

하고 버지니아가 테이블 건너쪽으로 미소를 보내며 말했다.

"알았어. 그랬구나."

하고 레이첼이 서둘러 대꾸하다가 잠시 후 다시 말을 이었다.

"저는 할머니 말씀을 이해합니다, 버지니아와 저는 그 문제를 이야기하고 있었습니다. 저는 그 제안을 받아들이지 않기로 결심했어요. 지금으로서는 어쩔 도리가 없답니다."

레이첼은 이런 대화가 오페라단 입단 제안을 받아들일까 말까하는 자기의 망설임을 일단 배제하고, '예수님이라면 어떻게 하실까?' 라는 질문에 대한 자기의 판단에 절대적으로 부합하는 결정에 도달하도록 해 주었다는 사실을 깨달았다. 그러나 그녀는 자기의 결정이 이런 식으로 공공연하게 확정되어지는 것을 은근히 바랐는지도 모른다. 어찌되었든 롤린 페이지가 말한 내용과 그의 태도로 인해 자기의 결정을 서두르게 된 것만은 사실이었다.

"레이첼아, 뭣 때문에 그 제안을 받아들이지 않는 이유를 말해 주겠니? 내가 보기에는 너 같은 처녀에게는 좋은 기회 같은데. 너는 일반 대중에게 너의 그 훌륭한 노래를 들려 줘야 한다고 생각지 않니? 그런 점에 있어서 나는 롤린과 동감이란다. 네 목소리는 레이먼드와 제일교회의 사람들보다 더 많은 사람들이 들어야 한단다."

레이첼 윈슬로우는 본래 욕심이나 감정을 잘 억제하는 처녀였다. 그녀는 좀처럼 자기의 계획이나 생각을 공개하려 하지 않았다. 그러나 안간힘을 다해 억제하다가 결국 참지 못하고 느닷없이 자기의 진짜 생각을 솔직하게 말하는 경우도 있었다. 이 때 그녀는 그런 기분으로 버지니아의 할머니에게 솔직하게 자기의 생각을 털어놓았다. 레이첼에게 있어서 이런 경우는 좀처럼 드문 일로서 그녀의 인격을 돋보이게 하는 일이기도 했다.

"예수님이 지금 저의 처지시라면 그렇게 결정하셨으리라는 확신 이외에는 아무런 다른 이유가 없습니다."
하고 그녀는 할머니의 눈을 맑고 진지한 모습으로 쳐다보며 말했다.

버지니아의 할머니는 얼굴은 붉혔고 롤린은 멍하니 바라보기만 했다. 할머니가 뭔가 말을 시작하기 전에 버지니아가 먼저 말을 꺼냈다. 그녀의 높은 어조로 보아 감정이 상당히 격동해 있음을 알 수 있었다. 버지니아의 그 해맑쑥한 얼굴은 매우 건강해 보였다. 그러나 레이첼의 정열적인 미모와는 상당히 대조적이었다.

"할머니, 우리가 앞으로 1년간 그런 행동 기준에 따르기로 약속한 것을 아십니까? 맥스웰 목사님의 제안은 매우 평범한 것이었어요. 우리도 무작정 성급하게 그런 결정을 할 수는 없었어요. 예수님이라면 어떻게 하실지 잘 몰라서 레이첼과 저는 정말 고민했어요."

할머니는 손녀를 날카로운 눈초리로 쳐다보다가 말했다.

"물론 나도 맥스웰 목사의 제안 내용을 알고 있다. 그러나 그것은 절대로 실천이 불가능 하단다. 나는 약속한 사람들이 실천하려다가 포기한 연후에야 그 제안이 얼마나 환상적이고 무모한 것인지 깨닫게 될 테니 두고 보아라. 레이첼의 결정에 대해서 나는 할 말이 없단다. 그러나……."
하고 할머니는 말을 잠깐 그쳤다가 날카로운 어조로 계속했는데, 그것은 레이첼에게 할머니의 전혀 새로운 모습이었다.

"버지니아야, 너는 절대로 그 따위 바보 같은 생각을 하지 말아야 한다."

"저도 매우 많은 생각을 하고 있어요. 그런 생각이 바보스럽거나 그렇지 않다는 것은 오로지 '예수님이라면 어떻게 하실까?'에 대한 저의 올바른 대답에 달렸다고 봐요. 저는 그 대답을 발견하는 대로 실천하겠어요."
하고 버지니아가 조용히 대답했다.

"먼저 실례합니다. 이야기가 워낙 심각해서 나는 끼어들지 못하겠군
요. 서재로 올라가서 담배라도 한 대 피우겠어요."
하고 롤린이 테이블에서 일어나면서 말했다.

롤린이 식당에서 나가자 잠시 침묵이 흘렀다. 할머니는 하녀가 뭔
가를 가지고 들어와서 놓자, 잠시 기다렸다가 하녀에게 나가라고 말했
다. 할머니는 몹시 노해 있었다. 레이첼 앞이라 자제력을 발휘해서 참
고 있었으나 대단히 노해 있었다.

"얘들아, 나는 너희들보다 나이가 훨씬 더 많단다. 너희들이 그 따
위 약속을 한 것은 잘못된 정신에서 나온 것이라고 나는 여기는데, 절
대로 실천할 수 없어."
하고 그녀는 말했는데, 레이첼은 그녀의 외곬스러운 태도에 할머니와
산제물을 바치신 예수님의 모든 가르침 사이에 큰 빙벽(氷壁)이 서 있
는 것 같이 느꼈다.

"할머니, 우리는 우리 예수님이 하시리라고 생각되는 행동을 전혀
할 수 없다는 말씀인가요? 아니면 우리가 그렇게 하려는 것이 이 사
회의 관습과 의견에 어긋난다는 말씀입니까?"
하고 버지니아가 물었다.

"아무도 그런 것을 요구하고 있지 않아! 그런 것은 필요 없어! 더군
다나 어떻게 너희들이 그런 짓을……."
하고 할머니는 잠시 말을 멈췄다가 말머리를 돌려 레이첼을 돌아다보
고 물었다.

"레이첼아, 네 어머니께서는 뭐라고 말씀 하실까? 그게 바보짓 아니
니? 그럼, 너는 그 고운 목소리로 도대체 뭘 하겠다는 것이냐?"

"저의 어머니가 뭐라고 하실지 아직 생각해 보지 않았어요."
레이첼은 어머니의 반응을 상상해 보다가 두려움에 그만 몸이 움츠
러 들었다. 이 레이먼드 시내에서 자기 딸이 가수로 성공하는 데에 크
게 기대를 걸고 있는 여인이 있다면, 그 여인이 바로 윈슬로우 부인이

었다.

"오! 얘야, 그 문제를 좀더 지혜롭게 생각해 본다면 다른 각도로 볼 수도 있을 거야. 만일 네가 그 오페라단 입단 제안같은 것을 받아들이지 않는다면 후회하게 될 거다."

하고 버지니아의 할머니는 식탁에서 일어나면서 다시 말했다.

레이첼은 여전히 언쟁의 소지가 다분히 있는 말을 했다. 그리고 자기가 그 집에서 나오면 잠시 후 버지니아와 할머니 사이에 가슴 아픈 대화가 일어나리라는 것을 느꼈다. 며칠 후에 알았는데, 버지니아는 할머니와의 언쟁에서 생각이 갈팡질팡하는 위기를 가까스로 넘겼고, 자기의 재산과 사회적 지위를 어떻게 사용할 것인가에 대한 마지막 결심을 서두르게 되었다.

제 7 장
결 단

　레이첼은 험악한 분위기에서 빠져나와 혼자 있게 되자, 홀가분하고 기뻤다. 한 가지 계획이 마음 속에서 천천히 싹터 가고 있었다. 그녀는 그 계획을 혼자서 곰곰이 생각해 보며, 두 구역도 걷지 못했을 때, 롤린 페이지가 자기 곁으로 다가서는 것을 알아채자 짜증이 났다.

　"조용히 걷는 것을 방해해서 미안하오. 미스 윈슬로우, 실은 우연히 이 길을 걷다가 당신이 걷는 것을 보았어요. 당신이 반대를 하지 않을 것 같아, 한 구간쯤 이렇게 옆에서 같이 걸어왔는데도 통 아는 체를 않더군요."

　"보지 못했으니 그럴 수밖에요."

하고 레이첼은 짧게 대답했다.

　"당신이 이따금 나를 생각해 봐도 괜찮을 텐데."

　롤린은 성급하게 말을 받고 나서 마지막 담배 연기를 내 뿜었다. 그리고는 꽁초를 한길에 휙 던져 버리고는 창백한 얼굴로 레이첼을 계속 따라 갔다.

　레이첼은 내심으로 크게 놀랐지만 전혀 내색을 하지 않았다. 그녀는 롤린을 어렸을 때부터 서로 이름을 마구 부를 만큼 친숙하게 지냈던 때도 있었으나, 그러나 수년 후 레이첼의 태도가 바뀌어 두 남녀는 친숙했던 관계는 멀어졌다. 그녀는 이따금 그에게서 듣기 좋은 말로 하는 찬사를 들었고 그런 찬사가 재미있게 들리는 때도 있었다. 오늘도 그녀는 장소가 그런 곳이 아니었다면 그와 사랑을 속삭이고 싶은 심정이었다.

"미스 윈슬로우, 때로 내 생각을 조금이라도 해 본 적이 있나요?"

"오, 그럼요. 자주하지요."

레이첼이 살짝 웃으면서 대답했다.

"그럼, 지금도 내 생각을 하고 있나요?"

"네, 말하자면 그렇죠. 나는……."

"어떻게 말입니까?"

"정말 솔직한 대답을 듣고 싶나요?"

"물론이오."

"실은 조금 전에 당신이 제 가까이에 계시지 않았으면 하고 생각했어요."

롤린은 입술을 깨물고 우울한 표정을 지었다.

"제발 날 좀 쳐다봐요, 레이첼. 오, 내가 왜 이러지? 이러면 안된다는 것도 알아요. 그러나 언젠가는 말하지 않으면 안되겠지요. 내 기분이 어떨지 알 거요. 무엇 때문에 나를 그렇게 대하는 거죠? 당신도 인정하다시피 얼마전까지만 해도 나를 꽤 좋아하지 않았소?"

"내가 당신을 좋아했다구요? 물론 어렸을 적에는 우린 꽤 친했었지요. 그러나 지금은 성년이랍니다."

레이첼은 대수롭지 않게 가볍게 나오는 대로 말했다. 그녀는 롤린의 뜻밖의 출현으로 잠시 중단되었던 자기의 장래 계획에 대한 생각에 다시 빠져 들었다.

두 남녀는 말없이 한 동안 함께 걸었다. 거리에는 사람들이 붐볐다. 그들 가운데 야스퍼 체이스도 섞여 있었다. 서로 지나칠 때 야스퍼 체이스가 레이첼과 롤린을 보고 먼저 인사를 청했다. 롤린은 레이첼을 자세히 살피더니, 침통하게 말했다.

"내가 야스퍼 체이스였다면, 좋을 뻔했군. 그랬다면 어떤 기회를 얻을 수도 있었을테니까 말입니다."

레이첼은 감상에 젖은 표정으로 얼굴이 상기되어 아무 대꾸도 하지 않고 걸음을 재촉했다. 롤린은 뭔가 중대한 말을 하고야 말겠다는 결심이었는데, 레이첼로서는 그 말을 막을 방도가 없는 듯했다. 결국 롤린도 언젠가는 진실을 알겠지 하고 생각했다.

"레이첼, 내가 당신을 어떻게 생각하고 있는지 당신도 잘 알 거예요. 이제 그 일에 아무런 희망도 없단 말인가요? 나는 당신을 오랫동안 사랑해 왔소."

"어쩌면, 내가 그렇게 나이가 들어 보여요?"

레이첼은 신경질적으로 웃으면서 말을 가로 막았다. 그녀는 평소와는 달리 몸을 마구 흔들었다.

"내 이야기의 뜻을 알아 들을 텐데. 내가 당신에게 구혼한다고 해서 그렇게 날 비웃을 권리는 없을 거예요."

"저는 절대로 비웃지 않았어요. 하지만 롤린, 당신이 아무리 그런 말을 해도 이젠 소용없을 거예요."

그녀는 한참 망설이다가 그의 이름을 불렀다. 그것은 롤린과의 오랜 가족적인 친분 이외에 어떤 감정을 내포한 것이 아니라는 것을 솔직하게 나타내기 위한 일시적인 수단이기도 했다.

"그러한 일은 있을 수 없는 일이에요."

그러면서도 그녀의 가슴은 길거리에서 구혼을 받았다는 사실 때문에 마구 설레였다. 다행히 길거리에 소음으로 그들 두 남녀의 대화는 집안에서의 대화처럼 주위의 누구한테도 들리지 않았다.

"만일 당신이 그렇게 생각한다 해도 저에게 시간적 여유를 좀 준다면……."

"아닙니다. 그럴 수는 없습니다."

하고 레이첼이 말했다. 그녀는 단호하게 말하려는 마음은 전혀 없었지만 무자비하게 말한 것을 후회했다.

두 사람은 한동안 말없이 걸었다. 레이첼의 집이 가까워지자, 그녀는 빨리 헤어지고 싶은 마음에 조바심이 생겼다.

이윽고 길거리에 한적한 길로 꺾어 돌아설무렵 롤린이 갑자기 전에 들어보지 못한 남성다운 음성으로 말했다. 그의 음성에는 레이첼이 미처 몰랐던 어떤 위엄이 깃들어 있었다.

"미스 윈슬로우, 나는 당신이 내 아내가 되어 달라고 정식으로 청원합니다. 언젠가 승낙해 줄 것을 기대해도 되겠습니까?"

"조금도 생각하지 마세요."

레이첼은 분명하게 딱 잘라 말했다.

"그 이유를 말해 주겠소?"

그는 솔직한 대답을 들을 권리가 있다는 듯이 딱딱하게 물었다.

"그 이유는 당신에게 보통 여자들이 자기 결혼상대자에게 품어야 할 애정을 당신에게는 가질 수 없기 때문입니다."

"그렇다면, 당신은 나를 사랑하지 않는단 말입니까?"

"저는 당신을 사랑하지 않아요. 그리고 사랑할 수도 없습니다."

"왜, 그렇소?"

그것은 엉뚱한 질문이었다. 레이첼은 그가 어찌 이런 질문을 하는지 전혀 의외라는 듯 당황했다.

"왜냐하면……."

그녀는 그 이유를 설명하려고 하다가 너무 많은 말을 할 것 같아 두려워서 한참 망설였다.

"그 이유를 꼭 말해 주십시오. 무슨 말을 하든 나는 더 이상 상처를 입지는 않을 겁니다."

"그렇다면 말씀드리지요. 내가 당신을 사랑하지 않고 또 사랑할 수 없는 이유는 당신에겐 삶의 목적이 뚜렷이 서 있지 않기 때문입니다. 이 세상을 좀더 살기 좋은 곳으로 만들기 위해 뭔가 해 보려고 한 적이 있나요? 당신은 당신의 시간을 클럽에 나가 살다시피 하거나, 사치스러운 생활을 하면서 시간을 낭비하고 있어요. 그런 생활을 하면서 어찌 여자에게서 호감을 사려고 하십니까?"

"안되겠지요."

롤린은 쓸쓸한 웃음을 웃으며 다시 말을 이었다.

"하지만, 내 주변에 있는 친구들보다 내가 더 고약하다고는 생각지 않아요. 나는 그렇게 나쁜 놈은 아니랍니다. 어쨋든 거절 이유를 분명히 밝혀 주어서 고맙소."

그는 갑자기 발걸음을 멈추고 모자를 벗고 정중하게 인사를 하고는 돌아서 가 버렸다.

레이첼은 곧장 집으로 돌아가 부지런히 자기 방으로 들어갔다. 방금 있었던 예기치 않은 일로 머리가 어지러웠다. 그 일은 그녀의 생애에 너무나 뜻밖의 충격을 가져다 주었기 때문이다. 한참 곰곰이 생각해 보니, 그녀는 롤린 페이지에게 퍼부었던 비난이 바로 자신이 받아야 할 심판임을 깨달았다.

'내 인생의 목표는 과연 무엇이란 말인가?'

그녀는 해외로 유학하여 유럽에서 가장 이름 있는 선생들로부터 음악을 배웠던 것이다. 그후 고향인 레이먼드로 돌아와 1년 남짓 제일교회에서 성가를 불러 오고 있었다. 보수도 괜찮았다. 2주일 전까지만 해도 자신의 하는 일과 자신의 위치에 관해 꽤 만족하고 있었다. 그녀는 자신에 대한 어머니의 야망을 잘 알고 있었으며 언젠가는 음악계에 군림하며 각광을 받을 것으로 기대하고 있었다. 모든 유명한 가수들이 걸어온 길을 그녀도 걸어온 것이다.

그녀는 자신에게 자문해 보았다. 그리고 조금 전에 자신이 롤린에게 대답해 준 말에 비추어, 과연 자기의 인생의 위대한 목표를 갖고 있는지 자문해 보았다.

'예수님이라면 어떻게 하실까?'

그녀의 음성은 천성적으로 고운 목소리였다. 자기 개인적인 자존심이나 직업적인 자만심이라고는 할 수 없지만, 그녀는 자기의 재능을 있는 그대로 잘 알고 있었다. 그리고 2주일 전까지만 해도 그녀는 자신의 목소리로 돈을 벌면서 명성과 갈채를 받겠다는 것이 인생의 목표였음을 인정하지 않을 수 없었다.

'그와 같은 목표가 과연 롤린 페이지가 갖고 있는 생의 목표보다 더 고상할까?'

그녀는 자기 방에 오랫동안 앉아 있다가 아래층으로 내려갔다. 오페라단의 입단 제의와 그녀가 점차 마음 속으로 굳혀 가고 있는 새로운 계획에 관해 어머니와 터놓고 이야기를 나눠 볼 결심이었다. 오페라단 입단 제의에 관해서는 이미 한번 이야기한 바 있었고, 그때 어머니는 자기 딸이 오페라단에 입단하여 성공하기를 바란다는 뜻을 밝혔던 것이다.

레이첼은 그 대화 자체를 두렵게 생각했으므로 처음부터 딱 잘라 말했다.

"어머니, 난 그 오페라단에 들어가지 않기로 결심했습니다. 그럴 만한 이유가 있습니다."

윈슬로우 부인은 몸집이 크고 잘 생긴 여자였다. 사교성도 놀라웠으며, 사회적인 출세에 대한 야망이 대단히 컸다. 그리고 자기 나름대로 자식들의 성공을 위해 매우 헌신적인 여자였다. 레이첼보다 두 살 어린 외아들 루이스는 사관학교 졸업반으로 그 해 여름에 소위로 임관될 예정이었다. 그 동안에 어머니와 레이첼은 고향에서 함께 살고 있었다. 레이첼의 아버지는 버지니아의 아버지처럼 가족들과 떨어져 있는 동안 사망하였다. 버지니아처럼 레이첼도 예수님의 발자취를 따른다는 현재의 행동 규칙을 지키자면 자기 가족들과 완전히 대립할 수 밖에 없다는 자신의 처지를 깨달았다. 윈슬로우 부인은 레이첼이 말을 계속하도록 기다렸다.

"어머니, 두 주일 전에 제가 한 약속을 알고 계시죠."

"맥스웰 목사님이 한 약속 말이냐?"

"아니예요. 제가 한 약속 말이예요. 그 약속이 어떤 약속인지 알고 계실 텐데, 정말 모르시겠어요. 어머니?"

"알 것도 같다. 물론 교인이라면 누구든지 그리스도를 본받아서 그리스도를 따라야겠지. 그래 그것이 오페라단에 입단하는 문제와 무슨 상관이 있단 말이냐?"

"내가 한 약속을 이행한다는 거예요. '예수님이라면 어떻게 하실까?'라고 물어본 다음, 지혜를 가져다 주는 권능의 원천에 접근하다 보니,

76

예수님이 저의 입장이라면 절대로 자기의 목소리를 그런 식으로 이용하지 않으시리라고 확고히 믿게 되었어요."

"왜 그런 말을 하느냐? 오페라단 가수가 된다는 게 무엇이 잘못이란 말이냐?"

"아니예요. 그게 잘못이라는 말은 아니구요."

"너 지금 오페라단에 입단하여 노래 부르려는 사람들을 모두 심판하겠다는 것은 아니겠지? 단원들이 하는 일이란, 그리스도라면 결코 하실 일이 못 된다는 이야기냐?"

"어머니, 제발 제 말을 이해해 줘요. 제가 어떻게 누구를 심판하겠어요? 직업적인 가수를 비난하는 것도 아니구요. 저는 그저 제가 갈 길만 선택할 따름이라구요. 다만 제가 생각하기에는 예수님이라면 그런 것 말고 뭔가 다른 일을 하실 것이라는 게 제 확신이란 말이예요."

"뭔가 다른 일이라니?"

윈슬로우 부인은 아직 자제력을 잃지 않았다. 부인으로서는 그런 상황을 이해하지 못했으며, 또 그런 상황에 빠져 있는 자기 딸을 이해하지 못했다. 그러나 어쨌든 자기 딸이 천부적인 소질과 재능을 타고난 이상, 반드시 보통 사람들과는 다른 사람이 되어야 한다는 생각만은 요지부동이었다. 그리고 그녀는 제일교회에서 일어난 현재의 그 괴상한 종교적 흥분이 가라앉으면, 레이첼도 그 전과 똑같이 되어 가족의 소망대로 음악계에서 매진하게 되리라는 것이 그녀의 확고한 신념이었다. 그러나 그녀는 자기 딸이 이렇게 대답하리라고는 꿈에도 생각지 못했다.

"그런 일이 무엇이냐구요? 찬송가를 절실히 필요로 하는 사람들에게 봉사하는 일 같은 거예요. 어머니, 저는 이미 결심했어요. 내 목소리로 청중들을 즐겁게 하거나 돈을 벌거나 심지어 저의 음악 취미를 만족시키는 데 사용하기보다는 뭔가 나은 일을 함으로써 저의 영혼을 만족시키는 데에 사용하기로 결심했어요. 그러니까, '예수님이라면 어떻게 하실까?' 라고 스스로에게 질문을 할 때 저에게 만족을 줄 만한 일을 찾아서 할까 해요. 그런데 오페라단의 가수가 되어 노래한다는 것을 생각할 때는 도저히 만족스럽지 않고 또 만족할 수도 없답니다."

그녀의 어머니는 놀랐다. 마침내 윈슬로우 부인은 화가 치밀어 올라 자기 감정을 진정할 수가 없었다.

"그건 말도 안되는 소리야! 레이첼, 너는 미친 사람같구나! 도대체 네가 무엇을 할 수 있단 말이냐?"

"이 세상은 자신의 천부적인 재능을 다른 사람에게 기꺼이 내주는 사람들에 의해 유지되어 오고 있어요. 어째서 저는 천부적인 재능을 가졌는데도, 바로 그 재능에 가격을 붙여 있는 힘을 다해 돈을 벌어들여야만 하는 걸까요? 어머니도 아시다시피, 그 동안 저에게 경제적으로나 사회적으로 출세하는 일에 내 음악적 소질을 결부시켜 가르쳐 왔어요. 저는 두 주일 전에 서약한 후 부터는 예수님이라면 제가 오페라단에 입단하여 해야 할 일이나 살아가는 삶을 용납하지 않으시리라는 생각이 들었어요."

윈슬로우 부인은 자리에서 일어섰다가 다시 앉았다. 가까스로 흥분을 가라앉히며 물었다.

"그럼, 너는 이제 무엇을 할 셈이냐? 아까 내가 물은 말에 너는 아직 대답하지 않았어."

"당분간 교회에 나가 계속 성가를 부르겠어요. 금년 봄에는 계속 그렇게 하기로 약속했어요. 그리고 주간에는 렉탱글 거리에 있는 백십자회 모임에 나가 성가를 부를까 생각해요."

"뭐라고! 백십자회라니! 너 지금 제정신이냐? 거기에 있는 인간들이 어떤 자들인지 알기나 하느냐?"

레이첼은 어머니의 화난 모습에 몸이 움츠러드는 듯했다. 잠깐 기가 죽어 입을 열지 못하다가, 그녀는 또박또박하게 대답했다.

"물론 잘 알고 있어요. 그게 바로 제가 그 곳에 가겠다는 이유랍니다. 그레이 씨 부부는 이미 몇 주일째 그 곳에서 일을 하고 있어요. 그들의 모임에서 성가를 불러 줄 만한 교회 성가대 출신 가수를 구하고 있다는 사실을 저는 오늘 아침에야 알게 되었어요. 그들은 집회장소로 천막을 이용하고 있어요. 그 곳이야말로 이 도시에서 크리스천의 봉사 활동을 절실히 필요로 하는 곳이에요. 어머니, 그들 그레이 씨 부부를 돕고 싶단 말이예요."

레이첼은 난생 처음으로 치솟아오르는 격정에 떨면서 말을 하고 나자, 눈물이 쏟아졌다.

"저는 뭔가 사람들을 위해 몸을 바치고 싶습니다. 어머니가 저를 이해할 수 없으시리란 것도 잘 알고 있습니다. 그렇지만 저는 지금 뭔가 보람있는 일을 하기 위해 고통을 감수할 각오가 서 있습니다. 우리는 지금까지 이 레이먼드에서 고통받는 사람들과 죄악에 빠져 있는 사람들을 위해 무엇을 했습니까? 이 세상의 구세주께서 가신 길을 따르기 위해 우리는 얼마나 자기를 부인해 왔으며, 또 개인적인 안일과 쾌락을 포기했던가요? 우리는 언제나 이 사회의 이기심에 충만한 명령에 따라서 살아가고 있는 게 아닐까요? 작은 쾌락과 유흥의 편협한 세계에 머물고 그런 것들 때문에 생기는 고통에 대해서는 전혀 깨닫지 못하면서 말이예요."

"너 지금 이 어미에게 설교하는 거냐?"

윈슬로우 부인이 느릿느릿한 어조로 딸에게 물었다. 레이첼은 자리에서 일어났다. 어머니의 말을 충분히 이해할 수 있었다.

"아니예요, 어머니. 저는 지금 저 자신에게 설교하고 있어요."

레이첼은 상냥하게 대답했다. 그녀는 자기 어머니가 뭔가 더 할말이 있는 듯해서 잠깐 그대로 서 있다가 그 방에서 나왔다. 자기 방으로 돌아와서 어머니에게서 동정을 기대한다거나 올바른 이해를 구한다는 것은 조금도 기대할 수 없다는 사실을 깨달았다.

그녀는 무릎을 꿇었다. 제일교회에 그 초라한 행색의 사나이가 낡아빠진 중절모를 두 손으로 들고 들어온 후, 두 주일 동안에 제일교회 신도들이 무릎을 꿇고 기도한 횟수는 헨리 맥스웰 목사가 그 교회 목사직을 맡아온 전체 기간의 기도 횟수보다 훨씬 많았을 것이다.

그녀가 일어났을 때 얼굴은 온통 눈물로 젖어 있었다. 의자에 앉아 잠시 생각에 잠겨 있다가 버지니아 페이지에게 보낼 짧은 편지를 썼다. 심부름꾼을 시켜 그 편지를 버지니아에게 보내고 나서 아래층으로 내려가 어머니에게 자기와 버지니아는 저녁에 전도사 그레이 씨 부부를 만나기 위해 렉탱글로 내려갈 것임을 말했다.

"버지니아의 삼촌인 웨스트 박사가 우리와 함께 가게 될겁니다. 제가 버지니아에게 자기 삼촌에게 전화로 함께 가도록 하자고 했습니다. 웨스트 박사는 그레이 씨의 친구이며, 지난 겨울 그 모임에도 여러 번 참석했대요."

윈슬로우 부인은 아무 말도 하지 않았다. 레이첼은 어머니의 태도에서 지금 자기가 나가려는 방향에 대한 명확한 반대 의사를 읽을 수 있었다.

저녁 7시쯤 되어 웨스트 박사와 버지니아가 나타났다. 곧 세 사람은 백십자회 모임에 참석하기 위해 현장으로 출발했다.

렉탱글은 레이먼드에서 가장 고약한 지역이었다. 그 지역은 철도공작소와 수하물 포장센터가 인접해 있었으며, 레이먼드 시에 광범위하게 산재해 있는 빈민가 중에서도 가장 비참하고 불결한 지역이었다. 그 곳에서 여름이 되면 순회 서커스단이나 유랑 극단이 와서 천막을 치고 공연하는 버려진 빈 터가 있었는데, 그 주변에는 싸구려 술집과 여관, 그리고 불결하기 짝이 없는 하숙집들이 그 주변을 둘러싸고 있었다.

제일교회는 아직 한 번도 렉탱글 문제를 거론해 본 적이 없었다. 그 곳은 가까이하기에는 너무나 더럽고 누추하고 죄악에 빠져 있었다. 솔직히 말하자면, 여러 교회에서 부정기적으로 성가대원이나 주일학교 교사들을 보내어 그 비참한 지역을 정화하려고 시도해 본 적은 있었다. 그러나 레이먼드 제일교회가 하나의 전도기관으로서 렉탱글 지역을 몇 년에 걸쳐 단계적으로 악마의 지역에서 벗어나도록 하기 위해 뭔가 조직적인 행동을 취해 본 적은 없었다.

바로 이 레이먼드의 죄악의 온상이 있는 지역에 한 순회전도사와 그의 아내가 큰 천막을 치고 모임을 시작했다. 때는 따뜻한 봄이었고 저녁 모임은 점차 재미있게 무르익어 가기 시작했다. 그 전도사 부부는 크리스천들에게 도움을 요청했고, 예상 외로 큰 격려와 도움을 받아 왔다. 그런데 이들 부부는 보다 훌륭한 성가의 필요성을 절실히 느끼게 되었다. 더욱이 성가를 불러 주겠다고 자원해 오는 사람은 거의 없는 데다가, 간혹 있어도 그 목소리가 별로 신통치 못했다.

"여보, 오늘밤에는 사람들이 그렇게 많이 모일 것 같지는 않네요."

7시쯤 세 사람이 천막 안으로 들어서자 전도사 아내가 맞아 주었다. 그녀는 의자를 정돈하고 나서 불을 환하게 밝혔다.

"아마 그럴 것 같소."

이렇게 말한 그레이 씨는 키가 작달막하게 생긴 다부진 모습을 하고 있었다. 음성은 명쾌했고 타고난 투사로서의 용기가 몸에 배어 있었다. 그는 이미 이웃 사람들 사이에 친구를 몇 명 두고 있었고, 최근에 마음을 바로 잡았다는 험상궂게 생긴 한 사나이가 들어와서 의자 정돈을 돕고 있었다.

알렉산더 파워즈가 자기 사무실 문을 열고 나와 집으로 가기 위해 나선 것은 밤 8시가 조금 지나서였다. 그는 렉탱글 지역의 한 모퉁이에서 차를 잡아 탈 작정이었다. 그러나 바로 그 때 천막 안에서 들려오는 노래소리가 발걸음을 멈추게 했다.

그것은 레이첼 윈슬로우의 노래소리였다. 그 소리는 지금껏 자신이 안고 있는 문제의 처리를 놓고 고심하고 있던 마음에 갑작스런 충격을 주었다. 그는 마치 성령이 임하신 분위기에 휩싸여 그 문제의 해답을 찾게 되었다.

얼마 전까지만 해도 그는 결론을 얻지 못하고, 아무런 확신도 없이 고민하고 있었다. 철도인으로서 자기가 취할 조치는 어떠한 희생도 감수하지 않으려는 마음 자세가 고작이었다. 또한 그 문제를 놓고 자기가 어떻게 해야 할지 몰라서 고민을 했었다.

'가만 있자! 저 여자는 무슨 노래를 하고 있지? 레이첼 윈슬로우가 어떻게 여기까지 오게 되었단 말인가?'

부근에 있는 여러 집에서 창문이 몇 개 열렸다. 술집 근처에서 서성거리며 노래소리를 듣고 있는 게 보였다. 급히 서둘러 천막 안으로 들어가는 그림자도 보였다. 레이첼 윈슬로우가 제일교회에서 한 번도 그런 식으로 성가를 불러본 적이 없었다. 그 음성은 경이로운 목소리였다.

'무엇이 저 여자로 하여금 저토록 기막힌 노래를 부르게 하는 것일까?'

철도공작소 소장 알렉산더 파워즈는 한숨을 쉬며 노래소리에 귀를 기울였다.

  주의 인도하심 따라
  주의 인도하심 따라
  어디든지 주를 따라
  주와 같이 같이 가려네 (찬송가 360장—역자 주)

불결한 주변 환경과는 너무나도 대조적으로 매우 청순한 성가의 메아리가 천막 안에서 흘러나와 술집과 도박장과 더러운 하숙집에까지 들리자, 렉탱글의 포악하고 거칠고 추잡한 생활이 소용돌이치면서 저절로 참신한 생활상으로 바뀌어 갔다. 알렉산더 파워즈의 옆을 비틀거리며 서둘러 지나가는 사람이 의문에 대한 해답을 던져 주었다.

"오늘밤 저 천막 안에는 성스러운 분위기가 넘치고 있군. 정말로 대단한 가수가 와서 성가를 부르기 때문일 거야. 그렇지 않은가?"

알렉산더 파워즈는 천막을 향해 걸어가다가, 갑자기 발걸음 멈추었다. 얼마 동안 망설이다가 다시 발길을 돌려 모퉁이로 걸어가 차를 잡아타고 자기 집으로 향했다. 그러나 그 곳에서 점점 멀어지면서 레이첼의 노래소리가 완전히 살아지기 전에, '예수님이라면 어떻게 하실까?'라는 질문에 스스로 해답을 구했음을 깨달았다.

제 8 장
움트는 사랑의 싹

누구든지 나를 따라 오려거든
자기를 버리고 날마다 제 십자가를 지고 나를 따르라.
(누가복음 9장 23절 새 번역—역자 주)

헨리 맥스웰 목사는 서재에서 서성거리고 있었다. 그 날은 수요일
이었고, 그 날 밤에 해야 할 설교의 주제를 생각하고 있는 중이었다.
서재에서 창밖을 내다보니, 철도공작소의 높다란 굴뚝을 볼 수 있었
다. 전도사 그레이 씨의 천막 꼭대기가 렉탱글 주변의 건물들 위로 삐
죽이 드러나 보였다. 그는 창문쪽으로 돌아설 때마다 창밖을 바라보곤
했다. 잠시 후 책상 앞에 앉아 커다란 백지 한 장을 꺼내 펼쳤다. 잠
시 생각을 가다듬은 다음 커다란 글씨로 다음과 같은 글을 쓰기 시작
했다.

예수님이 이 교회의 목사라면 다음과 같은 일들을 하시리라.

1. 검소하고 단순하게 생활을 한다. 즉, 지나치게 사치를 부리지도
   않을 것이며 지나치게 금욕하지도 않는다.
2. 교회에 나오는 위선자들에게 아무 꺼리낌 없이 설교한다. 그 위
   선자들의 사회적 지위나 재산 따위는 아예 염두에 두지도 않는다.
3. 예수님의 동정과 사랑을 이 교구 교인들의 대다수인 유복한 자,
   교육 받은 자, 세련된 자들뿐만 아니라, 일반 서민들에게도 뭔가

실제적인 형태로 베푼다.

4. 예수님과 인간애의 대의명분을 동일시한다. 비록 그렇게 하는 데 개인적으로 자기 부정과 고통을 요하더라도 말이다.

5. 레이먼드의 술집을 배척하자는 취지의 설교를 한다.

6. 나 자신이 렉탱글의 죄많은 사람들의 친구요 동료임을 널리 알린다.

7. 올해 여름 유럽 여행을 포기한다. 나는 이미 두 번이나 해외 여행을 했고 이제 또다시 그런 휴식을 주장할 수가 없다. 나는 아주 건강하며 당분간 이런 건강을 유지할 수 있다. 나보다 더 휴식이 필요한 사람을 위해 모아 두었던 비용을 쓰는 것이 마땅한 일이다. 이 도시에는 그런 사람이 많을 것이다.

그는 전혀 딴 사람이라도 된 듯이 겸손한 마음으로, 예수님이라면 하시리라는 행위랍시고 방금 나열해 놓은 것을 두세 번 살펴 보다가 그 깊이와 정도에 있어서 너무나 보잘것없음을 의식했다. 그러나 그는 예수님이라면 하시리라는 행위에 대한 자신의 생각을 실현할 수 있는 구체적인 행위를 조심스럽게 찾아보고 있었다.

그가 자기 나름대로 구체화시킨 사항이란, 거의 모두가 십여 년 동안 봉사 생활을 하면서 익혀 온 관례와 습관을 송두리째 뒤엎은 것이었다. 그래도 그는 그리스도의 발자취를 따른다는 정신의 근본을 깊숙히 찾아 나섰다. 그는 일단 쓰기를 멈추었으나 생각은 자신의 삶 속에 예수님의 정신을 더욱 더 찾아내려고 온 마음을 기울였다. 아침부터 하려던 기도회의 설교 주제를 까맣게 잊고 말았다.

너무나 생각에 열중해 있었으므로 그는 현관 벨 소리도 듣지 못했다. 하인이 올라와 그레이 씨라는 분이 찾아왔다는 전갈을 받고 그제서야 의자에서 일어났다.

맥스웰 목사는 계단 위에서 그레이에게 올라오라고 말했다. 그레이는 이층으로 올라오자마자 자기가 찾아온 용건을 말했다.

"맥스웰 목사님, 목사님의 도움을 받고자 합니다. 물론 지난 월요일 저녁과 어제 저녁에 얼마나 기막힌 집회가 있었는지 들으셨겠지요. 미스 윈슬로우의 노래가 나의 노력보다 더 큰 일을 해 주었답니다. 천막 안에 사람들이 들어설 틈도 없을 지경이었지요."

"그 얘긴 들었소. 그 곳 사람들이 그녀의 노래를 듣기는 처음이었을 겁니다. 그토록 사람들이 몰려든 것은 당연하지요."

"그 노래소리는 우리에게 놀라운 계시였습니다. 저희가 벌여 온 선교사업 중에서 가장 고무적인 사건입니다. 그런데 제가 찾아온 용건은 목사님께서 오늘 저녁에 저희들에게 오셔서 설교를 해 주십사 하고 찾아 왔습니다. 저는 지금 지독한 감기로 고생을 하고 있습니다. 목사님처럼 바쁘신 분에게 이런 청을 드린다는 게 무리인 줄은 알고 있습니다. 그러나 정 수락하실 수 없다면 솔직히 그렇다고 말씀해 주십시오. 그래야 저는 다른 목사님에게 부탁을 드릴테니까요."

"미안합니다만 오늘 저녁에는 정기적으로 하는 기도회 모임이 있어서……."

핸리 맥스웰 목사는 이렇게 말을 꺼내다가 얼굴을 붉히면서 또다시 말을 이었다.

"그렇지만 그 곳에 내려가도록 시간을 조정할 수는 있을 겁니다. 내가 가서 설교하는 것으로 합시다."

그레이는 맥스웰 목사에게 진심으로 감사를 표하고 나서 떠나려고 일어섰다.

"그레이 씨, 잠깐만 있어 주시겠소? 함께 기도합시다."

"그러죠."

그레이는 조용하게 대답했다. 그래서 두 사람은 서재에서 함께 무릎을 꿇었다. 헨리 맥스웰 목사는 어린아이처럼 기도했다. 그레이는 너무나 감동하여 무릎을 꿇은 채 눈물을 흘렸다. 그레이는 기도를 마치고 일어나서 맥스웰 목사의 손을 잡았다.

"목사님께 하나님의 은총이 깃드시길 빕니다. 틀림없이 오늘밤 성령께서 목사님께 힘을 주시리라 확신합니다."

핸리 맥스웰 목사는 아무런 대답도 하지 않았다. 사실 그는 그렇게 되길 바란다고 꺼리낌 없이 말할 만큼 자신을 갖고 있지 못했다. 그러나 그 때 그는 자신이 한 서약을 생각했고, 그것이 그의 가슴과 마음에 생기를 불어넣어 주는 어떤 평온함을 가져다 주었다.

그는 이렇게 되어 그 날 밤 교육관에 모인 제일교회 신도들은 또 다른 놀라운 사건에 휘말리게 되었다. 평소보다 많은 교인들이 모여 있었다. 그것은 제일교회가 수립된 이래 아마 최고의 기록이었을 것이다. 맥스웰 목사는 곧장 요점을 설명했다.

"오늘 저녁에 나는 렉탱글로 내려가라는 하나님의 부르심을 받은 듯 합니다. 여기서 이 기도회를 더 연장시키고 싶은 분은 동의해 주십시오. 나와 함께 렉탱글로 가실 분은 지원해 주시는 게 가장 좋겠습니다. 필요한 경우 거기서 열리는 후속 기도회의 준비를 도와야 할지도 모르니까요. 그리고 나머지 분들은 여기 남아서 성령의 힘이 우리 일행과 함께 하기를 기도해 주시기 바랍니다."

그 때 겨우 대여섯 명의 신도가 목사를 따라 나섰고, 나머지 신도들은 교육관에 남아 있었다. 맥스웰 목사는 교육관을 나서면서 제일교회 전 신도들 중에서 굶주림과 죄악에 빠진 동포들에게 그리스도를 가르쳐 주는 일을 맡아줄 만한 신도가 20명도 되지 않을 것이라는 생각을 떨쳐 버릴 수가 없었다. 계속 목적지를 향해 걸어가다가 그런 생각이 순식간에 마음 속에서 사라졌다. 그러나 그렇게 된 것은 그리스도의 제자직의 의미에 대해 갖게 된 전적으로 새로운 개념의 일부분이 작용했기 때문이다.

맥스웰 목사와 6명의 교인들이 렉탱글에 도착했을 때, 천막 안은 이미 가득 차 있었다. 그들은 마련되어 있는 강단으로 가기 위해 상당한 고역을 치뤘다. 레이첼과 버지니아는 이미 거기에 있었고, 그 날 밤 웨스트 박사 대신으로 온 야스퍼 체이스의 모습도 보였다.

레이첼의 성가 독창을 시작으로 집회 순서가 시작되었을 때, 군중들은 다 같이 합창을 했다. 그 때 천막 안에는 발을 들여놓을 틈이 없었다. 밤공기는 부드러웠으며, 천막 주변에도 숱한 사람들이 서성거리며 천막 안을 기웃거리곤 했다. 노래가 끝나고 이어서 시내 교회의 한 목사가 주도한 기도까지 끝나자, 그레이 씨는 자기가 오늘밤 설교를 하지 못하는 이유를 말했으며, 정중한 태도로 제일교회의 맥스웰 목사에게 예배의 진행을 부탁했다.

"저 사람은 뭐하는 친구지?"

천막 바깥 가까운 곳에서 거친 목소리가 들려왔다.

"제일교회 목사래. 오늘밤은 온통 양반 나리들이 거들먹거리는 소리만 듣게 됐군."

"제일교회라구? 그렇다면 아는 작자로군. 우리집 주인 나리도 그 교회에 드나들지."

이런 소리가 들리자 킬킬거리는 웃음 소리가 들렸다. 그 말을 한 사람은 어느 술집 종업원이었다.

"생명줄 던져, 생명줄 던져……!"

술이 얼큰하게 취한 한 사나이가 바로 옆에서 어떤 순회 공연단 가수의 목소리를 무의식적으로 흉내 내어 찬송가를 부르기 시작하자, 폭소와 야유가 뒤섞인 소음이 왁자지껄하게 일어났다. 천막 안에 있던 사람들은 일제히 소란이 일어난 쪽으로 모두 얼굴을 돌렸다. 그리고 여기저기에서 고함소리가 터져 나왔다.

"어느 놈이냐? 끌어내!"

"제일교회 목사에게 한 마디 하게 내버려 둬!"

"찬송가를 불러! 찬송가를 불러! 한 곡만 더 부르게 해!"

헨리 맥스웰 목사가 자리에서 일어섰다. 공포의 큰 물결처럼 두려움이 그의 전신을 휩싸고 있었다. 양순하고 점잖은 신도들에게 설교하는 것과는 전혀 딴판이었다. 설교를 시작했으나 소란은 더욱 심해졌다. 그레이 씨가 사람들 속으로 뛰어들어갔으나 그들을 진정시킬 수가 없었다. 맥스웰 목사는 두 팔을 들어 올리고 목청을 높였다. 천막 안에 사람들은 약간 그에게 주목하기 시작했으나 바깥의 소란은 더욱 심해지기만 했다. 마침내 그의 힘으로는 어쩔 수 없는 지경으로 장내는 수라장이 되고 말았다. 그는 레이첼을 돌아다보며 어색한 웃음을 지었다.

"찬송가나 불러 봐요, 미스 윈슬로우. 당신 노래는 들을게요."

그는 말을 마치고 나서 자리에 앉아 두 손으로 얼굴을 가렸다.

레이첼에게는 드디어 기회가 주어졌고, 사실 그녀는 그런 소란을 충분히 가라앉힐 능력이 있었다. 버지니아가 오르간 앞에 앉았고, 레이첼은 그녀에게 성가 몇 곡을 연주해 달라고 부탁했다.

거룩하신 구주여, 주뜻 따르오리다.
인도하시는 손길, 잘 보이지 않으나
인도하심 따라서 주뜻 따르오리다.
맘 조용 소리없이 불안 질병 더 멀리
오직 주뜻 받들어 제뜻 삼으오리다.

레이첼이 1절을 다 부르기도 전에 천막 안에 있던 사람들은 모두 그녀에게 시선을 모으고 조용해 졌다. 그녀가 성가를 다 부르기도 전에 렉탱글 사람들은 길든 망아지처럼 유순해졌다. 이 젊은 여자의 노래소리를 듣고 이상할 정도로 침통해지며 고개를 숙이고 짐승으로 변하는 듯했다. 연주회장에 모인 경박하고 비판하는 데만 신경을 쓰는 신도와 이 더럽고 거칠고 술에 고주망태가 된 군중을 비교하면 얼마나 대조적인가! 게다가 이런 군중들이 이 아름다운 여자의 신성한 전도사업에 감화를 받아 몸을 떨고 눈물을 흘리며 이상스럽게 침통해지다니 얼마나 놀라운 일인가!

맥스웰 목사는 고개를 들고 조용해진 무리들을 바라보았다. 예수님이라면 레이첼 윈슬로우와 같은 목소리로 어떻게 하실까에 대한 뭔가 영감 같은 것이 머리에 떠올랐다. 야스퍼 체이스는 레이첼의 노래하는 모습을 뚫어지게 쳐다보고 있었다. 어느덧 야심만만한 작가로서의 그의 원대한 포부가 언제쯤 레이첼의 사랑을 획득할 수 있을 것인가에 대한 생각으로 가득차 있었다. 그리고 천막 바깥 어두운 곳에서 그런 천막 집회에 나타나리라고 아무도 예상할 수 없었던 인물이 와 있었으니, 그가 바로 롤린 페이지였다. 그는 빽빽이 모여 있는 거치른 사람들을 마구 떠밀다시피 하면서 천막 부근까지 왔다. 사람들은 그 멋쟁이 사나이를 그냥 쳐다보기만 할 뿐이었다. 롤린 페이지는 주위에 있는 사람들에게는 전혀 아랑곳하지 않고, 오직 레이첼의 노래소리에 감화되어 멍한 상태로 서 있기만 했다. 그는 방금 클럽에서 나오는 길이었다. 레이첼도 버지니아도 그날 밤 롤린 페이지가 여기에 왔다는 사실을 몰랐었다.

노래가 끝나자, 맥스웰 목사는 다시 일어났다. 이번에는 훨씬 조용해 졌다.

'예수님이라면 어떻게 하실까? 예수님이라면, 자기로서는 절대로 말할 수 없다고 생각한 것을 서슴지 않고 말씀하시리라. 이 사람들은 누구인가? 그들의 영혼은 영원히 죽지 않는다. 그리스도교란 무엇인가? 의로운 사람들보다 죄 지은 사람들을 회개하도록 하는 종교이다. 예수님이라면 어떻게 설교를 하실 것인가? 예수님이라면 무슨 말씀을 하실 것인가?'

아무래도 그는 예수님의 메시지에 내포되어 있는 것을 모두 말할 수는 없었으나, 그 중에서 몇 가지는 분명히 말할 수 있다는 생각이 들었다. 그리하여 확신있는 설교를 해 나갔다. 그러나 지금까지 '대중에 대한 연민의 정'을 이렇게 한 몸으로 느껴 본 적은 없었다. 그가 과거 10여 년 동안 제일교회에 있으면서 생각한 대중이란, 교회와 자기 능력의 한계를 벗어난 위험스럽고 더럽고 말썽만 일으키는 한 사회적 분자에 지나지 않았으며 그로 하여금 이따금 불유쾌한 양심의 가책을 느끼게 하는 분자이기도 했다. 레이먼드에서는 각종 사회단체와 신문에서 이른바 '자신이 없고 사리에 어두운 무리'라고 지탄의 대상이 되었던 사람들이다. 특히 신문에서는 왜 그들에게 접근할 수 없는가를 의도적으로 폭로하려고, 소위 같은 동포인 그들이 열심히 글을 써서 타격을 준 대상이 바로 이곳 사람들이었다.

그러나 오늘밤 맥스웰 목사가 이곳 사람들을 대하자 결국 이들이야말로 예수님께서 그토록 자주 대하던 바로 그 사람들이 아닐까 하고 자기 자신에게 묻지 않을 수 없었으며, 마음 속에서 이들에 대한 진정

한 사랑이 샘솟는 듯했다. 이와 같은 사랑이야말로, 자신이 영생의 진
수에 접근하면서 생활한다고 생각하는 한, 그 목사에게는 최고의 은혜
인 것이다. 한 사람의 죄인을 사랑한다는 것은 별로 어렵지 않으나,
특히 그 죄인이 독특한 개성을 지녔거나 관심을 끌 경우에는 한결 사
랑하기가 쉬워진다. 그러나 죄많은 사람들을 한꺼번에 사랑한다는 것
은 참으로 그리스도의 발자취를 밟는 자만이 할 수 있는 일인지도 모
른다.

집회가 끝났을 때 특별한 반응이 나타나지 않았고, 계속되는 프로
그램이 있는데도 아무도 자리에 남아 있지 않았다. 사람들은 썰물처럼
천막을 빠르게 빠져 나갔고, 집회의 순서가 진행되는 동안에 한산하던
술집들이 다시 흥청거리기 시작했다. 렉탱글 사람들은 마치 잠깐 동안
한눈을 팔았다는 듯이 그 본래의 밤의 광기 속으로 빠져들기 시작했
다. 버지니아, 레이첼, 야스퍼 체이스를 포함한 맥스웰 목사 일행은 술
집과 도박장이 늘어서 있는 곳을 지나 천천히 걸어서 차들이 왕래하
는 곳으로 나왔다.

"참 무서운 곳이구먼. 레이먼드 시가 이토록 곪아 가고 있는 줄은
미처 정말 몰랐소. 이 도시가 완전히 그리스도교 도시가 되기는 틀린
것 같군요."

맥스웰 목사는 타고 갈 차를 기다리면서 말했다.

"그 누가 나서서 이 술독에 빠진 저주받은 대집단을 깨끗이 제거할
수 있다고 생각하십니까?"

하고 야스퍼 체이스가 의문을 제기했다.

"전에 없었던 일입니다만, 나는 최근에 술집을 없애기 위해 지금까
지 무슨 일을 해 왔나 하고 생각도 해보았습니다. 왜 우리 크리스천들
은 합심하여 술집 없애기 운동을 펼쳐 나가지 않을까요? 어째서 이
무서운 일에 대해 레이먼드의 목사들과 신도들은 공동 전선을 펴지
않을까요? 예수님이라면 어떻게 대처 하실까요? 그 분이라면 그냥 묵
인하고 계실까요? 그 분이라면 이 범죄와 죽음을 합법화시키는 법률
의 통과를 위해 찬성표를 던지실까요?"

맥스웰 목사는 다른 사람이 아니라 바로 자기 자신에게 이야기하고 있었다. 그는 다른 목사들처럼 항상 술집을 정식으로 허가하자는 쪽에 투표해 온 자신을 돌이켜 보았다.

'예수님이라면 어떻게 하실까? 나는 이 질문에 확실히 대답할 수 있는가? 만일 예수님이 오늘날 이 땅에 살아계신다면 술집을 반대하는 설교와 행동을 하실까? 설교와 행동을 하신다면 과연 어떻게 행동하실까? 술집 허가를 반대하는 설교를 하신다면 인기가 떨어질까? 모든 크리스천들이 그런 사악한 행위를 허가하고 그런 필요악에서 세금을 거둘 수만 있다면 그만이라는 생각을 해도 될까? 또한 교인들 스스로 술집이 있는 곳에 부동산을 보유하는 것이 과연 온당한 일일까? 온당치 못하다면 어떻게 해야 할까?'

이와 같은 문제들이 레이먼드 시가 지닌 어려운 문제들이라는 것을 그는 깨달았다.

'예수님이라면 어떻게 하실까?' 맥스웰 목사는 다음날 아침, 서재에 올라가서야 이 질문에 대한 부분적인 해답을 얻을 수 있었다. 그는 그 부분적 해답에 대해 종일토록 생각해 보았다. 마침내 데일리 뉴스 석간이 배달되었을 때 비로소 확실한 해답을 얻게 되었다. 그의 아내가 그 신문을 들고 올라와서 그가 읽어주는 동안 한참 앉아 있었다.

그당시 데일리 뉴스는 레이먼드 시에서 큰 물의를 일으키고 있는 신문이었다. 말하자면 너무나 뚜렷한 스타일로 편집 방향이 바뀌는 바람에 독자들은 전에없이 매우 흥분했다. 독자들은 먼저 프로 권투 기사가 삭제되었음을 알았고, 이어서 심층 취재한 범죄 기사나 사생활을 침해하는 스캔들도 서서히 빠지기 시작한다는 것을 깨달았다. 그 다음에는 술 광고와 담배 광고가 빠진 것도 알게 되었고 이렇게 해도 신문사가 운영될지 의문점이 제되기도 했다. 더구나 일요일판의 발행 중단은 모든 독자들에게 심한 비판을 받았다. 이제는 사설의 성격마저도 극도의 흥분을 자아내고 있었다. 금주 월요일 석간에 실린 사설은, 데일리 뉴스의 편집인 겸 발행인 에드워드 노먼이 자기가 한 서약을 지키고 있다는 것을 여실히 나타내고 있었다. 그 사설은 다음과 같은 제목을 붙이고 있었다.

정치 문제들에 대한 도덕적 측면

　지금까지 편집인들은 현 여당이 내세우는 원칙들을 지지해 왔으며, 편의주의 및 여당에 대한 신뢰라는 견지에서 제반 정치 문제를 논했으며, 다른 정치 단체의 주장에는 공공연하게 반대 의사를 표명했다. 그러나 앞으로 본 편집인은, 모든 구독자에게 정직으로 봉사하기 위해 전체적인 정치문제를 정의 아니면 불의라는 견지에서 제시하고 논하려 한다. 특정 정치 문제를 논하기에 앞서 본 편집인은 '그 문제가 우리 정당에 유익한가?'라든가 혹은 '그 문제가 우리 당의 정책이 근본 원칙으로 제시한 제반 원칙에 맞는가?'라고 묻지 않고, '그 정책이 유사 이래 가장 위대한 생활 규범을 만들어 주신 예수님의 정신과 가르침에 부합하는가?'라고 자문해 보기로 했다. 즉, 쉽게 풀이해서 말한다면, 모든 정치적 문제를 다룰 땐 그 문제의 도덕적 측면을 가장 중요시 하겠으며, 국가와 국민은 모든 일에 그 영광을 하나님께 돌린다는 율법을 첫째 행동규칙으로 삼아야한다는 데 확고부동한 근거를 두고서 그런 문제를 다루고자 한다.

　또한 본 편집인은 시의원 입후보자에게도 그들이 국가에 대해 책임을 지고 국민의 신뢰를 받아야 한다는 견지에서 똑같은 원칙을 적용하겠다. 본 편집인은 가장 훌륭한 후보자가 당선되도록 힘써 지원하겠으며, 부도덕하고 무능한 후보자는 소속 정당에서 아무리 지지를 받는다고 하더라도 의도적으로 지원하지 않겠다. 후보자와 선거 공약을 논할 때, 본 편집인이 무엇보다 먼저 묻고자 하는 것은, '그 입후보자는 시의원이 될 자격이 있는가?' '그 입후보자는 유능하고 선량한 사람인가?' '그 입후보자가 내건 공약은 정당한가?' 등이다.

이런 식의 사설은 수없이 많이 게재되었으나 다만 사설의 성격을 보여 주기 위해 위의 사설을 인용한 것이다. 레이먼드 시민중 수백 명이 이런 사설을 읽고 자기 눈을 의심할 정도로 놀랐다. 그 들중 수십 명이 당장 데일리 뉴스로 항의 편지를 보내 편집자에게 신문 구독을 중단하겠다고 통고해 왔다. 그럼에도 불구하고 신문은 계속 나왔고 레이먼드 시 전역에서 계속 읽히고 있었다. 한 주일이 끝날 때, 에드워드 노먼 사장은 신문 구독자가 급속도로 줄고 있다는 사실을 잘 알고 있었다. 클라크 편집국장이 월요일 신문의 사설이 말썽을 일으킨 이래 침통한 표정으로 돌이킬 수 없는 파산을 예언했지만 노먼 사장은 이 모든 상황을 담담하게 받아들였다.

그날 밤, 맥스웰 목사는 그 사설을 아내에게 읽어 주면서 노먼 사장이 쓴 칼럼에서도 그가 한 약속을 양심적으로 지키고 있음을 면면히 엿볼 수 있었다. 독자의 주목을 받기 위해 야비한 말로 꾸민 제목도 눈에 띄지 않았다. 제목 이상의 내용은 매우 건전하고 양심적이었다. 두 가지 칼럼에서 기자의 이름이 밑에 있는 것이 눈에 보였다. 기자들의 보도 자세와 권위 의식도 현저하게 변화된 모습이었다.

"이제 노먼 사장께서 기자들에게 자기들이 취재하고 집필한 기사에 서명하도록 일렀군요. 전에 만났을 때 내게 그런 의견을 이야기 했소. 참 잘하는 일이지. 이렇게 되면 기사에 대한 책임 한계가 분명하게 되고 기사의 수준도 높아지기 마련이지. 그리고 독자들과 기자들을 위해서도 두루 좋은 일이지."

맥스웰 목사는 갑자기 읽기를 중단했다. 그의 아내는 읽고 있던 기사에서 눈을 떼고 의아스러운 듯 올려다보았다. 그는 비상한 흥미를 가지고 어떤 기사를 읽기 시작했다.

"메어리, 이것을 들어 봐요."
하고 그는 말했는데 기사를 읽는 그의 입술이 한동안 조금씩 떨렸다.

오늘 아침, 이 도시에 있는 L&T 철도회사의 공작소 소장인 알렉산더 파워즈 씨는 본사에 정식으로 사표를 제출했다. 그는 사임하는 이유로서, 최근에 몇몇 특정한 철도회사들이 부당한 이득을

얻기 위해 철도를 독점하는 행위를 방지하고 이를 처벌하기 위해
제정한 주간통상위원회의법과 주법의 조항을, L & T 철도회사에서
위반한 확증이 자기 손에 들어왔다고 밝혔다. 파워즈 씨는 자신이
더 이상 그 정보를 보관해 둘 수 없다고 사임서에서 밝히고 있었다.
그는 L & T 철도회사의 불법 행위에 대한 증인이 될 각오도 되어
있다고 선언했다. 파워즈 씨는 이미 그 확증 서류를 조사위원회에
제출했으며, 멀지않아 그 철도회사에 모종의 제재를 가할 것이라고
했다. 그러므로 본지는 파워즈 씨의 행위 자체에 대해 언급하고자
한다. 우선 무엇보다도 파워즈 씨는 이 일로 해서 얻은 이익이 하
나도 없다. 그는 좋은 일자리를 스스로 박차 버렸다. 사실 그 비위
사실을 모르는 척하고 있었다면 계속 그 직책을 지키고 있었을 것
이다. 둘째로, 그의 고발 행위는 의당 준법 정신과 고발 정신이 철
저한데다가 사려깊고 정직한 모든 국민들의 호응을 받아야 한다는
점이다. 이번·이 사태의 경우, 이러한 철도회사의 비리에 대한 그
어떤 증거는 있을 리 없다고 사람들은 믿고 있는 점으로 보아, 철도
회사의 간부나 중역들이 이따금 범법 행위의 증거를 설사 입수한다
해도 그것을 사직당국에 고발하는 일은 자기들이 관여할 바가 아니
라고 생각하는 것이 일반적인 상례라는 것이다. 마땅히 책임을 지
고 있는 자들이 이러한 배임 행위는 경중을 막론하고 철도회사에
종사하는 모든 젊은이들에게 좋지 못한 본보기를 보여 주어 사기를
저하시키는 결과를 초래할 것이다.

본 편집인은 얼마전 레이먼드 시에 있는 철도회사 간부가 폭로한
성명 내용이 기억난다. 그 성명의 요지는 철도회사의 특정 부서에
근무하는 전 직원은 주간통상위원회의법을 교묘하게 어겨 거액의
돈을 착복한다는 사실을 알고 있으며, 오히려 그러한 범법 행위에
찬사를 보내려 한다든가 그리고 그런 범법 행위를 기도하는 철도계
에서 출세하려면 그런 행위를 저지할 각오가 되어 있어야 한다는
내용이었다. (이런 성명이 서부의 대철도회사 본사에서 실제로 선포되었
다는 사실을 필자는 확인했음—저자 주.)

이러한 기업 분위기는 고결한 행동 규범을 모조리 파괴시킬 뿐만 아니라 젊은이들이 자신의 양심과 성격을 스스로 삐뚫어지게 하지 않는 한 그런 부정직과 불법이 처벌되지 않는 그러한 분위기에서 살아갈 수 없다는 사실에 대해서는 새삼스럽게 말할 필요가 없다.

우리가 판단하건데, 파워즈 씨는 진실한 크리스천으로서 할 수 있는 유일한 일을 했을 따름이다. 그는 국가와 국민에게 용감하고도 유익한 봉사를 했는데, 일개 시민이 국가에 대한 그의 확고한 의무감 사이의 관계를 확실히 파악한다는 것은 결코 쉬운 일이 아니다. 이 사건에서 볼 때, 파워즈 씨가 취한 조치는 법의 올바른 집행을 신뢰하는 모든 사람들에게 정말 좋은 인상을 남겼음을 의심할 여지가 없다. 모든 사람은 이따금 심각한 인격적 희생과 피해를 감수하면서도 국민 전체를 위해 자신의 이익을 저버리거나 포기해야만 할 경우가 있다. 파워즈 씨는 오해와 곡해의 대상이 될 수도 있으나, 대기업체는 물론 아주 약한 일 개인에게도 똑같은 법의 적용이 이뤄지기를 바라는 국민이라면 누구나 그가 취한 조치를 환영할 것이 틀림없다. 파워즈 씨는 국가를 위해 충성하고 애국하는 국민이라면 할 수 있는 일을 다했다. 이제 남은 과제는 주간통상위원회가 L&T 철도회사의 범법 행위에 대한 확고부동한 증거를 놓고 어떻게 처리해 나갈 것인가가 우리의 관심사로 남아있다. 법은 그것을 집행하는 자가 어떤 사람이든 그것을 어긴 자가 어떤 사람이든 간에 법은 공정하게 적용되어야 한다.

제 9장
참사랑의 길

헨리 맥스웰 목사는 떨리는 손으로 신문의 기사를 다 읽고 나서 그
만 신문을 땅에 떨어뜨리고 말았다.

"파워즈 씨를 찾아가 만나 봐야겠소. 그가 서약을 지키려다가 이런
결과를 빚게 된 것이오."

그가 일어나 밖으로 나가려 하자, 옆에 있던 아내가 물었다.

"여보, 당신은 예수님이라면 그렇게 하셨을 거라고 생각하세요?"

맥스웰 목사는 잠시 생각에 잠기다가 천천히 말문을 열었다.

"그래요, 나도 그렇게 생각하고 있다오. 아무튼 그렇게 하기로 한
것은 파워즈 씨가 스스로 결정한 것이오. 그러니까 서약을 한 사람은
누구나 그런 사정을 이해할 것이오. 파워즈 씨는 어느 누구를 위해서
가 아니라, 오로지 자기 자신을 위해 예수님의 발자취를 밟겠다고 결
정했으니까 말이오."

"그 분의 가족은 이제 어떻게 되는 거죠? 부인과 딸 첼리아는 그
분의 그런 결정을 어떻게 받아들일지 모르겠네요."

"매우 어려운 처지일 게 분명해요. 그것이 바로 그 일 때문에 파워
즈 씨가 져야 할 십자가겠지요. 부인과 딸은 그의 속마음을 이해하지
못할 테니까."

말을 마친후 맥스웰 목사는 집을 나와 파워즈 씨가 살고 있는 곳으로 갔다. 파워즈 씨가 몸소 마중나와 그를 맞아주었다.

두 사람은 아무 말도 없이 서로 손을 잡았다. 그들은 말을 건네지 않고도 상대방의 마음을 곧 이해할 수 있었다. 이때처럼 목사와 평신도가 서로 그토록 긴밀한 유대감을 가져 보기는 처음이었다. 두 사람은 사건의 진상에 관해 이야기를 나누었다.

"앞으로 어떻게 하실 계획이십니까?"

"다른 직장 말입니까? 아직은 특별한 계획은 없습니다만, 아마도 옛날에 하던 일을 다시 할 것 같습니다. 사회적인 활동이나 사교 생활을 삼간다면, 식구들의 고생은 없게 될 것입니다."

파워즈 씨는 조용하고도 슬픈 음성으로 말했다. 헨리 맥스웰 목사는 새삼스럽게 부인과 딸이 어떻게 생각하느냐고 묻고 싶지 않았다. 파워즈 씨는 그 문제로 극심한 고통과 역경을 치르고 있음이 너무도 분명했기 때문이다.

잠시 후, 파워즈 씨는 차분하게 입을 열었다.

"목사님께서도 한 가지 알아 주셨으면 하는 일이 있습니다. 다름 아닌 철도공작소에서 근로자 복지 사업이 본격적으로 시작되었다는 것입니다. 제가 알기로는, 본사에서는 그 사업이 진척되는 것을 반대하지는 않으리라고 봅니다. 철도계의 모순 중 한 가지는 Y.M.C.A.와 기타 그리스도교 단체에서 벌이는 근로자 복지 활동을 철도회사들이 장려하고 지원하는 반면, 비그리스도교적인 활동과 불법 행위가 바로 그 회사의 중역과 간부들에 의해 계속 자행되고 있으니 이것이야 말로 표리부동한 철도계의 모순이 아닐까요? 물론 회사 경영자들이 정직하고 크리스천답다는 성품을 과시하기 위해 그런 선심을 쓴다는 것도 나는 잘 알고 있답니다. 그래서 기계공작실 실장도 빈 방을 사용하는 데 관대한 후의를 보일 것은 자명한 사실입니다. 그런데 지금 목사님께 부탁드리는 것은 제가 세웠던 계획이 제대로 이루어지도록 보살펴 달라는 것입니다. 그렇게 해 주시겠지요? 목사님께서는 어떻게 돌아가는지 조금은 그 상황을 알고 계시니까요. 지난 번에 목사님은 그 직원들에게 참 좋은 인상을 남겨주셨어요. 가급적이면 자주 그곳을 방문해 주십시오. 이 사업에 관심을 갖고 있는 밀턴 라이트 씨에게 부탁하여 얼마간의 집기와 커피 도구 및 책상 등을 갖추도록 해 주시기 바랍니다. 어려운 부탁이지만 그렇게 해 주실 수 있겠습니까?"

"네, 그렇게 해 드리겠습니다."

맥스웰 목사는 곧바로 대답했다.

그는 한참 머물러 있다가 파워즈 씨와 함께 기도한 후, 마치 그들은 그리스도교 신자가 되는 선서식이나 하는 듯이 세삼스럽게 손을 잡고는 서로 헤어졌다.

맥스웰 목사는 몇 주일 동안 일어난 일련의 사태에 마음을 설레면서 집으로 돌아왔다. 예수님의 발자취를 본받겠다는 서약이 자기 교구뿐만 아니라 레이먼드 시내에 혁명을 불러일으키고 있음이 점차적으로 확실하게 드러나고 있었다. 거의 매일같이 그 서약의 결과로서 새로운 사건들이 자꾸 더해 갔다.

맥스웰 목사는 이 결과가 어떻게 끝날 것인가에 대해 미처 생각할 사이가 없었다. 사실 그는 레이먼드 시뿐만 아니라 전국에 걸쳐서 수많은 가정의 운명을 변화시키게 될 일련의 사태가 시작되려는 바로 그 시발점에 서 있는 셈이었다.

에드워드 노먼과 레이첼, 그리고 파워즈 씨를 생각하고 이미 그들의 행동이 빚어낸 결과들을 생각할 때, 서약을 한 제일교회 신도들이 모두 그 서약을 성실하게 지킬 경우 발생할 여러 가지 사태에 깊이 관심을 갖지 않을 수 없었다.

'그들은 과연 그 서약을 제대로 지켜나갈 것인가? 아니면, 그 중 몇 명쯤은 십자가가 너무 무거워 끝내 등을 돌리고 말 것인가?'

맥스웰 목사는 다음날 아침 서재에 앉아 이 질문에 대해 시원한 대답을 찾으려고 혼자 고심하고 있는데, 제일교회 전도봉사회 회장인 프레드 모리스가 찾아왔다. 그는 들어서자마자 용건부터 말했다.

"저의 문제 때문에 목사님께 심려를 끼쳐드릴 생각은 전혀 없습니다. 목사님께서 제게 다소나마 도움이 되는 말씀을 해 주실 것으로 생각되어 찾아왔습니다.

"잘 왔네, 프레드군. 자네 사정을 말해 보게."

맥스웰 목사는 이 교회에서 목회를 맡아 보게 된 첫 해부터 익히 이 청년을 알고 있었다. 그러니까 이 청년의 소년 시절부터였다. 그는 언제나 성실하게 교회에 봉사해 왔으므로 항상 목사는 그 청년을 무척 아끼고 좋아했다.

"자세히 말씀드리겠습니다. 제가 직장에서 해고당했습니다. 목사님께서도 아시다시피, 저는 작년에 학교를 졸업하면서부터 조간지인 '센티넬'에서 기자로 일을 했습니다. 그런데 지난 토요일이었습니다. 저의 상사인 버어 씨가 저에게 주일 아침에 기차편으로 출장을 명하여 간이역에서 발생한 철도강도 사건의 현장을 취재해 오라는 것이었습니다. '데일리 뉴스'지보다 먼저 월요일 오전에 호외로 그 기사를 싣겠다는 것이었죠. 저는 그 출장을 거절했습니다. 그랬더니 버어 씨는 저를 파면시켰습니다. 그는 몹시 기분이 나빠 있었던 것이 분명합니다. 그렇지 않다면 그토록 가혹한 짓을 하지 않았을 겁니다. 언제나 그분은 제게 잘해 주셨거든요.

과연 예수님이 제 입장이라면 그렇게 하셨을까요. 목사님? 친구들이 저에게 바보짓을 했다고 나무라기 때문에 목사님께 여쭤 보는 겁니다. 그리스도교 신자가 이따금 비신자들에게 전혀 다른 동기에서 행동한다는 것은 납득이 가지만, 그런 동기 때문에 바보 취급당한다는 것은 아무래도 납득이 가지 않습니다. 목사님은 어떻게 생각하십니까?"

"프레드군, 내 생각에는 자넨 서약을 지킨 것 뿐이야. 자네의 경우와 같이, 예수님이라도 절대로 주일날에 기사를 취재하지는 않으시리라고 생각되네."

"고맙습니다, 맥스웰 목사님. 사실 좀 석연치 않습니다. 그러나 생각하면 생각할수록 잘했다 싶습니다."

프레드 모리스는 자리에서 일어섰다. 목사는 뒤따라 일어나 사랑의 손으로 그 청년의 어깨를 감쌌다.

"이제 자네는 무슨 일을 할 작정인가?"

"아직은 아무런 계획이 없습니다. 그냥 시카고나 그렇지 않으면 더 큰 도시로 가볼까 하는 생각입니다."

"왜, 데일리 뉴스사에 입사해 볼 생각은 없는가?"

"거긴 정원이 차 있습니다. 그래서 이력서를 내 볼 엄두도 못내고 있답니다."

맥스웰 목사는 잠시 생각에 잠겼다가 말을 이었다.

"나와 함께 데일리 뉴스사에 가보지 않겠나. 노먼 사장을 만나 상의를 해보세나."

잠시 후 에드워드 노먼 사장은 맥스웰 목사와 프레드 모리스를 자기 방으로 맞아들였고, 맥스웰 목사는 전후 사정과 용건을 간단하게 말했다.

노먼 사장은 날카로운 인상이었으나, 매력적인 미소를 지으며 부드럽게 말했다.

"우리 신문사에서 일해 주시오. 나는 주일날 일하지 않겠다는 기자를 원하고 있었소. 나는 당신 같은 기자가 능력을 발휘할 만한 보도 특집을 구상 중이라오. 특히 당신은, '예수님이라면 어떻게 하실까?'를 잘 알고 있을 테니까 말이오."

노먼 사장은 이렇게 말하고 프레드 모리스에게 일할 책상을 지정해 주었다. 맥스웰 목사는 흐뭇한 기분으로 집으로 돌아왔다. 그는 실직자에게 직장을 알선해 준 사람만이 맛볼 수 있는 흡족한 기분에 도취되어 있었다.

맥스웰 목사는 곧장 집으로 돌아갈 생각이었으나 발길을 돌려 지나는 길목에 있는 밀턴 라이트 씨의 상점에 들렀다. 목사는 잠깐 들러 자기 교회의 신도인 밀턴 라이트 씨를 만나 악수라도 나누고, 사업에 번영을 빌어줄 마음으로 들렀다. 그러나 막상 목사가 들어서자 라이트 씨는 그를 붙들고 자신의 새로운 사업 계획을 털어놓았다. 맥스웰 목사는 과연 이 사람이 자기가 지금껏 알고 있는 라이트 씨일까 하고 의아해 했다. 왜냐하면, 라이트 씨는 평소에 철저하게 실리적인 사업가로서 사업계의 원칙을 준수해 왔고 매사를 '이익 우선 추구'라는 측면에서 보아 왔기 때문이다.

"목사님, 제가 예수님의 발자취를 밟겠다고 서약한 다음부터 내 사업 운영 방법을 개혁하지 않을 수 없었다는 사실을 감출 수가 없답니다. 제가 과거 20년 동안 이 상점에서 해 온 일들은 예수님이라면 절대로 하시지 않았을 그런 일들이었지요. 하지만 그것도 예수님이라면 반드시 하셨으리라고 믿게 된 수많은 일에 비하면 정말 보잘것없는 일이지요. 제가 개인적으로 범한 소극적인 죄는 사업 때문에 범한 죄**보다는** 훨씬 적은 셈이니까요."

"**우선** 계혁하신 게 무엇입니까?"

맥스웰 목사는 처음에는 자기 집으로 돌아가 설교 주제를 생각할 **뜻이**었으나, 그러나 밀턴 라이트 씨와의 대화가 계속되자 굳이 집으로 돌아가지 않아도 설교할 내용을 찾아낼 수 있으리라는 확신이 생겼다.

"우선 나와 같이 일하는 종업원들에 대한 내 생각부터 뜯어고쳐야겠다는 것입니다. 저는 서약을 한 다음 날인 월요일 아침에 이 점포로 내려 왔을 때, 나는 자신에게 물었습니다. '예수님이라면 이 점포에 있는 점원, 경리사원, 사환, 배달원, 외판원들과의 관계에서 어떻게 행동하실까? 예수님이라면 내가 20여 년 동안 이들과 함께 지속해 온 인간관계와는 전혀 다른 인간관계를 확립하려고 노력하실까?' 하고 저자신에게 물어 보았답니다. 그리고 저는 '그러실 것이다.' 라고 금방 대답했어요.

그 다음에는 곧바로 '종업원들과의 그런 인간관계란 어떤 인간관계가 될 것이며, 그런 인간관계를 지속하려면 어떤 일부터 할 것인가? 라는 질문에 부딪치게 되었지요. 저는 일단 전 직원을 모아놓고 허심탄회하게 이야기를 나누어 보지 않고는 절대로 만족할 만한 대답을 얻지 못할 것으로 판단되었어요. 그래서 전 종업원들에게 모이라는 통고를 했답니다. 그 주 목요일에 창고에서 우리는 모였답니다. 그날 밤 모임에서 좋은 제안이 수없이 쏟아져 나왔답니다. 너무 많은 제안이라 목사님께 모두 말씀드릴 수가 없군요. 그때 저는 예수님이라면 하셨으리라고 생각되는 말을 그들에게 해 주려고 애썼지요. 참으로 어렵더군요. 그런 식으로 말하는 게 몸에 배지 않아 자주 실언을 했지 뭡니까. 목사님, 그 모임이 몇몇 종업원들에게 준 영향은 실로 큰것이었습니다. 그 모임이 끝날무렵 20여 명이 감격의 눈물을 흘리는 모습을 보았답니다. 저는 '예수님이라면 어떻게 하실까?' 라고 자꾸 제 스스로에게 물었습니다. 물으면 물을수록 10여 년 동안 저와 같이 일해 온 그들에게 진실로 사랑과 선의로 대하게 되는 것이었어요.

그 후 날마다 뭔가 새로운 일들이 일어났습니다. 지금 저는 전사업체에 개선 작업을 하고 있답니다. 사실 저는 그동안 협력의 정신이 얼마나 위대한 것인지를 몰랐었지요. 그래서 최근에는 지식과 정보를 얻으려고 노력하고 있어요. 그리하여 근래에는 영국 브래드포드의 위대한 사업가 타이터스 솔트(Titus Salt)의 일생에 대해 공부를 하고 있답니다. 그분은 말년에 에어강의 제방 위에 모범 마을을 건설했어요. 그분이 세웠던 계획은 저에게 큰 도움이 되고 있답니다. 그러나 저는 결정을 내리지 못하고 있어요. 그러니까 예수님의 발자취를 제대로 따르지 못하고 있답니다. 이걸 좀 보십시오."

라이트 씨는 허둥지둥 책상 서랍을 열고 종이 한 장을 꺼냈다.

"예수님이 나와 같은 입장에서 사업을 운영하신다면 어떤 계획을 세우실까 하고 묻고는 그 대답을 생각나는 대로 적어 보았습니다. 읽어 보시고 한 말씀 해 주시기 바랍니다.

예수님이 사업가 밀턴 라이트의 처지에서 하시리라 여겨지는 여러가지 일들

1. 예수님이라면 우선 하나님께 영광을 돌려 드릴 사업을 하실 것이며, 결코 돈벌이만을 생각해서 사업에 임하시지는 않을 것이다.
2. 그분이라면, 사업상 벌어들인 돈은 결코 자기의 것으로 여기지

않으실 것이며, 인류의 복지를 위해 사용하실 것이다.

3. 그분과 모든 종업원들과의 관계는 지극한 사랑과 협조적인 관계일 것이다. 그분은 종업원들 모두를 구원을 요하는 영혼들이라는 견지에서 생각하실 것이다. 이러한 생각을 사업체에서 돈을 벌겠다는 생각보다 항시 우선적일 것이다.

4. 그분이라면, 결코 부정직하거나 의혹을 살 만한 일을 하지 않으실 것이며 동업자와의 경쟁에서 이기기 위해 뒷거래를 하지 않으실 것이다.

5. 사업의 운영상 자기만 생각하지 않고 남을 도와준다는 원칙 아래 모든 일을 처리하실 것이다.

6. 이러한 원칙에 따라, 그분은 자신의 종업원, 고객 관련 사업체와의 관계를 개선하기 위한 종합적인 것을 지속적으로 계획을 세우실 것이다.

핸리 맥스웰 목사는 종이에 써놓은 내용을 천천히 읽어내려갔다. 이틀전 자기 자신이 예수님이 하시리라 여겨지는 행동에 대한 생각을 구체적으로 기록해 보려고 했던 일이 생각났다. 그는 아주 깊은 생각에 잠겨 고개를 숙이고 있다가 눈을 들었을 때 라이트 씨의 진지한 눈길과 마주쳤다.

"이런 식으로 사업체를 경영한다면 제대로 유지할 수 있을 것 같습니까?"

"물론, 유지할 수 있지요. 지성적 비이기심이 지성적 이기심보다 더 현명한 것이라고 생각되지 않습니까? 만일 종업원들이 사업체의 이익이 바로 자기들의 이익이라는 것을 느낀다면, 아니 더 나아가서 그 사업체에 인간적인 애사심이 붙게 된다면, 훨씬 더 성실하게, 더욱더 부지런히 충실하게 일하지 않겠습니까?"

"옳은 말씀입니다. 하지만 대부분의 사업가들이 그렇게 하지 않겠지요. 그러니까 내 말은 일반적으로 그렇다는 이야기입니다. 사장님은 이기적인 사업계와의 관계를 어떻게 유지해 나갈 작정입니까? 그들은 그리스도교적 원칙에 입각하여 돈을 벌려고 하지 않잖아요?"

"물론, 그 때문에 골치를 앓게 되겠지요."

"혹시 사장님께서는 소위 주식회사라는 것을 생각하고 계시는 게 아닌지?"

"네, 그렇습니다. 제가 지금까지 해 온 작업이 바로 그것입니다. 방금 말씀드린 대로 저는 지금 아주 세부적인 면까지 조심스럽게 검토하고 있습니다. 예수님께서 지금 저의 입장이라해도 철저하게 비이기적으로 사업을 운영하시리라는 것이 저의 확신이랍니다. 그분이라면 당신이 거느린 전 종업원을 진심으로 사랑하실 것이며, 모든 사업의 주목표를 상호협조에 두실 것이며, 결국 천국 건설을 목표로 설정하시고 그 목표를 추구하기 위해 전력을 다해 실천하실 것입니다. 이와 같이 커다란 원칙 아래 여러가지 계획을 추진하고 있답니다. 그러나 세부적인 사항까지 계획을 세우려면 시간이 필요합니다."

헨리 맥스웰 목사는 개혁의 바람이 마침내 사업계에까지 파급되고 있다는 데에 깊은 감명을 받았다. 밀턴 라이트의 상점 앞을 지나면서 뭔가 새로운 기운이 그곳에 가득차 있음을 느꼈다. 밀턴 라이트 씨가 서약한 지 두 주일도 못 되어 그와 종업원들과의 새로운 인간관계가 상점 전체를 빠른 속도로 개혁시키기 시작했다는 것은 부인할 수 없는 사실이었다. 바로 그런 상황이 점원들의 표정이나 행동에서 여실히 나타나 있었다.

'만일 라이트 씨가 이러한 방침으로 성공만 한다면 머지않아 이 레이먼드 시에서 가장 영향력있는 설교자가 되겠는데.'

하고 맥스웰 목사는 서재에 들어서자 혼자 중얼거렸다. 그러나 라이트 씨가 금전적 손실을 감수해 가면서까지 자기의 방침을 계속 밀고 나갈까 하는 의아심도 없지 않았다. 맥스웰 목사는 조용히 무릎을 꿇고 예수님의 발자취를 따르기로 서약한 제일교회 신도들에게 막강한 능력을 갖고 임하셨던 성령이 앞으로도 그들과 영원히 함께 하시기를 기도했다.

기도하는 도중, 이번 주일에 설교할 주제가 떠올랐다. 그는 예수님이라면 반드시 그렇게 하시리라고 확신하고 이번 주일에는 레이먼드 시에 있는 술집을 주제로 하여 설교하기로 작정했다. 그는 그때까지 한 번도 술집 배척에 관해 설교를 해본 적이 없었다. 그 설교가 심각한 결과를 초래할지도 모른다는 것도 잘 알고 있었다. 그럼에도 불구하고 그는 설교 준비를 계속해 나갔다. 그의 한 마디 한 마디가 모두 '예수님이라면 과연 어떻게 말씀하실까?' 라고 자문자답했다. 그는 설교 원고 작성 도중 다시 무릎을 꿇고 기도했다. 그가 왜 그랬는지는 그 자신도 알 수 없는 일이었다. 예수님의 발자취를 따라야 한다는 대혁명이 일어나기 전만 해도 설교 원고를 쓰면서 무릎을 꿇은 적이 과연 한 번이라도 있었던가? 이제 그는 자기가 목사라는 것을 생각할 때, 지혜를 갈망하는 기도를 하지 않고는 설교를 한 마디도 할 수 없었다. 그는 더이상 극적인 언변이나 그런 언변이 교인들에게 미칠 영향 따위는 염두에 두지도 않았다. 이제 그에게 부과된 가장 큰 문제는 '예수님이라면 어떻게 하실까?' 하는 것 뿐이었다.

토요일 저녁 그레이 씨 부부는 렉탱글에서 열린 집회에서 처음 겪는 중대한 장면을 목격했다. 집회는 매일 저녁 레이첼 윈슬로우의 아름다운 찬양으로 더욱 알차게 진행되었다. 낮에 렉탱글을 지나가는 낯선 사람들마저도 어떤 식으로든 그 곳의 저녁 집회에 관한 많은 이야기들을 듣게 되었다. 그날 밤까지만 해도 저주와 욕설과 추잡함과 과음은 여전했다. 렉탱글은 그 거친 풍토를 오랫 동안 자랑으로 삼아온 곳이다. 좀처럼 렉탱글은 나아진다거나 부드러워진다는 기미는 보이지 않았다. 그럼에도 불구하고 그들이 전에 알지 못하던 어떤 항거할 수 없는 힘이 있다는 사실은 어렴풋이 느끼기 시작했다.

그레이 씨는 감기가 나아 어느 정도 목청이 회복되어 토요일에는 설교를 할 수 있었다. 그가 부득이 목소리를 조심스럽게 내자 소리가 작아 회중이 그의 말을 듣기 위해 아주 조용히 하지 않을 수 없었다. 차츰차츰 렉탱글 사람들이 이해하기 시작한 점은, 이 사나이가 몇 달 동안 그들에게 구세주에 관한 지식을 알려 주기 위해 이야기하면서 자신의 시간과 정력을 송두리째 쏟고 있으며, 그것도 자신을 전혀 돌보지 않는, 철저한 비이기적 사랑으로 자기들을 대하고 있다는 것이었다.

그 토요일 저녁 엄청나게 많이 모인 군중들은 헨리 맥스웰 목사가 설교하는 제일교회의 예절바른 교인들 못지 않게 조용했다. 천막 주위도 한결 조용했고 술집들도 텅텅비어 있었다. 마침내 성령께서 그들에게 임하신 것이다. 그레이 씨는 자기 생애 최대의 기도가 드디어 응답받게 되었음을 깨달았다.

그리고 레이첼 그녀의 노래는 버지니아나 야스퍼 체이스가 지금까지 들어본 그 어떤 노래보다도 훌륭했고 아름다웠다. 그 날 밤에는 의사인 웨스트 박사도 참석했다. 그는 그 주간 동안 렉탱글에서 몇 가지 자선사업을 하면서 여가 시간을 모두 바치고 있었다. 버지니아는 오르간 앞에 앉아 있었고, 야스퍼 체이스는 앞 좌석에 앉아 레이첼만 쳐다보고 있었다. 바로 그때 한 사나이가 강단을 향해 나가자 렉탱글 사람들은 술렁거리기 시작했다. 레이첼은 찬송가를 부르고 있었다.

큰 죄에 빠진 날 위해
주 보혈 흘려 주시고
또 나를 오라 하시니
주께로 그저 갑니다. (찬송가 339장—역자 주)

그레이 씨는 거의 한 마디도 할 수 없었다. 그는 그 사나이에게 팔을 펼쳐 환영한다는 몸짓을 해 보였다. 그러자 천막 안의 양쪽 통로로 상처입고 죄많은 남녀들이 강단쪽으로 몰려나왔다. 창녀 한 명이 오르간 가까이에 와 있었다. 버지니아는 그 창녀를 보자, '예수님이라면 이 죄많은 여인을 어떻게 대하셨을까?' 하는 생각이 번개처럼 떠올랐다. 이로 말미암아 그 부유한 처녀는 난생 처음으로 새로운 탄생을 맞이하는 기분이 들었다. 버지니아는 오르간에서 일어나 그 여인에게로 다가갔다. 그리고 그녀의 얼굴을 쳐다보면서 두 손을 잡았다. 그 여인은 몸을 떨더니, 흐느끼면서 그만 버지니아의 무릎위에 쓰러졌다. 그 여인의 머리가 앞에 있는 의자에 부딪쳤으나 여전히 버지니아의 손을 놓지 않고 참회의 눈물을 흘리고 있었다. 그런데 버지니아는 잠시 망설이다가 무릎을 꿇더니 그 여인의 냄새나는 머리를 가슴에 안았다.

마침내 강단 앞에 몰려든 사람들이 두 줄로 늘어서서 어떤 사람은 무릎을 꿇고 어떤 사람은 참회의 눈물을 흘리고 있을 때, 말쑥하게 차려 입은 한 신사가 사람들 사이를 비집고 들어오더니, 언젠가 맥스웰 목사가 설교할 때 소란을 피웠던 장본인인 그 주정꾼 곁에 무릎을 꿇고 앉았다. 그가 앉아 있는 위치는 레이첼 윈슬로우에게서 불과 1미터도 안 되는 곳이었다. 그녀는 부드럽게 성가를 부르다가 잠시 호흡을 조정하려는 순간, 그 사나이 쪽을 보게 되었다. 그녀는 별안간 나타난 롤린 페이지의 얼굴을 보게 되자 깜짝 놀랄 수 밖에 없었다. 그 순간 노래소리가 흔들리는 듯 하더니, 곧 정상적인 노래소리가 흘러나왔다.

죄 용서하여 주시고
내 마음 위로하심을
나 항상 믿고 고마워
주께로 그저 갑니다. (찬송가 339장—역자 주)

그 노래소리는 신비한 염원을 담은 목소리처럼 들렸다. 한동안 렉탱글 사람들은 구원의 은총이 가득 찬 분위기에 휩쓸려 있었다.

제 10 장
성령으로 개심한 사람들

누구든지 나를 섬기려면 나를 따라야 한다.
(요한복음 12장 26절 새 번역—역자 주)

렉탱글의 집회는 자정이 임박해서야 끝났다. 그레이 씨는 한 번도 앉아보지 못한 채 주일 새벽을 맞았다. 그는 개심한 형제, 자매들과 함께 기도하고 대화를 나누면서, 방금 새 생명의 엄청난 체험을 한 이 개심자들이 의지할 때가 없는 처지에서 오로지 자기에게만 매달리다시피하자, 마치 목숨이 경각에 달린 사람들이 살려 달라고 아우성치는 듯하여, 참으로 매정스럽게 뿌리칠 수가 없었다. 그들 개심자의 무리 가운데 롤린 페이지의 모습도 보였다.

버지니아와 그녀의 삼촌 웨스트 박사는 11시경에 귀가했고, 레이첼과 야스퍼 체이스는 버지니아의 집 근처까지 그들과 함께 갔다. 웨스트 박사는 그들과 동행하다가 자기 집으로 돌아 갔고 야스퍼는 레이첼의 집까지 함께 갔다.

그 때 시각은 11시가 훨씬 지나 있었다. 멀지 않아 자정을 알리는 시계소리가 들릴 때, 야스퍼 체이스는 자기 방 책상 위에 있는 원고지를 멍하니 들여다보면서 침울한 얼굴로 30분 이상이나 앉아 있었다.

그는 조금 전 레이첼 윈슬로우에게 사랑을 고백했던 것이다. 그런데 그녀는 그 사랑을 받아주지 않았다. 그 날 밤 그녀에게 사랑의 고백을 하지 않을 수 없을 만큼 그토록 강한 충동을 느끼게 된 까닭이 무엇인지 아무리 생각해도 알 수 없었다. 그는 자기에게 미칠 결과를 미처 생각해 보지도 않은 채, 자기의 느낌을 표현했는데, 그것은 레이첼이 자기의 사랑을 틀림없이 받아 줄 것이라는 확신이 있었기 때문이다. 그는 처음 자기가 말을 꺼냈을 때 그녀가 보여 준 반응을 되살려 보려고 애썼다.

오늘 저녁, 그녀는 전의 어느 때보다도 아름답고 활기있게 보였다. 그녀가 성가를 부르는 동안 그는 계속 그녀만을 쳐다보며 노래를 들었다. 천막 안에는 많은 사람들로 붐볐고 자신이 천박한 사람들 속에 앉아 있다는 것을 알고는 있었지만, 그들이 어떤 사람들이든 그에게는 아무 상관이 없었다. 그는 그녀에게 사랑의 고백을 하지 않을 수 없다고 생각했다. 단 둘이서 있게만 된다면 고백하고야 말겠다고 속으로 마음먹었다.

그런데 그는 막상 고백을 하고 나자, 레이첼에게 고백의 기회에 대해 뭔가 잘못 판단했다는 생각이 들었다. 사실, 그녀가 그 전부터 자기에게 관심을 갖고 있는 줄로 알고 있었다. 그가 쓴 첫 번째 소설의 여주인공은 레이첼이 모델이었고 남자 주인공은 자기 자신이 모델이었으며, 소설에서 두 남녀는 사랑에 성공한다는 것은 이미 그들 사이에서는 비밀이었다. 그리고 레이첼도 그런 스토리에 거부감을 나타내지 않았던 것이다. 그 사실을 다른 사람은 아무도 몰랐다. 레이첼이 그로부터 그 소설 한 권을 증정받아 읽어 본 다음 그녀는 주인공의 이름과 성격이 교묘한 필치로 묘사되어 있지만 그가 그녀를 사랑한다는 사실과 여주인공은 그의 사랑을 거역하지 않는다는 내용임을 알게되었다. 그것은 거의 일 년 전 일이었다.

그 날 저녁, 그는 그녀와 있었던 모든 것들을 회상해 보았다. 며칠 전 그녀가 롤린 페이지와 함께 걷고 있는 것을 보았던 바로 그 장소에서 그녀에게 사랑의 고백을 했다는 사실도 생각해 냈다. 그는 당시 롤린 페이지가 레이첼에게 무슨 이야기를 주고 받았는지 몹시 궁금했다.

"레이첼."

하고 야스퍼 체이스가 그녀의 성을 붙이지 않고 이름만 부른 것은 처음있는 일이기도 했다.

"내가 그대를 얼마나 사랑하고 있는가를 오늘 밤에야 깨달았습니다. 나를 어떻게 생각하는지 바로 이 자리에서 솔직하게 말해 주십시오. 나는 당신을 내 생명처럼 사랑한답니다. 이제 나는 더 이상 내 마음을 숨길 수가 없습니다."

그가 그녀로부터 받은 첫 느낌은 자기가 붙잡고 있는 그녀의 팔이 떨고 있다는 사실이었다. 그녀는 그의 말을 가로막지 않고 그의 얼굴을 쳐다보거나 외면하지도 않았다. 앞만 똑바로 쳐다보면서 입을 열었는데, 그녀의 목소리는 어딘지 우울한 느낌이었으나 조용하고 또렷또렷한 어조로 말했다.

"왜 그런 말씀을 하필이면 오늘 저녁에 하시는 거죠? 그런 말씀을 도저히 용납할 수 없어요. 더구나 오늘 저녁에 그런 광경을 목격하고 나서 말이예요."

"그건……글세……."

이렇게 뭔가 말을 하려다가 그는 곧 입을 다물었다.

레이첼은 그의 손에 잡힌 팔을 뺐다. 그러나 계속 그의 곁에서 말 없이 걷고 있었다. 그러자 그는 분노가 치밀어 올라 소리쳤다. 마치 커다란 즐거움을 상상하다가 오히려 예상치 못한 쓰디쓴 손해를 본 사람처럼 고뇌에 가득찬 목소리로 외쳤다.

"레이첼! 당신은 나를 사랑하지 않는단 말이오? 당신을 향한 나의 사랑은 저속한 것이란 말이오?"

그녀는 그 말에 바로 대꾸하지 않고 말없이 몇 발자국을 더 걸었다. 그들은 가로등 하나를 지나쳤을 때, 그녀의 얼굴은 몹시 창백해졌지만 아름다웠다. 그 때 그가 그녀의 팔짱을 끼려고 접근 했으나, 그녀는 멀찍이 물러서며 마침내 입을 열었다.

"그래요, 매사에 다 때가 있는 법이예요. 그 까닭을 정확히 설명할 수는 없지만, 그러나 오늘 밤과 같은 때엔 제게 그런 말씀을 하지 않았어야 했어요."

그는 이 말 속에서 그의 구애에 대한 그녀의 뜻을 깨달았다. 그는 지극히 감수성이 예민했다. 사랑의 고백을 한껏 기대했는데 반응이 전혀 엉뚱하였으므로 그는 말할 수 없이 불만스러웠다. 그러나 그는 그녀에게 매달려 사정할 생각은 추호도 없었다.

"때가 오면…… 그럼, 언제쯤 내 사랑을 받아들이겠소?"

그는 나직한 음성으로 물었으나, 그녀는 못 들은 척했다. 이윽고 그들은 이내 작별을 했다. 그때 작별인사도 나누지 않고 헤어졌다는 사실이 새삼스럽게 기억에 떠 올랐다. 이제 생각해 보니, 그때 그 순간에 자기가 스스로 뛰어들었으니 경박하고 경솔한 행동이었다고 뉘우쳤다. 그 날 밤, 레이첼은 야스퍼와 함께 걸어가면서도 조금 전 천막 안에서 너무나 새롭고 감격적인 장면들을 목격했고 그 느낀 자기 감정을 열성적으로 낱낱이 되새기고 있었는데, 야스퍼 체이스는 미처 그것을 헤아리지 못했던 것이다. 그러나 그는 그 때까지도 그녀를 너무 몰랐으므로, 그녀가 자기의 구애를 거절한 참뜻을 깨닫지 못할 수밖에 없었다. 제일교회의 시계가 새벽 1시를 알릴 때까지 그는 여전히 책상에 앉아 미완성인 소설 원고를 들여다보고 있었다.

한편, 레이첼은 곧바로 자기 방으로 올라와 착잡한 심정으로 그 날 밤에 있었던 일을 되새겨 보았다.

"과연 나는 지금까지 한 번이라도 야스퍼 체이스를 사랑한 적이 있었던가?"

이에 대한 대답은 긍정적일 수도 있었고 부정적일 수도 있었다. 한편으로는 자기 생애의 행복이 자신의 태도 결정에 달려 있다는 생각마저 들었고, 다른 한편으로는 할 말을 다해 버렸다는 이상야릇한 안도감에 젖기도 했다. 그런가 하면 그녀의 마음은 실로 지대하고 제어할 수 없는 느낌에 사로잡혀 있었다. 천막 안에서 비참하기 이를데없는 인간들이 자기의 노래를 듣고 나타낸 반응과 신속하고 강력하고 경외로운 성령의 임하심은 그녀가 태어난 이후 처음 겪는 감격적인 장면이었다. 야스퍼 체이스가 자기의 이름을 부르는 순간, 그녀는 이미 그가 사랑의 고백 같은 것을 하리라고 생각했었다. 그녀는 갑자기 그에 대한 혐오감을 느꼈다. 그는 무엇보다도 조금 전 목격한 초자연적인 이변을 경외롭게 되새기고 있어야만 했다. 그녀는 그 때 그토록 엄청난 개심을 하나님의 영광으로 돌리는 이외에 그 어떤 일에도 신경을 써서는 안될 것같은 생각이 들었다. 천막 안에 가득 찬 죄많은 사람들의 양심의 뉘우침을 느끼도록 하기 위해 마음과 정신을 기울여 성가를 부르고 있는데, 야스퍼 체이스는 오로지 그녀의 대한 사랑밖에는 아무것도 느끼지 못했다는 데까지 생각이 미치자, 그뿐만 아니라 그녀 자신도 죄를 범했다는 생각에 큰 충격을 받았던 것이다. 무엇 때문에 그런 충격을 받았는지 확실한 이유는 알 수 없지만, 그녀가 직감적으로 깨달은 것이 그가 구애한 것이 오늘 저녁이 아니었더라면 그에 대한 감정이 전과 같이 다름이 없었으리라는 것이었다.

'그러한 느낌의 정체가 무엇일까? 그는 지금껏 나에게 어떤 인간이었나? 내가 실수를 했단 말인가?'

그녀는 책상 서랍에서 야스퍼 체이스가 증정한 소설책을 꺼내들었다. 그녀는 몇 번 되풀이해서 읽은 적이 있는 부분을 펼쳐 보면서 그는 그만 홍당무처럼 얼굴이 붉어졌다. 다시 그 부분을 읽어 보았다. 어떻게 된 영문인지 이젠 별로 흥미를 느낄 수 없었다. 그녀는 책을 덮어 책상 위에 올려놓았다. 차츰 그녀의 머리는 그 날 저녁 천막 안에서 목격한 여러 장면들이 분주하게 되살아났다. 평생 처음으로 성령의 영광에 감동받은 남녀의 얼굴들이 눈 앞에 밀물처럼 몰려왔다.

'이 얼마나 경이로운 장면이란 말인가!'

술주정꾼, 방종에 찌든 사람들이 순수하고도 크리스천다운 생활로 되돌아오기 위해 무릎을 꿇는 장면에 진정 새로운 마음씨의 면모가 드러났던 것이다.

'오 그러한 장면이야말로 이 세상에 초능력자가 나타난 증거가 아니고 무엇인가! 그리고 빈민굴에서 금방 나온 불쌍하고 쇠약하기 짝이 없는 사람들 옆에 앉아 있는 롤린 페이지가 무릎을 꿇고 있지 않았던가!'

또한 그녀는 눈앞에 선하게 보이듯이 생생한 장면들이 떠올랐으나,

그것은 버지니아가 천막 안을 나서기 전에 자기 오빠를 껴안고 울던 장면과 그 옆에 그레이 씨가 무릎을 꿇고 기도하던 장면과 버지니아 품에 안겼던 창녀가 천막을 나서기 전에 버지니아에게 뭔가 속삭이던 장면이었다. 인간의 비극 속에 성령이 연출해 낸 이 장면들이 레이먼드 시내 전역에서 가장 버림받고 있는 렉탱글에 한 천막 안에서 절정에 다다랐고, 바로 그 장면들이 이제 레이첼의 기억에 생생하게 되살아났던 것이다. 얼마나 생생하게 되살아났는지 레이첼은 방 안에서 한동안 그 비극의 연기자들과 그들의 연기가 모두 살아 움직이는 듯했다.

"아니야, 아니야! 그럴 수 없어! 그는 절대로 그런 말을 하지 말았어야 해! 우리의 마음과 영혼을 송두리째 사로잡은 그곳의 일만 생각했어야 해! 나는 그를 사랑하지 않아. 내 일생을 그에게 맡길 만큼 사랑하지 않는단 말이야!"

이렇게 큰 소리로 말하고 나자, 그 날 저녁 천막 안에서 겪은 체험이 다시 되살아나 모든 잡념이 물러갔다. 아마 이런 현상이야말로 렉탱글에 임하신 위대한 성령의 힘이 작용하고 있는 아주 인상적인 증거일 것이다. 이 때문에 레이첼은 야스퍼가 그녀에게 느낀 애정이나 그녀가 야스퍼에게 느낀 애정 따위보다는 훨씬 큰 감동을 성령의 임하심을 통하여 느끼게 되었던 것이다.

레이먼드 시의 주민들은 일요일 새벽 잠자리에서 깨어나자 마을에서 일상적이고 전통적인 습관을 뒤집어 엎는 사태가 일어나고 있음을 깨닫기 시작했다. 철도회사의 부정에 관한 알렉산더 파워즈의 행동은 레이먼드 시뿐만 아니라 미국전역에 커다란 파문을 일으켰다. 신문 발행에 있어서 나날이 변화해 가는 에드워드 노먼의 정책은 레이먼드 시를 발칵 뒤집어 놓았고 그 어떤 정치적 사건보다도 더욱 가열된 여론을 일으켰다. 레이첼 윈슬로우가 렉탱글 집회에서 성가를 부르고 있다는 사실은 사교계의 커다란 화제가 되었으며, 그녀와 친분이 있는 사람들에게 놀랄 만한 흥분을 안겨 주었다.

버지니아의 행동, 특히 매일 저녁 레이첼과 함께 렉탱글의 집회에는 나가면서 전에 잘 나가던 부유층 처녀들의 사교 모임에는 나가지 않는 그런 행동은 숱한 험담과 의혹의 대상이 되었다. 이러한 유명 인사들을 중심으로 일어난 사건들 외에도, 수많은 가정과 사회단체에서 변화가 일어나고 있었다. 제일교회에 나가는 백여 명의 신도들이 '예수님이라면 어떻게 하실까' 라고 질문을 한 다음에 매사를 처리하기로 이미 서약했고, 그 결과로 여러 분야에서 전혀 생소한 사태가 벌어지고 있었다. 레이먼드 시는 일찍이 겪어보지 못한 변화와 개혁의 물결이 술렁거리고 있었다.

이러한 모든 사태의 중압감에 휩싸인 제일교회의 아침 예배가 어떤 커다란 진리를 재빨리 받아들이는 예배로 치달았다는 것은 조금도 이상한 일이 아니다. 그러나 회중에게 놀라움을 안겨다 준 것은 다름이 아니라 맥스웰 목사가 예수님의 발자취를 따라 행동하자고 제안한 이래 엄청나게 변화된 모습이었다. 그는 이제 웅변조로 설교하여 회중을 감동시키려고 하지 않았다. 강단에서 설교할 때, 흐뭇해 하고 만족스러워하고 느긋한 그의 특유의 세련된 몸짓과 표정은 씻은 듯이 없어지고 그전에는 전혀 볼 수 없었던 태도를 보였다. 설교는 하나님의 말씀을 대신 전하는 스타일로 바뀌었고 웅변조는 조금도 풍기지 않았다. 그 말씀은 회중에게 사랑, 열성, 갈망, 겸손, 진지함과 더불어 전달되는 것이다. 진리에 대한 정열이 넘쳐 흐르고 설교자가 조금도 돋보이지 않으므로 마치 하나님의 생생한 말씀이 그대로 들리는 듯했다.

맥스웰 목사의 기도는 지금까지 해 온 그런 기도가 아니었다. 그 기도는 어떤 때는 중단되기도 하고 한두 번쯤은 어법에 맞지 않는 기도문이 튀어나오기도 했다. 과거에는 헨리 맥스웰 목사는 기도에 몰두하다가 그런 실수를 저지른다는 것은 생각지도 못한 일이었다. 설교뿐만 아니라 기도도 정확한 언어로 유창하게 할 수 있다는 데 그는 긍지를 가지고 있었다. 그런데 그는 회중 앞에서 하는 정식 기도에서 고상하고 세련된 언어를 구사하는 것에 염증을 느낀 때문인지, 일부러 자기의 기도 방식을 놓고 자신을 꾸짖는다면, 누가 그것을 믿겠는가? 그런데 사실상 그는 그런 실수는 전혀 염두에 두지도 않는 것 같았다.

회중의 요구와 소망을 제대로 하나님께 전하고자 하는 간절한 바램으로 그는 그 따위 우발적인 실수는 전혀 개의치 않았다. 아무튼 그의 기도가 전에 없이 유효적절한 기도로 바뀐 것은 두말할 필요가 없었다.

설교란 그 값어치와 영향력이 언어나 표현력이 뭔가 새롭다거나 특이하다거나 과장된 점이 있다는 데에 따라 좌우되기보다는, 차라리 그 설교를 듣는 회중의 분위기에 따라 좌우되는 경우도 더러는 있다. 그날 아침, 맥스웰 목사는 그런 분위기 속에서 1주일 전에 결정한 목표에 따라 술집을 공박했다. 레이먼드 시에 산재해 있는 술집의 해악을 역설했지만, 설교 내용의 별다른 점은 없었다. 그러면 어떤 사실을 역설했을까? 그는 기업계나 정치계에서 술집을 지지하는 세력에 대한 괄목할 만한 사실도 폭로하지 않았다. 전에 금주 운동을 너무나 자주 역설한 바가 있었으므로 새삼스럽게 역설할 수 있겠는가? 오늘 아침, 그의 설교가 효과적이었다면, 그것은 순전히 그가 전과는 다르게 술집을 공박하고 나섰다는 새로운 사실과 회중을 흥분시킨 갖가지 사건들 덕택이었다. 맥스웰 목사는 지난 10년 동안 목회 생활을 하면서 한번도 술집을 사회의 암적존재로 몰아세우는 발언을 한 적이 없었다. 그런데 이제는 거리낌없이 그렇게 발언할 수 있었다. 그것은 예수님이라도 그렇게 하실 것이라는 확신 때문이었다.

설교가 끝나갈 즈음에 그는 렉탱글에서 일기 시작하는 새 생명의 물결에 주목해 달라고 회중에게 호소했다. 레이먼드 시의 행정을 담당할 공무원들을 선출하게 될 것이다. 이번 선거의 주요 쟁점 가운데 하나로 술집 허가 문제가 등장하고 있었다. 불쌍한 서민들이 술이라는 죄악에서 벗어나 갱생의 기쁨을 맛보려는 순간인데, 다른 한편에서는 그들을 일부러 술이라는 지옥에 몰아넣다니, 이 얼마나 모순이란 말인가? 무엇이 그들의 환경을 좌우한다고 누가 공공연히 말할 수 있겠는가? 참다운 크리스천이요 참다운 사업가요 참다운 시민이라면 범죄와 수치를 조성시키는 술집을 어찌 허가해 주는 것이 좋다고 한 마디라도 주장할 수 있겠는가? 이럴 때 모든 크리스천이 시민으로서 할 수 있는 일이 있다면 선거에서 술집과 맞서 싸울 수 있는 공직자를 선출하고, 시정을 정화시키는 일이 아니고 무엇이겠는가? 유권자의 투표권 행사가 예수님의 적들에게 기울고 있는 판국에 레이먼드 시를 살기 좋은 곳으로 만들기 위해 기도만 한다고 해서 얼마나 도움이 되겠는가? 예수님이라면 어떻게 하실까? 크리스천이라면 예수님이 이런 경우 당신의 십자가를 거부하시고 고통받는 일을 거부하실 것이라고 어찌 상상이나 할 수 있겠는가? 과연 얼마나 많은 제일교회 교인들이 예수님의 발자취를 본받기 위해 고통을 감수할까? 그 고통은 어디에서 오는 것일까? 예수님의 발자취를 따른다고 해서 고난의 갈보리와 영광의 변화산을 올라가야만 할 필요가 있을까?

이렇게 호소하는 그의 어조에는 이 부분에 이르러 전에 없이 격해 있어 듣는 회중들의 감정도 최고조로 긴장되었다. 제일교회에서 자원자들로 시작된 예수님의 발자취따르기 운동은 이제 누룩처럼 조직적으로 번지기 시작했다. 만일 헨리 맥스웰 목사가 신도들 스스로 십자가를 지겠다는 열망이 어느 정도인지를 제대로 이해할 수 있었다면, 그는 정말 크게 놀랐을 것이다.

그는 그 날 아침 설교의 마지막에서 지난 2천년 동안 예수님을 얼마나 제대로 이해해 왔는가에 대해 회중에게 사랑에 어린 호소를 하면서 설교를 끝맺으려고 하는데 수많은 신도들의 얼굴에 진지한 각성과 새로운 각오의 빛이 떠오름을 느낄 수 있었다.

'내가 나를 희생시킬 만한 일이 있으면 하고 싶어요. 성가를 부르면서 고통 받고 싶어요.' 라고 레이첼이 언젠가 자기 어머니에게 열성을 다해 호소한 것처럼, 호소하는 것이었다. '오라, 와서 고난을 당하여라.'는 주님의 부르심만큼 강력한 절대절명의 호소는 없다고 한 마찌니(Maxxini)의 말이 정말 옳았다. 마침내 예배가 끝나고 많은 교인들이 집으로 돌아갔다. 맥스웰 목사는 지난 두 주일과 마찬가지로 교육관에서 따로 남은 교인들을 만나기 위해 강의실로 들어갔다. 그는 이미 서약한 교인들 전원과 새로 참석하고자 하는 교인들은 남아 달라고 했던 것이다. 그들을 위한 특별 예배가 필요하다고 생각했기 때문

이었다. 교육관에 들어서서 모여있는 교인들을 대하자 가슴이 걷잡을
수 없이 떨렸다. 최소한 백여 명에 이르는 자원자였다. 성령의 임하심
이 그토록 두드러지게 느껴지기는 처음이었다. 야스퍼 체이스의 모습
은 보이지 않았다. 그러나 이미 서약한 사람들은 전원 출석해 있었다.
맥스웰 목사는 밀턴 라이트 씨에게 기도를 부탁했다. 방안의 분위기는
새로운 가능성으로 충만해 있었다. 그토록 강력한 힘의 세례를 과연
누가 거역할 수 있겠는가? 그러한 능력의 세례를 받지 않고서 어떻게
살아왔단 말인가?

그들은 서로 체험담과 의견을 나누면서 수없이 함께 기도했다. 헨
리 맥스웰 목사는 그 날 모임을 시작으로 제일교회와 레이먼드 시의
역사에 남을 몇 가지 중대한 일에 착수했다. 마침내 모임을 마치고 집
으로 돌아갈 때, 그들은 저마다 짜릿한 성령이 가져다 준 영광으로 감
격에 휩싸이게 되었다.

제 11장
술 추방 운동

링컨 대학의 도널드 마쉬 학장은 맥스웰 목사와 함께 집을 향해 걷고 있었다. 마쉬 학장은 천천히 걸으면서 말했다.

"목사님, 나는 한 가지 결정을 내렸습니다. 그러니까 내가 지게 될 십자가를 찾아낸 셈입니다. 그게 무겁기 한량없겠지만 끝까지 그걸 짊어지고 가지 않는다면 나에게는 만족한 생활은 있을 수 없을 것입니다."

맥스웰 목사는 아무 대답도 하지 않았으며, 마쉬 학장은 하던 말을 계속 이어나갔다.

"오늘 목사님의 설교를 듣고 나서 오랫동안 망설이던 일에 확실한 결정을 내리게 되었습니다. '예수님이 내 위치에 계신다면 어떻게 하실까?' 하고 서약한 이래 계속 나 자신에게 물어 봤답니다. 예수님이라도 지금 내가 해 온 것처럼, 즉 학장으로 자기의 맡은 바 소임을 다하시면서 학생들에게 윤리학과 철학을 가르치실 것이라고 스스로 만족하시려고 했겠지요. 하지만 나는 그 분이시라면 뭔가 좀더 보람있는 일을 하시리라고 생각하지 않을 수 없었어요. 그런데 바로 보람있는 일을 나는 하고 싶지 않단 말입니다. 그런 일을 하다가는 진짜 고통을 받을 것 같더군요. 그래서 나는 진심으로 그런 일을 두려워하게 되었답니다.

118

그 일이 어떤 일인지는 아마 목사님도 짐작이 가실 것입니다."

"네, 알 듯도 하군요. 그 일은 내게도 십자가이기도 합니다. 사실 나도 뭔가 그와 다른 일을 했으면 한답니다."

도널드 마쉬 학장은 처음에는 놀란 표정을 보이다가 이내 냉정을 되찾고, 서글프게 확신있는 말투로 다음과 같이 말을 이어갔다.

"맥스웰 목사님, 당신과 나는 지금까지 시민으로서의 의무를 외면하는 특권층 인사로서 살아 왔습니다. 다시 말해, 우리는 편협된 문학계와 학문계에서 자기가 좋아하는 일만 하고 시민의 생활에 속하는 탐탁치 않은 의무 따위에 대해서는 몸을 움추리고 살아왔습니다. 나는 일개 시민으로서 이 도시를 위해 의당 해야 할 책임을 회피해 왔다는 것을 부끄럽지만 솔직히 고백합니다. 내가 아는 바에 의하면 이 도시의 시정을 맡아보는 공무원들이 대부분 주류판매 지지자들에 의해 술을 즐기며, 시의 행정을 철저하게 이기적인 입장에서 처리하는 삐뚤어지고 무원칙적인 사람들인줄 알고 있습니다. 그런데도 불구하고 나는, 대부분의 대학 교수들과 같이, 시민들의 실생활에는 전혀 관여하지 않고 관심도 갖지 않은 채, 엉뚱한 인간들이 시의 행정을 제멋대로 주무르는 것을 방관해 왔고 우물 안에 개구리처럼 오로지 나의 전문 분야에만 신경을 쓰면서 살아왔습니다. '예수님이라면 어떻게 하실까?' 라는 질문에 나는 솔직한 답변을 회피하려고까지 했답니다. 그러나 더 이상 그런 식으로 회피할 수가 없었어요.

나의 의무란 별다른 게 아니라, 다가오는 선거에 개인적으로 뛰어들어 훌륭한 인격과 양심을 지닌 후보자의 지명과 선출하는 일에 나의 영향력을 행사하고, 오늘날 레이먼드 시에 존재하고 있는 시민 기만 행위, 수뢰, 정치적 술수 및 술집허가 지지가 뒤엉킨 악행의 소용돌이 속에 깊숙히 뛰어들어 낱낱이 파헤치겠다는 것입니다. 조만간 직언하는 내 입을 열게 될 것입니다. 그러나 제반 문제를 지혜롭고 철저하게 다루지 못하면 어쩌나 하고 두려움이 들기도 합니다. 그러한 악행은 어느 것이든 '예수님이라면 절대로 용납하지 않으실 것이라고 나는 확신합니다.' 라고 말할 수 있답니다. 그러나 무엇보다도 나는 '예수님이라면 하시리라' 여겨지는 말에 큰 격려를 받고 있습니다. 바로 여기에서 내가 짊어져야 할 고난이 비롯되고 있습니다. 저 혼자 고통을 당한다는 것은 내가 직장을 잃거나 가정을 잃는 것에 비하면 아무것도 아니라고 생각합니다.

솔직히 말해서 나는 시정 문제에 관여하기 싫습니다. 대학에서 윤리학이나 철학을 강의하면서 조용히 학문에 전념하는 것이 훨씬 좋답니다. 그러나 나는 도저히 회피할 수 없는 예수님의 부르심을 너무나 잘 들었습니다. 그 부르심은 '도널드 마쉬, 나를 따르라. 레이먼드 시민으로서 맡겨진 책임을 감당할 일이다. 비록 너의 귀족적 취향에는 다소 맞지 않더라도 이 도시의 마굿간을 청소하는 일을 도우라.'는 것이었습니다. 목사님, 이 부르심이야말로 내가 져야 할 십자가가 아니고 무엇이겠습니까? 나는 지금 이 십자가를 짊어지던지 예수님을 부인하든지 둘 중에 어느 한 가지를 택해야 할 갈림길에 놓여있습니다."

맥스웰 목사는 쏩스레한 웃음을 띠우며 다음과 같이 말했다.

"내가 하고 싶은 말씀을 다 하셨군요. 내가 목사라고 해서 어찌 고상한 생각으로 자신을 은폐할 수 있으며, 설교할 때 말로만 떠들어대고 시민으로서의 의무를 겁쟁이처럼 회피할 수는 없지 않습니까? 나는 이 도시의 정치에 관해서는 서툴기 짝이 없습니다. 또한 훌륭한 사람을 입후보자로 선정하는 일에 한 번도 적극적으로 가담해 본 적이 없습니다. 세상에는 나와 똑같은 목사들이 수백 명이나 있습니다. 우리들 목사들은 자신이 설교에서 외치는 의무나 권리를 좀처럼 시민생활에서 실행하지 않습니다. '예수님이라면 어떻게 하실까?' 나도 학장님과 마찬가지로 이 물음에 답변하지 않으면 안 될 궁지에 몰려있답니다. 오직 한 가지 나의 의무는 명백합니다. 고난을 받아야 한다는 것이죠. 내가 지금까지 지내 온 목회 생활과 내가 지금까지 겪어 온 사소한 시련이나 자기 희생 따위는 깨끗한 도시 생활을 위한 공개적이고도 거치른 투쟁 때문에 학자적이고 지성적인 나의 습관을 하루 아침에 깨뜨려 버리는 것과 비교하면 실로 아무것도 아니랍니다.

차라리 나로서는 렉탱글에 가서 남은 여생을 보내면서 가난한 사람

120

들을 위해 봉사하겠다는 것이, 술에 찌든 이 도시를 개선시키기 위해 악전고투를 하겠다는 생각보다 훨씬 낫답니다. 그렇게 한다면 훨씬 희생이 적겠지요. 나도 학장님처럼 내 책임을 뿌리칠 수는 없답니다. 이 경우 '예수님이라면 어떻게 하실까?' 라는 질문에 대한 대답으로, 예를 들어 예수님께서 나에게 크리스천이요 시민으로서 본분을 다하라고 말씀하시지 않는다면, 나는 절대로 마음이 편치 않을 것입니다. 학장님께서 말씀하신 대로 목사라든가, 우리 전문가들, 교수, 화가, 예술가, 문필가, 학자들은 예외없이 정치에 겁을 먹어 기피하는 경향이 있답니다. 그러므로 우리 전문가들은 무지하거나 아니면 이기적인 의도로 시민으로서의 신성한 의무를 회피해 왔습니다. 예수님이 이 시대에 살아 계신다면 그런 일은 절대로 없었을 것입니다. 우리에게는 이제 이 고통의 십자가를 지고 그분을 따르는 것 말고 다른 길이 없습니다."

두 사람은 한참 동안 말없이 걷다가 마쉬 학장이 입을 열었다.

"우리는 이 문제를 서로 제각기 할 필요는 없다고 봅니다. 이미 서약을 한 사람들 모두가 공동전선을 펴면 우선 수적으로 힘이 강해질 수 있습니다. 레이먼드의 크리스천 군단을 조직하여 술과 부정부패에 대항하는 것입니다. 그렇게 되면 우리는 예비선거에서도 항의하는 것보다 더 큰 힘을 발휘할 수 있는 압력단체로서 개입하게 될 것입니다. 그리고 술집허가를 옹호하는 자들도 자기들 마음대로 불법 행위와 부정부패를 자행하지 못하고 겁을 먹고 행동을 삼갈 것입니다. 정당한 대의명분을 내세워 실력행사를 할 수 있는 캠페인을 계획해 봅시다. 예수님이라도 이런 일에 상당한 지혜를 발휘하실 것입니다. 그리고 여러 가지 전략을 세우실 것이고 대대적인 계획도 수립하실 것입니다. 그렇게 하도록 합시다. 이왕 이 십자가를 지기로 하였다면 사나이답게 용감히 집시다."

두 사람은 오랫 동안 이 문제를 논의한 다음, 이튿날 맥스웰 목사의 서재에서 다시 만나 구체적인 계획들을 짰다. 마침내 예비 선거일이 금요일로 다가왔다. 일반 시민에게는 전혀 생소한 여러 가지 사건에 대한 유언비어가 정치계에서 퍼지고 있었다. 레이먼드 시에서는 입후보자를 투표로 선출하는 크로포트 방식이 사용되지 않고 있었다. 그래서 예비 선거는 시민회관에서 공개적인 모임으로 열렸다.

레이먼드 시민이라면 그 날 모임은 결코 잊을 수가 없을 것이다. 그것은 전에 있었던 그 어떤 정치적 모임과도 판이하게 달랐다. 앞으로 본 선거에서 뽑아야 할 공직자는 시장, 시의원, 경찰서장, 시재무관 그리고 시행정관이었다.

데일리 뉴스 토요일 석간에는 예비 선거의 기사가 상세히 보도되었고, 사설란에는 에드워드 노먼 사장은 레이먼드의 크리스천들이 이번 선거에서 너무나 진지하고도 공정한 관심을 보여 준 대에 진심으로 존경한다고 솔직한 논평을 하였다. 그 사설의 일부는 레이먼드 시의 역사에 길이 남을 것이므로 그 내용을 옮겨 싣는다.

레이먼드 시민회관에서 어제 저녁 있었던 예비선거 모임과 같은 모임은 역사상 처음있었던 일이라 해도 과언이 아닐 것이다. 무엇보다 시의 행정은 자기네들의 소관 사항이고 기타 시민은 일종의 도구나 들러리에 지나지 않는다는 관념으로 레이먼드 시의 행정을 처리하는 타성을 지닌 시의 공직자들에게 어제 저녁 모임은 정말 충격적인 것이었다. 어제 저녁의 충격을 몰고온 장본인들의 대부분은 지금까지 시의 행정에 한 번도 직접적으로 관여한 사실이 없었던 시민들이 대부분이었다. 그런데 이런 시민들이 예비선거 모임에 참석해서 장차 있을 본선거에 훌륭한 입후보자를 내보내는 일을 담당했던 것이다. 또 그런 입후보자를 천거하였다. 그것은 훌륭한 시민 정신을 함양하는 데에 지대한 교훈이 되었다.

시의 예비선거에 관여한 적이 없고 시의 공직자들에게는 전혀 그 얼굴이 전혀 알려지지 않은 링컨대학의 마쉬 학장은 레이먼드 시가 설립된 이래 가장 감명깊은 연설을 하였다. 마쉬 학장이 연설하는 순간, 몇 년 동안 자기네들 좋은 대로 시행정을 관장해 온, 이른바 현직 공무원들의 얼굴을 살펴보니 정말 가소로운 표정이었다. 그들 공무원들의 대부분은 도대체 저 사람이 누구지? 하고 서로 얼굴을 쳐다보며 물었다. 모임이 진행될수록 놀라움은 커졌고 구태의연한 공직자들이 판을 치던 시대는 종말을 고하는가 싶었다.

제일교회의 헨리 맥스웰 목사, 밀턴 라이트 씨, 알렉산더 파워즈 씨, 브라운 교수, 윌라드 교수 그리고 파크 교수, 의사인 웨스트 박사, 필그림 교회의 조지 메인 목사, 성 삼위일체 성당의 딘 와드 신부, 그리고 유명한 실업가와 전문직 종사자들이 참석했는데, 그들은 거의 대부분이 크리스천이었다. 그리고 이들이 모두 최적격 입후보자를 지명한다는 단일한 목적 아래 참석했음을 쉽게 알 수 있었다. 또한 이들 대부분은 여태까지 예비선거 모임에 참석치 않았던 사람들이었다. 그러니까 이들은 공직자들에게는 전혀 생소한 얼굴일 수밖에 없었다. 그러나 바로 이러한 인사들이 전형적인 정치인들의 전략을 흉내내어 조직적인 힘으로써 예비선거 전체에 영향력을 행사하려고 했던 것이다.

기존에 있던 정치단체는 예비선거를 자기들 마음대로 조작할 수 없음이 명백하게 되자, 불쾌감을 품고 철수하여 자기들 나름대로의 공천 후보자 명단을 발표하였다. 이러한 구정치인들이 내세운 공천자 명단에 술집허가 지지자들의 명단이 포함되어 있다는 사실에 대하여 우리가 수년 전부터 알고 있는 술집 경영자 및 부정 공직자들과 모든 시민이 한결같이 바라는 청렴결백하고 유능한 공직자들 사이에는 뚜렷한 경계선이 그어져 있다는 사실에 레이먼드의 선량한 시민들은 주의를 환기하도록 촉구하는 바이다. 레이먼드의 시민은 지방선택권 문제가 이번 총선거에서 대두됨을 새삼스럽게 생각할 필요는 없다. 왜냐하면 이 문제가 이번 선거 입후보자 공천에서 가장 쟁점이 되었기 때문이다. 레이먼드 시의 행정은 위기에 처해 있다. 이제 정치의 쟁점이 우리 시민의 정당한 심판을 기다리고 있다. 술과 뇌물과 파렴치가 판을 치는 시정을 계속 내버려 둘 것인가? 그렇지 않으면, 마쉬 학장이 혼신을 기울여 말한 대로 선량한 시민들이 손을 맞잡고 힘을 합하여 일어나 새로운 시행정을 수립하고 가장 고약한 국가와 사회의 적이 되는 부정부패을 말끔히 퇴치하여 시민 생활의 정화를 위해 우리가 투표권으로 할 수 있는 행사를 다하여 새로운 질서를 확립해 나갈 것인가?

데일리 뉴스지는 적극적으로 그리고 주저함이 없이 이 새로운 운동을 지지하고자 한다. 그러므로 이제부터 우리는 모든 힘을 다해 이 도시로부터 술집을 몰아내고 주류 판매업자의 정치적 영향력을 근절시키는 일에 최선의 노력을 기울일 것이다.

또한 데일리 뉴스지는 제1차 예비선거 집회에 모인 시민들이 다수결로 공직자로 선출되어야 한다고 주장하며, 이 도시는 모든 크리스천과 신도들, 그리고 정의를 사랑하는 사람들, 순수와 가정을 지키려는 사람들이 모두 나서서, 숙원의 시정 개혁에 뛰어든 마쉬 학장을 비롯한 용감한 신민들의 편에 서 줄 것을 호소하는 바이다.

마쉬 학장은 이 사설을 읽고 나서 에드워드 노먼 사장에 대하여 하나님께 감사를 드렸다. 동시에 그는 레이먼드 시의 다른 신문들이 일제히 데일리 뉴스와는 반대되는 노선을 지지하고 나섰다는 사실을 알 수 있었다. 그는 이제 시작된 싸움의 중요성과 심각성을 도저히 과소평가할 수가 없었다. 데일리 뉴스가, '예수님이라면 어떻게 하실까?'라는 질문에 대한 대답을 정책 규범으로 삼는 바람에 상당한 손실을 입었다는 것은 이제 누구나 다 알고 있는 사실이었다.

이제 남은 문제는, '레이먼드 시의 크리스천들이 데일리 뉴스를 적극적으로 지지하고 나서서, 힘을 모아 노먼 사장으로 하여금 계속 그리스도교적인 편집으로 발행할 수 있도록 적극적으로 지원할 것인가?' 그렇지 않으면, '범죄, 스캔들, 정치적으로 편파적인 뉴스에 대한 욕구는 충족되지 않고, 서투르게 개혁한다고 너무나 유별나게 나오는 꼴이 역겨워서 데일리 뉴스를 외면하고 경제적 지원을 거부할 것인가?'이다. 사실, 토요일의 에드워드 노먼 사장이 사설을 쓰면서 자기에게 물어 본 질문이기도 하다. 그는 그 사설에서 밝힌 내용 때문에 레이먼드 시의 수많은 사업가들로부터 아주 호된 보복을 당하리라는 것쯤은 너무나 잘 알고 있었다. 그러나 그는 사설을 쓰면서도 '예수님이라면 어

124

떻게 하실까?' 하고 자신에게 질문을 던졌던 것이다. 이제 이 질문은 그의 생활에 일부분이 되었고, 그의 전체 생활 중에서 무엇보다 중요한 위치를 차지하게 되었다.

어쨌든 레이먼드 시의 역사상, 전문직 종사자들 즉 교사, 대학교수, 의사, 목사 등 정치 활동에 적극적으로 가담하여 오랫동안 시정을 담당한 기구를 장악해 온 악한 세력들에게 공공연하게 반기를 들고 나선 것은 레이먼드 시의 역사상 처음 있는 일이었다. 바로 이러한 사실 자체가 놀라운 일이다. 마쉬 학장은 지금까지 정의로운 시민의 힘이 얼마나 위대한가를 전혀 몰랐던 자신에 대해 부끄러움을 느꼈다. 금요일 밤, 예비선거 모임에서 연설한 이후, 대학에서 그는 '정치 학자'라는 새로운 별명을 얻었으며, 자신도 그런 별명을 싫어하지 않았다. 마쉬 학장뿐만 아니라, 그의 영향을 받은 모든 사람들에게 있어서 교육이란 일종의 고통과 인내와 희생을 의미했다. 이러한 것들은 발전의 요소임을 알게 되었다.

그 주간에 렉탱글에서는 영적인 삶의 물결이 최고조에 달했으며, 또한 그러한 상태가 좀처럼 물러갈 기미를 보이지 않았다. 레이첼과 버지니아는 매일 밤 그곳으로 갔다. 버지니아는 자기의 재산을 어떻게 활용할 것인가에 대한 결론에 급속도로 접근하였다. 그녀는 자기의 결론을 놓고 레이첼과 상의하였다. 두 처녀는 만일 예수님이 임의로 처리할 수 있는 막대한 유산을 가지셨더라도 버지니아가 계획한 것과 비슷한 사업에 그 재산을 사용하실 것이라는 점에 이의가 없었다. 아무튼 두 처녀는 그런 경우 예수님이야 그 재산을 어떻게 처리하시든 간에, 이와 관련된 사람들과 상황이 다양한 만큼 그 계획에도 상당한 변수가 생길 것이라는 느낌이 들었다. 재산을 활용하는 데 있어서 그것만이 유일한 그리스도교적인 방법이라고 내세울 만한 것은 원래가 없었다. 재산활용의 적용할 만한 규칙이 있다면, 비이기적인 효용을 들 수밖에 없었다.

그러나 성령의 힘으로 인한 영광의 두 처녀의 생각을 최선의 방향으로 이끌고 있었다. 그 주일에는 밤마다 바다 위를 걷는다든가 몇 조각의 빵과 약간의 물고기로 수천 명을 배부르게 하는 것과 다름없는 기적들이 이루어졌다. 인간의 거듭남보다 더 위대한 기적이 어디에 있단 말인가? 이처럼 괴이하고 난폭한 술에 찌든 인생들이 하나님께 기도하고 그리스도를 열광적으로 찬미하는 자들로 돌변한 모습을 대할 때마다 레이첼과 버지니아는 마치 무덤에서 나오는 나사로를 보는 듯한 놀라움과 충격에 사로잡혔다. 그러한 장면을 목격한다는 것은 두 처녀에게는 정말로 깊은 감동과 흥분을 자아내는 경험이었다.

롤린 페이지는 이제 렉탱글의 집회에 항시 참석했다. 그에게도 삶의 새로운 변화가 온 것은 의심할 여지가 없었다. 레이첼은 아직 그와 충분한 이야기를 나눌 기회를 갖지 못했다. 그는 놀랄 만큼 침착했으며, 언제나 무엇인가를 깊이 생각하는 눈치였다. 확실히 그는 예전의 그가 아니었다. 그는 어느 누구보다도 그레이 씨와 많은 이야기를 나누었다. 그는 애써 레이첼을 피하려 하지는 않았으나 전에 있었던 그녀와의 사건이 새삼스럽게 떠올리기를 꺼려하는 듯이 보였다. 그리하여 레이첼은 그가 새로운 삶을 찾게 된 데 대한 기쁨을 그에게 표시하기조차 곤란했다. 그는 막연히 기다리면서 이러한 새로운 삶을 맛보기 전에 있었던 그녀와의 관계에 순응하고자 노력했다. 그는 그 일들을 잊을 수가 없었다. 그러나 아직은 그녀와의 어떤 새로운 관계를 생각할 여유 또한 없었다.

주말이 되자, 렉탱글은 막강한 힘을 자랑하는 두 개의 군대가 대치하여 난투극을 벌이는 싸움터로 돌변해 버렸다. 성령은 초능력을 모두 발휘하여 오랫동안 탐욕스럽게 붙잡아 두었던 자기의 노예들을 놓치지 않으려고 발버둥치는 술집 마귀들과 처절한 싸움을 벌이고 있었다. 만일 레이먼드 시의 크리스천들이 이 싸움의 진상을 목격했더라면 술집허가를 지지하는 쪽으로 선거의 결과가 기울어질 리가 없었다. 그러나 싸움의 판도는 아직 많은 사람들에게 가리워져 있었다. 수많은 개심자들의 일상 생활환경에서 느끼는 혐오감은 서서히 확대되어, 레이첼과 버지니아의 의식에까지 침투해 들어 왔고, 매일 저녁 집회를 마치고 자기들의 호화스런 저택으로 돌아올 때에는 그녀들의 마음은 무겁기 한량없었다.

때때로, 그레이 씨는 너무나 서글픈 표정으로 눈물을 글썽이며 이렇게 말했다.

"이 불쌍한 개심자들 중 적지 않은 사람들이 옛날로 되돌아갈 것이오. 환경은 인격에 너무나 큰 영향을 끼치게 된단 말입니다. 이 사람들이 악귀와 같은 술의 유혹과 냄새에 넘어가지 않고 계속 버티어 나갈 수 있다고 보는 것은 무리입니다. 오, 하나님. 크리스천들이 침묵이 아니면 투표권 행사로 술이라는 이 거대한 악마를 언제까지 지지하고만 있을까요?"

그레이 씨가 이와 같은 질문을 던졌으나, 즉각적인 응답이 있으리라고는 기대하지 않았다. 금요일 밤에 있었던 예비선거 모임에서 실낱 같은 희망의 빛이 보이기는 했으나, 그 결과는 보나마나 뻔한 일이었다. 술의 세력들은 지난 주 렉탱글의 천막과 레이먼드 시에서 있었던 일련에 사태에 극도로 분개하여 조직적이고도 민첩한 공세를 벌였다. 주점 허가 지지세력에 대항하기 위해 크리스천 세력은 과연 단합하여 투쟁을 벌이고 있는가? 아니면 그리스도교의 세력은 자기들의 사업상의 이익 때문에, 또는 술의 세력처럼 늘상 단합하여 행동하는 습관이 없기 때문에 분열되어야 할까? 그러한 사태는 앞으로 두고 보아야 할 일이다. 그러나 술집들은 이미 독사처럼 날카로운 이빨을 갈면서 렉탱글 부근에서 음험하게 도사리고 앉아서 어디든 무방비 상태의 헛점만 보이면 침투할 만반의 준비를 갖추고 있었다.

토요일 오후, 버지니아는 레이첼을 만나 자기의 구상과 계획을 의논하려고 막 자기 집을 나서려는데, 마차 한 대가 다가오는 것을 보았다. 그 마차에는 화사하게 차려입은 세 명의 친구가 타고 있었다. 버지니아는 차도로 나와 그들과 이야기를 나누었다. 세 친구는 공식적인 목적으로 찾아온 것이 아니라, 버지니아에게 같이 마차를 타고 교외로 신나게 달려 보자고 했다. 그 날 공원에서는 취주악대의 공연이 있을 예정이었다. 게다가 그 날은 방 안에서 보내기에는 너무나도 아까운 날씨였다.

한 친구가 빨간색 비단 우산으로 그녀의 어깨를 장난스럽게 톡톡치면서 물었다.

"버지니아야, 너 요즘 어디에 갔다왔니? 소문에 들으니 흥행사업에 손을 댔다고 하는 소문이 있는데, 그 얘길 좀 해줘."

버지니아는 얼굴이 붉어졌다. 그러나 잠시 망설이다가 그녀는 용기를 내어 렉탱글에서 체험한 몇 가지 일들을 솔직히 이야기했다.

"얘들아, 오늘 저녁에는 취주악대 연주를 들으러 가느니보다 차라리 버지니아와 함께 빈민굴 구경이나 가는 게 어떻겠니? 나는 아직 한 번도 렉탱글에 가 본 적이 없단다. 내가 듣기에 그 곳은 몹시 더럽고 아주 무시무시한 곳이래. 볼만한 것두 많구 말이야. 버지니아가 안내해 줄 거야. 그러면……."

그 친구는 무심코 '꽤 재미있을 게다.' 라고 말하려다가 버지니아의 표정이 너무나 진지했으므로, '볼만 한 가치가 있을거야.' 라는 표현으로 말을 바꾸었다.

버지니아는 기분이 좀 언짢았다. 처음에 그녀는 그런 마음이었다면 절대로 그 곳에 데리고 가지 않겠다고 스스로 다짐했다. 그런데 처음 입을 연 친구와 동조해서 다른 친구들이 버지니아에게 마구 졸라대는 것이었다. 불현 듯 버지니아는 그녀들의 태평스러운 호기심 속에 어떤 기회가 숨어 있을지도 모른다는 생각이 들었다. 그들 세 친구는 레이먼드의 치부, 즉 죄악과 비참함이 뒤엉켜 있는 곳을 직접 목격해 본 적이 없었다. 비록 오후의 한가한 시간을 보내기 위해 그곳으로 가려는 동기라 해서, 굳이 그 곳에 데리고 가지 못하겠다는 까닭은 없지 않은가?

"좋아, 함께 가 주지. 하지만 내 말을 잘 들어야 해. 그리고 내가 안내하는 곳으로 두 말 않고 따라와야 해."

하고 주의를 주듯이 말한 다음, 버지니아는 마차에 올라 처음에 렉탱글로 가보자고 제안했던 친구 곁에 앉았다.

제 12장
주의 품으로

나는 아들이 아버지와 맞서게 하고 딸이 그 어머니와 맞서게 하고 며느리가
그 시어미와 맞서게 하려고 왔다. 사람의 원수가 자기 집안 식구일 것이다.
(마태복음 10장 35~36절 새 번역—역자 주)
그리하여 여러분은 사랑받는 자녀답게 하나님을 닮는 자가 되시오.
그리스도께서 여러분을 사랑하신 것처럼 여러분은 사랑 안에서 살아가시오.
(에베소서 5장 1~2절 새 번역—역자 주)

"순경을 한 사람 데리고 가는 게 좋지 않을까? 그곳에 내려가면 어
떤 일을 당하는 지 모르잖니."

친구들 중 한 사람이 호들갑을 떨면서 말했다.

"위험한 일은 없어."

버지니아가 짤막하게 대꾸했다.

"너의 오빠 롤린이 회개했다는 거 정말이니?"

처음에 렉탱글로 가 보자고 제안했던 처녀가 호기심 어린 눈으로
버지니아를 쳐다보며 물었다. 렉탱글로 향해 마차가 달려가고 있는 동
안 세 친구는 한결같이 버지니아를 살폈다.

"그래, 사실이야."

"내가 알기로는, 너의 오빠가 여러 클럽을 돌아다니면서 옛 친구들
에게 마치 설교하듯 이야기한다고 하는데, 정말 우습게 보이지 않니?"

빨간 비단 양산을 든 처녀가 물었을 때 버지니아는 아무말도 하지
않았다. 세 처녀는 마차가 렉탱글로 이어지는 길로 들어서자 정신이
바짝 드는 모양이었다. 목적지가 가까워지자, 세 처녀는 신경이 점점
곤두서는 듯했다. 이미 버지니아에게는 익숙해진 냄새와 소음과 지저
분한 광경이 상류사회 처녀들에게 두려움의 대상이 되었다. 마차가 렉

탱글의 한 가운데로 들어서자, 그 곳 사람들은 모두 눈이 흐리멍텅하고 술에 찌들은 표정으로 마차에 타고 있는 아름답게 차려입은 처녀들을 일제히 쳐다보았다. 레이먼드 사교계에서 이른바 '빈민굴 방문'이 도락으로 등장한 적은 아직 한 번도 없었던 일이다. 상류사회의 사람들과 천박한 빈민이 렉탱글에서 이런 식으로 마주치게 된 것은 처음이라고 말할 수 있었다. 처녀들은 자기들이 렉탱글 사람들을 구경하는 입장이 아니라, 오히려 구경을 당하는 신세가 되고 있음을 깨닫게 되었다. 처녀들은 겁이 나기도 했고 불쾌하기도 했다.

"애들아, 어서 돌아가자. 이만하면 실컷 봤지."

버지니아 옆에 있던 처녀가 말했다. 그들이 탄 마차가 지저분한 술집과 도박굴 앞을 지나는 순간이었다. 길은 좁고 지저분했으며 게다가 양쪽 가게에는 사람들이 몰려있었다. 그때 갑자기 술집 문이 확 열리더니 한 젊은 여자가 뒹굴어지면서 뛰어나왔다. 그 여자는 술에 취해 엉망이 된 음성으로 노래를 부르고 있었다. 그 노래의 내용으로 봐서 자신이 처한 비참한 상황을 어느 정도 깨닫고 있는 듯했다.

"큰 죄에 빠진 날 위해 주 보혈……."

처녀들이 탄 마차가 그녀의 곁을 스쳐 지나갈 때 그녀는 고개를 들고 마차를 쳐다보았다. 그러자 버지니아는 바로 코 앞에서 그녀의 얼굴을 보게 되었다. 그 날 밤, 밤 집회 때 무릎을 꿇고 통곡하던 바로 그 창녀의 얼굴이 아닌가! 버지니아는 그녀 옆에 무릎을 꿇고 앉아 그녀를 위해 기도해 주지 않았던가!

"마차를 멈춰요!"

버지니아는 주위를 살피고 있는 마부에게 손짓을 하며 소리쳤다. 마차가 멈추는 순간 그녀는 마차에서 내려 저만큼 비틀거리며 걸어가고 있는 젊은 창녀에게 다가가서 그녀의 몸을 두 팔로 부축하면서,

"로린!"

하고 소리쳤다.

그 여자는 버지니아의 얼굴을 쳐다보다가 그만 안색이 창백해지면서 두려워하는 표정을 지었다. 마차 안에 있던 처녀들은 너무나 놀란

나머지 몸이 완전히 얼어붙은 듯했다. 술집의 지배인이 문을 열고 나와 한 손을 허리에 짚고 서서 길거리의 광경을 물끄러미 바라보았다. 그리고 렉탱글 사람들은 자기네 창문이란 창문은 다 열고, 그리고 계단과 골목 어귀에서 두 젊은 여자를 놀란 눈으로 바라보고 있었다. 두 여자의 어깨 위에 따뜻한 봄볕이 부드럽게 내리쬐고 있었다. 공원에서 울려나오는 취주악대의 음악소리가 렉탱글의 구석구석까지 흘러들어오고 있었다. 음악회는 막이 올랐고, 레이먼드의 사치스런 쾌락은 이제 막 그 모습을 들어내기 시작했다.

마차에서 내려 로린에게 다가갈 때까지만 해도 버지니아는 앞으로 어떻게 할 것인지 그리고 자기가 취한 행동이 어떤 결과를 가져 오게 될 것인지에 대해 전혀 생각해 보지 않았다. 그녀의 눈에는 다만 보다 귀한 삶의 기쁨을 잠깐 맛보았던 한 영혼이 다시 옛날의 수치와 죽음의 지옥으로 굴러떨어져 가고 있는 모습뿐이었다. 만취한 그 젊은 창녀의 팔을 붙잡기 전에 버지니아는 다만 '예수님이라면 어떻게 하실까?' 라는 질문을 자신에게 물어 보았다. 이런 질문이 서약을 한 뭇사람들처럼, 그녀에게 이제 하나의 생활 습관으로 되어가고 있었다.

드디어 정신을 가다듬은 버지니아는 로린의 곁에 바짝 붙어서 자기 주위를 둘러보았다. 모든 장면이 처음 대하듯 새롭게 보였다. 그녀는 우선 마차 안에 있는 세 친구들을 생각하고 침착하게 말했다.

"먼저들 돌아 가렴. 나를 기다리지 말아. 난 이 친구를 집까지 바래다 줘야 겠어."

버지니아가 이렇게 말하자 빨간색 양산을 든 친구가 '친구'라는 말에 깜짝 놀라는 듯했다. 하지만 그녀는 아무 말도 하지 않았고, 다른 처녀들은 벙어리모양 할 말을 잊은 듯했다.

"먼저 가라니까. 나는 함께 갈 수가 없구나."

버지니아가 다시 말하자, 마부는 말을 천천히 몰기 시작했다. 한 처녀가 잠깐 동안 마차 밖으로 얼굴을 내밀고 기어들어가는 소리로 말했다.

"우리가 뭘 좀……. 아니, 우리가 도와 주지 않아도 되겠어? 너 혼자서는 아무래도 좀……."

"아냐, 괜찮아! 이건 너희들이 도와 줄 일이 아냐!"

마차가 멀리 살아지자, 버지니아는 혼자서 젊은 여자를 부축했으며, 그 여자는 올려다보기도 하고 주위를 두리번거리기도 했다. 구경꾼들 중에는 연민어린 표정을 한 얼굴이 끼어 있는 것이 보였다. 그들은 모두가 다 잔인하거나 난폭하지는 않았다. 이미 성령께서 많은 렉탱글 사람들을 순화시켜 놓았던 것이다.

"이 여자가 사는 곳은 어디죠?"

하고 버지니아가 물었다. 아무도 대답하지 않았다.

버지니아는 한참 생각한 후에야 그 까닭을 알 수 있었다. 즉, 렉탱글 사람들은 부유층에 대한 그들 나름대로의 자존심을 서글픈 침묵을 통해 은연 중에 나타냈던 것이다. 그리고 로린이라는 여자는 술집이라 불리는 철이른 지옥의 해변에 난파선처럼 오락가락하고 있는데 애당초 가정이라고 할 만한 곳이 없다는 사실을 뒤늦게 알아차렸다. 로린이 갑자기 버지니아가 잡고 있는 팔을 뿌리치자 버지니아는 넘어질 뻔했다.

"날 붙잡지 마! 그냥 둬! 지옥으로 떨어지게 내버려 둬! 지옥이 내 집이라구! 악마가 날 기다리고 있어. 저 악마를 보라구!"

그녀는 거칠게 소리치다가 휙 돌아서서 떨리는 손가락으로 술집 지배인을 가리켰다. 구경하던 사람들이 웃음을 터뜨렸다. 버지니아는 다시 그녀에게 다가가 두 팔로 그녀를 감싸안았다.

"로린, 나와 함께 가요. 로린의 집은 지옥이 아니에요. 예수님의 품 안이 로린의 집이에요. 자, 예수님이 구해주실 테니까 염려 말고 나와 함께 가요."

버지니아가 확신에 찬 소리로 말하자, 로린은 그만 울음을 터뜨렸다. 그녀는 느닷없이 버지니아를 다시 만난 것에 충격을 받아 정신을 차리지 못했다. 버지니아는 다시 주위를 둘러 보고 물었다.

"그럼, 그레이 씨가 사는 곳은 어디죠?"

그녀는 전도사 그레이 씨가 천막 부근 어딘가에 셋방살이를 하고 있다는 것은 들어서 알고 있었다. 여러 사람이 나서서 그레이 씨가 거처하는 곳을 가리켜 주었다.

"자, 로린. 나와 함께 그레이 씨한테 가는 거예요."

버지니아는 아직도 부들부들 떨고 있는 그 불쌍한 여자를 부축하고 있었다. 그녀는 신음소리를 내고 흐느끼면서 조금 전 떠밀 때만큼이나 강하게 버지니아에게 매달렸다.

그리하여 두 여자는 렉탱글 한복판을 지나 그레이 씨가 세들어 사는 집 쪽으로 갔다. 두 여인의 모습은 렉탱글 사람들에게 깊은 감동을 주었다. 렉탱글 사람이 술에 흠뻑 빠져 있을 때에는 아무것도 거들떠보지 않았지만, 이번의 경우는 달랐다. 레이먼드 시내에서도 가장 돈이 많고 화려하게 차려입은 처녀가, 술에 취해서 흥청거리는, 렉탱글에서도 가장 악명높은 한 인생의 쓰레기를 보살피고 있다는 사실은 천한 로린 자신에게도 다소의 자부심을 가져다 줄 만큼 놀라운 사실이었다. 술에 고주망태가 되어 렉탱글을 비틀거리며 골목을 우왕좌왕하는 로린의 행동은 그 곳 주민들의 웃음거리요 흥미거리였다. 그러나 상류사회 출신의 아리따운 처녀의 부축을 받으면서 걸어가는 로린의 모습은 전혀 딴판이었다. 렉탱글 사람들은 정신을 가다듬고서, 멀어져가는 두 사람의 모습을 바라보고 있었다.

이윽고 그들이 그레이 씨가 세들어 사는 집에 문을 두드렸을 때, 주인 여자가 나왔다. 그 여자는 그레이 씨 부부는 외출 중인데 저녁 6시가 되어야 돌아올 거라고 말했다.

버지니아는 그레이 씨를 만나지 못할 경우 어떻게 하리라는 계획이 전혀 없었으므로, 어찌할 바를 몰라 우두커니 서 있을 수밖에 없었다. 로린은 바보처럼 계단에 주저앉아 얼굴을 두 팔 사이에 파묻고 흐느끼고 있었다.

버지니아는 다소 짜증스러움이 일어날 것 같은 심정으로 가련하기짝이 없는 그 여인의 얼굴을 눈여겨 쳐다보고 있었다. 꼼짝없이 막다른 골목에 섰다는 느낌이 들었다. 이제 로린을 그녀가 데리고 가는 수밖에 다른 어떤 방법이 없지 않은가? 술에 취해 술냄새를 풍기는 이 창녀, 집도 없고 의지할 데 없는 이 인간을 병원이나 요양원의 낯선 사람들에게 맡기느니 차라리 자기 집으로 데려가 보살피는 것이 훨씬 더 정당한 일이 아니겠는가? 사실상 버지니아는 그런 빈민 구제소에 대해서 아는 바가 거의 없었다. 어쩌면 이 레이먼드 시에 그런 구제소가 두세 군데 있었는데, 로린과 같은 인간을 받아 줄지도 의심스러웠다. 그러나 지금 버지니아에게 그런 것은 문제가 되지 않았다. '예수님이라면 로린을 어떻게 해 주실까?' 바로 이것이 버지니아에게 던져진 주요한 문제였고, 마침내 버지니아가 다시 로린을 부축함으로써 그 질문에 응답한 셈이 되었다.

"자, 로린. 나와 함께 우리 집으로 가는 거예요. 여기 골목에서 나가면 차를 잡을 수 있을 거예요."

로린이 비틀거리며 따라 나섰으므로 오히려 버지니아는 놀라지 않을 수가 없었다. 그리고 아무런 말썽도 부리지 않았다. 그녀는 로린이 거세게 반박하거나 거절하리라고 생각하고 있었던 것이다. 두 사람은 골목을 벗어나 차에 올라 탔을 때, 차 속은 시가지의 중심부로 들어가는 사람들로 만원이었다. 버지니아는 자기와 로린에게 쏟아지는 뭇사람들의 따가운 시선을 느끼지 않을 수 없었다. 그러나 그녀의 머리속에는 점점 할머니와 맞닥뜨리게 될 것을 걱정하고 있었다.

'할머니는 뭐라고 말씀 하실까?'

로린은 이제 거의 술에서 깨어나 있었다. 그러나 아직도 멍한 상태에서 벗어나지 못하고 있었다. 버지니아는 부득이 그녀의 팔을 붙잡지 않을 수 없었다. 몇 번인가 로린은 몸 전체를 버지니아에게 맡기고 매달리다시피 했다. 얼마 후 차에서 내려 길을 걷고 있을 때, 소위 문화인이라는 작자들의 호기심 어린 눈으로 그녀들을 바라보았다. 이윽고 버지니아는 아담한 저택에 도착하였다. 그녀가 현관 계단을 올라 섰을 때, 할머니와 곧 마주치게 되겠구나 하는 조바심이 나긴 했지만, 저절로 안도의 한숨을 내쉬었다. 막상 출입문을 닫고 그 의지할 곳 없는 떠돌이 여인과 현관 홀로 들어서자, 그녀는 이제 어떤 일이 있더라도 능히 감당할 수 있다는 느낌이 들었던 것이다.

할머니는 서재에 있었고, 버지니아가 들어오는 소리를 듣고 할머니는 홀에 모습을 나타냈다. 버지니아는 로린을 부축한 채 멈춰섰다. 사방의 진귀한 가구들과 장식물들을 넋잃은 표정으로 둘러보고 있는 로린과 그녀를 부축한 버지니아가 서 있었다. 이 때, 버지니아는 서슴지 않고 분명한 어조로 말했다.

"할머니, 렉탱글에서 친구 한 사람을 데리고 왔습니다. 이 친구는 난처한 일을 당했어요. 아주 곤란한 처지가 되어 거처할 곳이 없답니다. 당분간 제가 좀 돌봐야 할 것 같아서요."

할머니는 어이가 없다는 표정으로 자기의 손녀와 로린을 번갈아 쳐다보더니 입을 열었다.

"아니, 이 여자가 네 친구라고?"

할머니의 음성은 버지니아가 여태껏 한 번도 들어 본 적이 없는 냉혹하고도 경멸적인 음성이었다.

"네, 그래요."

버지니아는 얼굴이 빨갛게 달아올랐다. 그러나 이내 그녀는 그레이 씨가 최근에 설교한 '세리와 죄인의 친구'라는 구절이 머리를 스치고 지나갔다. 틀림없이, 예수님이 자기의 입장이더라도 지금 자기가 하고 있는 행동을 하실 것 같았다.

"그 여자가 어떤 여자인지 알고 있니?"

할머니는 화가 나 씩씩거리며 버지니아에게 한 걸음 다가가 낮은 음성으로 물었다.

"물론 잘 알고 있어요. 버림받은 여자예요. 할머니, 제게 그런 말씀을 해선 안 돼요. 제가 할머니보다 이 여자를 더 잘 알고 있어요. 이 여자는 술에 취해 있어요. 그렇지만 하나님의 귀한 딸이랍니다. 나는 이 여자가 무릎을 꿇고 진심으로 회개하는 모습을 보았어요. 그리고 지옥이 무서운 손을 펼쳐 이 여자의 뒷자락을 당기고 있는 이 여자를 그 구렁으로부터 안전하게 지켜주는 것이 제가 할 수 있는 최선의 행위임을 깨달았답니다. 할머니, 우리는 스스로 크리스천임을 자처한답니다. 여기 집도 절도 없는 버림받은 한 가련한 여자가 있습니다. 지금 이 여자는 다시는 비참한 생활로 빠져들어가 모든 것을 잃게 될 지경에 있답니다. 그런데 우리에게는 살고도 남을 만큼 모든 게 넉넉하단 말입니다. 그래서 이 여자를 우리 집으로 데리고 왔습니다. 저는 이 여자를 보살펴 줄 생각입니다.”

할머니는 버지니아를 뚫어지게 바라보다가 두 주먹을 불끈 쥐었다. 이 모든 것은 그녀의 사회 생활 규범을 송두리째 뒤엎는 것과 같았다.

'이 사회가 길거리에서 배회하는 창녀와의 친분 관계를 어떻게 용납해 줄 수 있을까? 사회의 지도계급이라는 위치를 지키려면 돈 많고 지위 높은 사람들과 언제나 친분 관계를 맺고 있어야 하는데, 우리 집안은 버지니아의 철없는 행동 때문에 빗발치는 비판과 체면 손상 등 얼마나 많은 사람들의 조롱과 큰 피해를 입게 될까?'

할머니, 즉 마담 페이지는 교회나 다른 단체보다도 사교계를 더욱 중요시했다. 그 사교계는 두려워해야 하고 복종해야 할 압력단체라고 보았다. 그녀는 사교계에서 평판이 좋지 못한 것은 재산을 잃은 것보다 더 두려운 일이었다.

할머니는 발에 힘을 주고 서서 버지니아를 똑바로 바라보았다. 그런 자세에 그녀의 고집과 결단이 엿보였다. 버지니아는 두 팔로 로린을 부축한 채, 조용히 할머니의 얼굴을 바라보고 있었다.

“버지니아야, 네가 감히 이런 짓을 하다니! 그 여자를 무의탁자 수용소에 보낼 수도 있지 않냐? 거기에 필요한 비용까지도 우리가 부담할 수 있어. 이런 여자를 집안에 끌어들이면 우리 가문의 평판이 어떻게 되겠니!”

“할머니, 저도 할머니를 불쾌하게 만드는 일은 조금도 하고 싶지 않습니다. 하지만 오늘 밤에는 로린을 보호해 주지 않을 수가 없었습니다. 아니 며칠 더 걸릴지도 모르지만 로린을 우리 집에 머물도록 해야겠어요.”

“그렇다면 모든 뒷책임을 네가 지도록 해라. 나는 그런 천한 아이와 한 집에 있을 수가 없어!”

할머니는 자제력을 잃고 말았다. 미처 다음 말을 하기도 전에 버지니아가 가로막고 나섰다.

"할머니, 이 집은 제 집입니다. 할머니께서 여기 계시기로 작정하시면 이 집은 할머니 집이기도 해요. 그렇지만 이번 일에 있어서만은 예수님께서 제 처지에서 하실 것이라고 생각되는 대로, 저는 실행할 거예요. 사교계는 저에게 하나님처럼 절대적 존재가 아닙니다. 이 불쌍한 영혼을 생각하면, 사교계의 평판 따위는 조금도 두렵지 않습니다."

"그렇다면, 나는 이 집에서 살지 않겠다."

할머니는 단호하게 소리쳤다. 그녀는 갑자기 휙 돌아서서 홀의 끝쪽으로 걸어갔다. 그리고는 다시 돌아서서 버지니아 곁으로 다가와 흥분을 가라앉히며 말했다.

"너는 한 주정꾼 계집애 때문에 이 할미를 집 밖으로 몰아냈다는 것을 똑똑히 기억해 두어야 한다."

그리고는 버지니아에게 대꾸할 여유도 주지 않고 돌아 서서 윗층으로 올라갔다. 버지니아는 하인을 불러 즉시 로린을 보살피도록 하였다. 로린은 너무나 몸이 쇠약하여 금방 쓰러질 것 같았다.

버지니아는 과연 할머니가 집을 떠날 것인지의 여부를 알 수가 없었다. 할머니는 얼마든지 자신 스스로 꾸려나갈 능력이 있는 사람이었다. 그녀에게는 남부에서 살고 있는 형제 자매가 몇 분 있었고, 그들은 1년에 몇 주씩 함께 생활을 했던 것이다. 버지니아는 할머니의 여생에 대해서는 조금도 염려가 되지 않았다.

그러나 조금 전에 언쟁은 정말로 가슴 아픈 일이었다. 얼마의 시간이 흐른 후, 다시 차를 마시러 아래층으로 내려오기 전, 자기 방에서 곰곰이 생각해 보았으나 조금도 후회되지 않았다.

'예수님이라면 어떻게 하실까?'

버지니아는 마음 속으로 자문자답해 보면서 자신이 옳은 일을 했다는 확신에, 조그마한 후회도 생기지 않았다. 만일 그녀의 행위가 잘못이 있다면 그것은 판단의 잘못 때문이지 마음씨가 나빴던 것은 아니었다.

제 13장
주님 사업을 위하여

버지니아가 차 마실 시간이 되어 아래층으로 내려왔을 때, 할머니가 보이지 않았다. 하인을 시켜 할머니가 계신지 가 보라고 했다. 윗층으로 올라갔던 하인은 할머니는 방에 없다는 것이었다. 얼마 후 밖에 나갔던 그녀의 오빠 롤린이 돌아왔다. 롤린은 할머니가 남부행 저녁 기차를 타고 떠나셨다고 했다. 친구를 배웅하기 위해 역에 나갔다가 우연히 할머니를 만났는데, 화가 몹시 난 표정으로 그녀가 집을 떠나는 이유를 자세히 이야기 해 주었다는 것이다.

버지니아와 롤린은 식탁을 가운데 두고, 두 사람은 진지하고 침울한 표정으로 서로의 얼굴을 쳐다보며 위로했다.

"오빠, 나를 나무라실 참이예요. 내가 잘못이 있을까요?"

버지니아가 이윽고 오빠의 의중을 물었다. 그녀는 새로운 삶을 살아가게 된 오빠가 퍽 자랑스러웠다.

"아냐, 나도 네가 잘못했다고는 생각하지 않아. 그러나 할머니가 떠나신 것은 정말로 가슴이 아프구나. 하지만 네가 그 불쌍한 여자의 생명이 너의 도움 여하에 달렸다고 생각했다면 그렇게 할 수 밖에 없었겠지. 버지니아, 우리가 이 몇 해 동안 그런 비참한 사람들을 못본척하면서 사치스럽고 이기적인 생활에 젖어 있던 것을 생각해 봐라! 분명히 예수님이 네 입장에 계셨더라도 틀림없이 너처럼 하셨을 거다."

롤린은 이렇게 버지니아를 위로했다. 그들 두 사람은 밤 늦게까지 앞으로의 일을 상의하기로 했다. 버지니아는 자기가 예수님의 발자취를 따르겠다고 서약한 후, 온갖 기막힌 사건을 겪었지만 오빠의 올바른 행동이 그녀에게 깊은 감동을 준 것이었다. 롤린 페이지라는 건달은 그리스도 품에 안기고서야 비로소 새 사람이 되었던 것이다.

그 날 저녁, 버지니아의 초청을 받고 온 웨스트 박사는 로린을 위해 할 수 있는 최선의 성의를 다해 치료를 해주었다. 로린은 평소에 술을 많이 마셨기 때문인지 알콜 중독 증세로서 정신착란증을 나타내기까지 했다. 지금 로린에게 그들이 해줄 수 있는 일이란 현재로서는 조용히 쉬게 하고 세심히 보호해 주는 것뿐이었다. 그리고 인간적인 사랑을 주는 것이 남은 일이었다.

그리하여 이 방에서 로린은 그리스도가 아름다운 해변을 거니는 그림이 걸려 있는 아담한 방의 침대에 누워 이리저리 몸을 뒤척이면서 몽롱한 시선으로 뭔가 좀더 알아내려고 열심히 살펴보았으나, 도대체 이 천당 같은 곳에 자기가 와 있는 까닭을 아무리 생각해도 알 수가 없었다. 그리고 버지니아는 거센 파도에 만신창이가 되어 자기 발에 걸려든 가련한 영혼이 제발 소생하게 해 주십사 하고 진심으로 기도함으로써 예수님의 뜻에 더더욱 가까이 다가가고 있었다.

'그러는 동안, 렉탱글 주민들은 예년보다 훨씬 더 비상한 관심을 갖고 이번 선거를 기다리고 있었다. 그리고 그레이 씨 부부는 너무나 안타깝고 허전해서 눈물을 흘리고 있었다. 왜냐하면, 불쌍한 영혼들이 유혹의 마수가 끊임없이 뻗치는 자기 주변 환경과 맞붙어 싸우다가 지친 나머지, 로린처럼 싸움을 포기하고 될 대로 되라는 식으로 술에 빠져 떠 내려가다가, 결국 부글부글 끓는 죄악의 심연에 다시 빠져들어가고 있었기 때문이었다.

제일교회의 예배 후의 모임은 점점 열기를 더해 갔으며, 그 기틀도 잡혀 갔다. 예비 선거가 있었던 다음 주의 주일날, 아침 예배를 마치고 교육관으로 맥스웰 목사는 들어서며 모여 있는 사람들의 진지한 표정을 보고 온몸이 떨리기까지 했다. 이번 모임에도 야스퍼 체이스를 제외한 전원이 참석했다. 모두들 아주 긴밀하게 결속되어 있는 듯했다. 그리스도의 정신이란 바로 자기의 체험을 솔직하게 털어놓는 정신임을 모두 시인하였다. 그리하여 데일리 뉴스의 에드워드 노먼 사장은 자연스럽게 자기 신문사의 고충을 털어놓았다.

"사실을 말씀드린다면, 지난 3주 동안 상당한 금전적 손해를 보았습니다. 그 액수는 말씀드릴 수 없습니다만, 매일 수많은 독자들이 구독을 중단했답니다."

"그들의 구독 중단 이유가 도대체 뭡니까?"
하고 맥스웰 목사가 물었다. 모두가 열심히 귀를 기울여 듣고 있었다.

"그 이유야 여러 가지죠. 어떤 독자는 우리 신문사에서 기사라는 기사는 모두 다루어 주기를 바란다는 것이었어요. 이를테면, 악랄한 범죄사건에 대한 보도, 프로 권투 같은 인기있는 기사, 연예인이나 유명인사들의 스캔들 다룬 기사, 기타 음란한 기사 등을 모두 실어 달라는 것이지요. 또 어떤 독자는 일요일 판에 발행의 중단을 크게 반발했어요. 우리는 종전의 일요판보다 사실상 지면을 더 늘린 토요일 특집판을 내어 기존 독자들의 구미를 맞추려고 했지만, 소용이 없었어요. 역시 일요판 정간 조치 때문에 천여 명 가까운 독자를 잃었습니다.

무엇보다 더 큰 손해는 광고주가 떨어져나간 데에서 비롯되었으며 그리고 지난 번 정치적인 입장을 밝힌 것이 또 치명적인 것 같습니다. 솔직하게 말씀드리자면 앞으로도 계속 정치적인 입장에서 한 쪽 편의 문제를 다뤄나가지 않아야 하며 공정하고 도덕적인 관점에서 다뤄 나간다면, 우리 신문사는 조만간 문을 닫게 될지도 모릅니다. 다만 지금 레이먼드에서 열화처럼 일어나고 있는 한 가지 요인에 기대를 걸 수밖에 없답니다."

데일리 뉴스의 노먼 사장은 잠시 말을 중단했다. 방안은 무거운 침묵으로 가득찼다. 버지니아가 누구보다도 큰 관심을 나타냈다. 열정어린 관심 때문인지 그녀의 얼굴은 긴장으로 달아올라 있었다. 그녀는 노먼 사장이 계속 말하려는 사실들을 이미 자기 나름대로 깊이 생각해 온 사람처럼 보였다.

"그 독지가란 다름아닌 레이먼드 시의 크리스천들이죠. 우리 신문을 사이비 크리스천들로부터 버림받은 한낱 자기 취향에 맞는 기사 배달꾼으로 보는 독자들로부터 외면 당해 치명적인 타격을 받았다고 한다면, '예수님이라면 반드시 이렇게 편집하실 것이다.' 라고 떳떳이 내세울 만한 신문을 만들기 위해 돕겠다고 나서는 참다운 크리스천들이 과연 레이먼드 시에 충분히 있을까요? 아니면 구태의연한 편집의 요구가 크리스천들에게 너무나 깊이 뿌리를 내린 관습으로 되어 있기 때문에, 신문에서 그리스도교적이고 도덕적인 목적의식을 대폭 삭제하지 않는 한, 그런 신문을 읽지 않겠다는 뜻입니까?

여기 모이신 여러분에게 말씀드려야 할지 모르겠습니다만, 나는 근래에 와서 신문사 일과 관계없는 내 개인적인 서약과 관련된 사건 때문에 막대한 재산 손실을 입게 되었습니다. 또한 예수님의 발자취를 따른다는 행동 규범을 이 규범과 무관한 사람들과의 사업상 거래에도 그대로 적용하므로써 입게 된 손해도 실로 대단하답니다. 우리가 서약한 대로 무엇을 한다면, 과연 '수지가 맞을까?'가 아니라, '예수님이라면 어떻게 하실까?'에 따라 행동방침을 정해야 할 것입니다. 나는 바로 이러한 행동 규범에 따라 업무를 처리함으로써 수십 년 동안 신문을 발행하여 번 돈을 수일 내에 거의 다 잃게 되었답니다.

지난 3주 동안의 경험을 통해 확실히 알게 된 것은, 아무리 위대한 사업가라도 지금의 경제 체제에서 예수님의 발자취를 정직하게 따르다가는 막대한 금전적 손해를 보게 될 것이라는 점입니다. 그러나 나는 최근에 설정한 편집 방향대로 계속 밀고 나갈 수만 있다면 우리 신문은 꼭 승리하리라는 확신을 갖고 있기 때문에 이 자리에서 그 동안 입은 손해를 말씀드리는 것입니다. 나는 최후의 승리를 거두기 위해, 이미 전재산을 투입할 계획도 세워 놓고 있습니다. 그러나 레이먼드의 크리스천들이 모두 힘을 합하여 구독과 광고 청탁을 통해 적극적인 협조를 해 주신다면, 앞으로 데일리 뉴스는 정간의 운명은 면할 것입니다."

노먼 사장의 고백을 열심히 듣고 있던 버지니아가 진지한 표정으로 질문을 던졌다.

"말하자면, 그리스도교 계통의 신문도 수입을 잡으려면 그리스도교 계통의 대학처럼 많은 기부금을 받아야 하겠다는 말씀입니까?"

"바로 그렇습니다. 나는 비그리스도교적인 내용이라서 반드시 삭제해야 할 기사가 있으면, 어떠한 기사든 간에 삭제하고 그 대신에 훨씬 재미있고 유익한 기사를 우리 신문에 실을 계획을 이미 세워 놓았습니다. 그러나 이 계획을 실현하는 데는 막대한 자금이 소요됩니다. 예수님이 인정하실 만하고 예수님이 실으실 만한 기사만 가려 싣고 그리스도교 계통 일간지가 끝까지 제 노선을 벗어나지만 않는다면 흑자를 낼 수 있다는 게 바로 나의 철석 같은 신념입니다. 그러나 세부적인 계획을 실천에 옮기는 데는 많은 자금이 소요된다는 말씀입니다."

"얼마나 들까요? 생각해 보셨나요?"

버지니아가 조용히 물었다. 에드워드 노먼 사장은 그제서야 버지니아의 얼굴을 자세히 들여다 보았다. 그녀가 묻는 의도가 무엇인지 알아채자, 그의 얼굴은 붉어졌다. 노먼 사장은 버지니아가 주일 학교 유년부 학생시절부터 그녀를 익히 알고 있었다. 그녀의 아버지와는 긴밀한 사업 관계를 맺기도 한 그였다.

"레이먼드와 같은 도시에서 우리가 구상하고 있는 신문을 제대로 계획을 추진하는 데는 약 50만 달러 정도가 소요될 것입니다."

이렇게 대답하는 노먼 사장의 목소리는 약간 떨렸다. 순식간에 구원의 손길이 뻗어올 듯하자, 이미 백발이 성성한 엄격하고도 철저한 크리스천이면서 한 평생을 신문계에 몸담아 온 노먼 사장의 얼굴에는 신문계에서 위대한 업적을 남길 수 있다는 기대감으로 충만해 있었다.

"그렇다면……"

라고 하더니, 버지니아는 충분히 생각하고 난 후 확실한 어투로 말했다.

"제가 그 신문에 50만 달러를 투자하겠습니다. 물론, 한 가지 단서를 붙이겠습니다. 그것은 조금 전에 사장님이 말씀하신 그 노선을 충실히 지킨다는 것입니다."

"하나님, 감사합니다!"

하고 맥스웰 목사는 나지막하게 부르짖었다. 노먼 사장은 얼굴이 창백해졌고, 나머지 모든 사람들은 버지니아를 쳐다보고 있는데, 그녀는 자신의 의견을 말했다. 그녀의 목소리는 고뇌와 서글픔이 서려 있어 듣는 사람들로 하여금 두고두고 깊은 감명을 주었다.

"여기 모이신 교우 여러분, 어느 분이든 제가 큰 선심이나 쓰는 것으로 생각하지 말아 주셨으면 합니다. 최근 저는 제 자신의 것이라고 생각했던 재산이 실은 제 것이 아니라 하나님의 것이라는 사실을 늦게서야 깨닫게 되었습니다. 만일 제가 하나님의 재산 관리인으로서 그 재산을 과감하게 투자할 수 있는 현명한 방법을 찾았다 해서 스스로 자만하거나 남들로부터 감사를 받을 만한 처지는 아닙니다. 왜냐하면, 저는 하나님이 제게 명령하신 대로 그 분의 재산을 정직하게 관리할 따름이기 때문입니다. 저는 오래전부터 이 계획에 관해 나름대로 신중히 생각해 왔습니다. 교우 여러분, 여러분에게 말씀드리고자 하는 것은, 레이먼드의 술집지지 세력들과의 싸움에서, 지금까지는 싸움의 시작에 지나지 않았습니다만, 크리스천을 지지하고 앞장서 싸울 데일리 뉴스가 우리에게 꼭 필요하다는 점입니다. 여러분도 아시다시피 여러 곳의 신문사들은 술집 편을 들고 있다는 사실을 잘 알고 있습니다. 술집이 남아 있는 한, 렉탱글에서 죽어가고 있는 영혼을 구원하는 사업은 절대로 공전하게 될 것입니다. 그레이 씨가 아무리 복음전도 집회를 연들, 개심한 자의 반 이상이 술꾼들로 구석구석에 있는 술집의 유혹을 받고 부추김을 당한다면 무슨 소용이 있겠습니까? 그러므로 데일리 뉴스가 문을 닫는 것을 그냥 내버려두는 것은 적에게 항복하는 것과 마찬가지 행위라고 생각됩니다.

저는 노먼 사장님의 확고한 신앙심과 언론인으로서의 역량을 전적으로 믿습니다. 그 계획을 대대적으로 밀고 나갈 수 있는 여건만 조성된다면 사장님은 데일리 뉴스를 틀림없이 성공시킬 수 있다고 생각됩니다. 신문사가 제대로 운영될 경우에도 신문 편집에 있어서 크리스천의 지성이 비크리스천의 지성보다 뒤떨어질 수가 없다고 믿습니다. 그래서 제가 가지고 있는 돈을 유능한 대리인에게 투자하려고 합니다. 만일 그리스도교적인 데일리 뉴스를 1년 동안만 지속시킬 수 있다면 저는 서슴치 않고 이 사업에 투자를 하겠다는 것입니다. 저에게 감사를 표하지 마십시오. 제가 한 일을 무슨 대단한 일로 여기지 마시기 바랍니다. 그동안 제가 한 일이란 하나님의 돈으로 다만 저는 이기적인 욕구를 충족시키고 사치스러운 데만 썼을 뿐입니다. 이제 쓰고 남은 돈으로라도 하나님에게서 훔친 만큼 갚아 드려야 하지 않겠습니까? 제가 지금 할 수 있다고 생각되는 것은 그것뿐이며, 예수님께서도 그렇게 하시리라고 저는 믿습니다."

교육관 안에는 분명히 성령이 임하셨다. 물론 그것이 눈에 보이진 않았으나 그 물결이 온 방안에 가득 차 넘실거림을 느낄 수 있었다. 아무도 한동안 입을 열지 않았다. 맥스웰 목사는 거기에 모인 사람들이 자기를 뚫어지게 쳐다보는 얼굴들을 마주하고 있었지만 마치 자기가 19세기가 아닌 기원 1세기로 거슬러 올라가 예수님의 제자들이 모두 재물을 함께 나누어 쓰던 시절로 돌아간 듯한 착각에 빠져 있었다. 제일교회가 창립된 이래 한번도 경험해 보지 못한 동지애가 교우들 사이에서 자유롭게 오고가는 듯했다. 이 작은 무리가 예수님의 발자취를 따르기로 서약하기 전까지만 해도 제일교회 교인들 중에는 과연 몇 명이나 일상생활에 이토록 두터운 교우간의 사랑을 경험했을까? 모든 사람들이 똑같은 생각에 젖어 있었다. 그 곳에는 그들이 지금까지 전혀 의식하지 못한 침묵의 동지애가 깃들어 있었다. 그 동지애는 버지니아가 자기의 의사를 밝힐 때, 그리고 그 다음에 이어진 침묵의 순간에 강렬하게 그들을 사로잡고 있었다. 이런 분위기를 누군가가 말로 표현한다면 그것은 아마도 다음과 같이 말했을 것이다.

"만일 내가 하나님의 뜻에 순응하여 서약을 지키다가 이 세상에서 손해를 보거나 고난을 당하게 된다면, '예수님이라면 어떻게 하실까?'라는 물음에 따라 참되고 실질적인 동정과 우의에 의존할 수 있을 것이다."

이 말을 다시 확인이라도 해 주듯이, 성령이 발휘하시는 힘의 물결이 방 안에 세차게 넘실거렸다. 바로 이러한 성령의 힘은, 예수님 초기에 제자들에게 하나님에 대한 믿음을 갖게 해서 눈에 보이는 기적이 일어나도록 했을 뿐만 아니라, 죽음과 순교를 용기있게 받아들이거나 더 나아가서 기쁨으로 받아들이도록 만들었던 것이다.

모임이 끝나기 전, 몇 사람의 교인들이 노먼 사장처럼 자신의 경험과 생각을 솔직하게 털어 놓았다. 젊은이 몇 명은 정직하게 서약을 지키다가 직장을 잃었다고 말했다. 알렉산더 파워즈는 조사위원회로부터 가능하면 빠른 시일 내에 그가 제시한 증거를 토대로 조치를 취하겠다는 약속을 받았다고 간략하게 설명했다.

알렉산더 파워즈는 지금 옛날의 직업이었던 전신기사로 일하고 있었다. 그가 직장을 사퇴하고 나온 후부터 그의 아내와 딸이 여러 사람들 앞에 얼씬도 하지 않았다는 사실은 매우 중대한 일이었다. 당사자인 알렉산더 파워즈 외에는 아무도 그의 가족이 겪고 있는 쓰라린 진통이라든가 고통을 알 수 없을 것이다.

모임에 참석한 많은 사람들 중에는 그와 비슷한 고통의 짐을 진 사람들이 많았을 것이다. 그것들은 말로 표현할 수 없는 괴로운 짐이기도 했다. 헨리 맥스웰 목사는 그들의 가정을 잘 알고 있었으므로, 이들이 서약을 충실히 지키다가 가족들의 심중에 몰이해를 불러일으켰고, 심지어 적의와 증오감마저 불러일으켰다는 사실을 어느 정도 정확히 짐작할 수 있었다.

참으로 예수님의 가르침을 가족 중 누구는 받아들이고 누구는 받아들이지 않을 경우, 한 인간의 원수 곧 그 적은 바로 가족 중에 있다. 예수님은 위대한 인생의 양자택일을 강요하시는 위대한 분이시다. 우리 인간과 예수님이 함께 나란히 걷는다든지 아니면 그 분의 길을 재빨리 지나쳐 버린다든지, 두 가지 중의 한 길을 신중히 선택해야 할 것이다.

제 14 장
로린의 희생

이번 모임에서 가장 두드러지게 나타난 것은 교우들간의 깊은 동지
애의 물결이었다. 맥스웰 목사는 이렇게 나타난 것을 아직 한 번도 겪
어보지 못한 동지애가 절정에까지 다다랐다는 데에 생각이 미치자 온
몸을 떨지 않을 수 없었다.

'이런 동지애가 절정에 다다랐을 때는 언제쯤이며, 어떤 결과를 초
래하게 될까?'

그는 아직 아무것도 알 수 없었으나, 그렇다고 공연히 그 결과에 대
하여 두려워하지도 않았다. 다만 이 단순한 서약을 여러 계층의 사람
들이 지켜나감에 따라 일어나는 결과들을 점점 더 놀라워하면서 바라
다보고 있을 뿐이었다. 서약으로 인한 결과는 레이먼드 시 전역에까지
일어나고 있음을 직감적으로 느꼈다.

'서약한 한 해가 끝날 때쯤엔 과연 어떤 결과들이 어떻게 될지를 누
가 예측할 수 있겠는가?'

이러한 동지애의 발로는 에드워드 노먼 사장이 자기 신문사 운영을
위한 지원 자금을 약속받음으로써 구체적인 형태로 나타났다. 모임이
끝났을 때 모든 사람들은 자연스럽게 그를 둘러쌌으며, 그가 레이먼드
시 크리스천들에게 협조을 호소한 데 대해 버지니아가 선뜻 보여준

반응이 소수의 사람들에게 충분히 이해되었다. 일반 가정이나 선량한 시민의 입장에서 볼 때, 그런 신문이 지니는 가치는, 특히 이 도시가 위기에 봉착해 있을 때, 더욱 더 큰 것이었다. 그토록 풍족한 예산의 지원을 받게 된 신문사가 과연 무슨 일을 할는지는 두고 볼 일이었다. 그러나 노먼 사장의 말처럼 돈만 가지고 좋은 신문을 만들 수 있다는 것은 물론 아니다. 그 신문이 레이먼드에서 가장 영향력을 발휘하는 신문으로 태어나려면 우선 크리스천들로부터 절대적인 지원과 동의를 얻어야 할 것이다.

다가오는 일 주일 동안은 레이먼드 시를 온통 흥분의 도가니로 만들 것이다. 즉 선거가 있는 주간이었던 것이다. 서약을 이행하기로 결심한 마쉬 학장은 자기의 십자가를 짊어졌으며 사내답게 버티었다. 그러나 그것은 마쉬 학장에게 있어 힘든 일이 아닐 수 없었다. 그가 평소에 지니고 있던 가장 뿌리깊은 신념에 금이 갔으며, 10여 년 동안의 소극적인 학자 생활에서 스스로 뛰쳐나와 예수님의 발자취를 따르기 위해 난생 처음 모진 고통과 고뇌를 겪었기 때문이다. 마쉬 학장과 함께, 제일교회에서 그 서약을 한 대학교수가 몇 사람 더 있었다. 그들도 마쉬 학장과 같은 고통과 체험을 겪지 않을 수 없었다. 평소에 시민으로서 제반 의무를 멀리했다는 점에서 그들 모두가 똑같았기 때문이다. 그 점에 있어서는 헨리 맥스웰 목사에게도 마찬가지였다. 그는 술집을 지지하는 연합 세력과의 싸움에 뛰어들어 무시무시한 긴장감에 휩싸여 있었다. 이처럼 견디기 힘든 십자가는 처음 져 보았기 때문이다. 그는 그 십자가를 진 채 비틀거렸다. 잠시 틈을 내어 그 굴레를 벗어나 집의 서재에 앉아 쉬고 있으면 이마에서 식은 땀이 흘렀으며, 때로는 얼굴도 모르고 이름도 모르는 괴한이 슬그머니 다가와서는 테러 행위를 가하는 듯한 공포에 빠지기도 했다. 세월이 흘러 이 일을 돌이켜본다 해도 새삼스럽게 놀라지 않을 수 없었을 것이다. 그는 비겁하지 않았다. 그러나 그와 똑같은 경력의 사람이라면 누구든 전혀 새로운 일에 갑자기 부딪쳤을 때 느꼈던 그런 공포를 느꼈다. 게다가 어떤 생소한 일을 할 때는 그 일에 너무 미숙하여, 사소한 문제를 처리할 때도 무지가 탄로나게 되어 수치심이 생기기도 했다.

마침내 투표일인 토요일이 되자, 시민들의 흥분은 절정에 달했다. 그 날 모든 술집의 문은 폐쇄시키자는 운동이 일어났으나, 다만 몇 곳에서 성공을 거두었을 뿐이었다. 하루 종일 흥분으로 인하여 술을 먹고 돌아 다니는 사람이 많았다. 렉탱글 주민들은 아우성을 치는가 하면 욕지거리를 하는 등 가장 추악한 면을 드러내 보이는 꼴이 되었다.

그레이 씨는 한 주간 동안 계속 집회를 열었으며, 성과도 기대했던 것보다 훨씬 좋은 성과를 거두었다. 그러나 선거일인 토요일이 되자, 자기가 지금까지 추진해 온 복음 전도 사업이 최대의 위기에 처해 있음을 깨달았다. 성령과 술의 사탄이 치명적인 사생결단을 벌이는 듯했다. 집회에 관심이 쏠리면 쏠릴수록, 천막 밖의 주변은 더욱 소란스러워졌다. 술집 주인들은 노골적으로 감정을 드러냈으며 폭력을 가하겠다는 위협이 공공연하게 자행되었다. 그 주 어느 날 그레이 씨와 그의 동조자들이 밤늦게 천막에서 나오다가 온갖 쓰레기 세례를 받았다. 경찰 당국은 특별 기동대를 투입했으며, 버지니아와 레이첼은 줄곧 롤린 아니면 웨스트 박사의 보호를 받아야만 했다. 레이첼의 성가위력은 조금도 감소하지 않았으며, 오히려 매일 밤 그녀가 부르는 성가의 위력은 성령의 임하심을 더욱 강렬하게 현실적으로 느끼게 했다.

처음에는 그레이 씨가 토요일 밤에 집회를 가질 것인가의 대해 망설였다. 그러나 그는 언제나 간단한 행동 규범에 따라 사는 사람이었다. 성령께서 평소와 같이 그에게 집회를 열라고 명하시는 듯해서 토요일 밤에도 여느 때와 다름 없이 집회를 열었다.

온 도시를 뒤덮던 열기는 오후 여섯 시가 되어 투표가 마감되자, 흥분이 절정에 달했다. 레이먼드 시가 생긴 이래 그토록 치열한 선거는 없었다. 또 선거에서 주점을 허가할 것이냐 아니냐가 쟁점이된 일도 지끔껏 한 번도 없었다. 또한 시민들이 두 파로 나뉘어져 서로 싸워본 일도 없었다. 그리고 링컨대학의 마쉬 학장, 제일교회의 담임목사, 대성당의 수석사제, 중산층의 각종 전문직 종사자들이 선거구에 뛰어들어 참여와 모범으로 레이먼드 시의 그리스도교적인 양심을 보여 주었다.

각 선거구의 정치인들은 이러한 광경을 보고 경악을 금치 못했다. 그러나 그들은 크게 놀랐다고 해서 그들의 할 일을 포기할 사람들은 아니었다. 시간이 흐를수록 선거전은 치열해졌으며, 결정의 날 오후 여섯 시까지 어느 편이나 결과를 장담할 수가 없었다. 지금까지 레이먼드에서 그토록 치열한 선거전은 처음이라고 모두 인정했으며, 쌍방이 지대한 관심을 갖고 개표 결과를 기다리고 있었다.

천막 집회가 끝나자 시간이 밤 10시가 넘었다. 이번 집회는 특이했으며, 어떤 면에서는 획기적인 집회이기도 했다. 맥스웰 목사가 그레이 씨의 요청에 따라 또 왔던 것이다. 하루의 고된 일과에 지쳐 쓰러질 지경이었으나, 그레이 씨의 요청이 너무나도 간절하여 차마 거절할 수가 없었다. 마쉬 학장도 참석했다. 그는 한 번도 렉탱글에 와 본 적이 없었으므로, 그레이 씨라는 전도사가 레이먼드의 이런 아주 나쁜 조건의 지역에서 큰 영향력을 발휘하는 것을 목격하자, 은근히 호기심이 생겼던 것이다. 웨스트 박사와 롤린은 레이첼과 버지니아와 함께 이미 도착해 있었다. 그리고 그 때까지 버지니아의 집에 묵고 있던 로린은 이제 제 정신을 차렸으며, 오르간 바로 곁에 다소곳이 앉아 있었다. 그녀는 경건하고 겸손한 자세로 언제나 버지니아 곁을 떠나지 않았다. 집회가 진행되는 동안 로린은 머리를 숙이고 이따금 눈물을 흘리기도 했고 레이첼이 '양떼를 떠나서'라는 찬송가를 부를 때는 숨죽여 흐느끼기도 했다. 그녀는 눈에 보일 것도 같고, 손에 잡힐 것도 같은 소망을 안고 얼마 전에 겨우 찾아낸 한 가지 희망에 매달려 있었고, 거듭남을 약간 맛보기는 했지만 과연 그것을 자기가 한껏 누릴 만한 권리가 있는지 의아해 하면서 자기 주위에서 들리는 기도소리와 간절한 호소의 소리와 고백하는 소리에 귀를 기울였다.

천막 주위는 사람들로 둘러쌓였다. 여느 때와 마찬가지로 천막 밖에는 다소 잡음이 일기 시작했다. 이러한 소란은 밤이 깊어질수록 열기를 더해 갔다. 그리하여 그레이 씨는 집회를 더 계속하지 않는 게 현명하다고 생각했다.

그 때 천막 밖에 모여 있던 사람들 가운데서 커다란 고함소리가 터져 나왔다. 마침내 개표 결과가 발표되기 시작하자 렉탱글 주민들은 모두 하숙집과 판자집과 술집과 도박굴에서 거리로 쏟아져 나왔다. 그러는 동안에도 천막 안의 사람들은 레이첼의 성가를 듣느라고 흩어지지 않았다. 그 날 집회에서는 12명 이상의 개심자가 나왔다. 이윽고 사람들의 마음이 들뜨기 시작하자 그레이 씨는 서둘러 집회를 끝냈다. 그는 사람들이 돌아간 후에도 개심자들과 함께 천막에 남아 있었다.

레이첼, 버지니아, 로린 등 여자들과 롤린 페이지, 웨스트 박사, 마쉬 학장, 맥스웰 목사 등 남자들은 서로 이야기를 나누고 여느 때와 마찬가지로 대기하고 있는 차를 타기 위해 함께 걸어왔다. 그들은 천막을 나서자마자 렉탱글 사람들이 술에 만취되어 있음을 알게 되었다. 또한 좁은 거리에 많이 모인 군중들을 비집고 지나갈 때, 자신들이 수많은 사람들의 눈총의 대상이 되고 있음을 깨닫게 되었다.

"저놈이 저기 있다. 커다란 모자를 쓴 키 큰 놈 말이야! 필시 저놈이 우두머리다!"

하고 누군가가 거친 목소리로 소리쳤다. 마쉬 학장은 키가 크고 풍채가 당당하여 그들 중에서 가장 두드러져 보였다.

"개표 결과는 어찌 되어가고 있소! 결과를 확실히 알기에는 아직 이르지요?"

하고 마쉬 학장이 큰 소리로 묻자, 한 사나이가 대답했다.

"2선거구와 3선거구의 개표 결과에 따르면 주점 불허 쪽의 승리가 거의 확실한가 봐요. 그렇게 되면 술집 지지세력들은 박살나는 겁니다."

"하나님, 감사합니다! 제발 그렇게 되었으면 오죽이나…… 그런데 마쉬 학장님, 여긴 아무래도 위험합니다. 우리가 처해 있는 상황을 이해하시겠지요. 여자들은 안전하게 보호해야겠지요."

하고 맥스웰 목사가 소리쳤다.

"그래요, 그렇게 해야지요."

하고 마쉬 학장이 침통하게 대답하는 순간, 갑자기 돌맹이가 그들에게

150

마구 날아왔다. 그들 앞에 좁은 골목에서 렉탱글의 최악의 불순분자들
을 만났던 것이다.

"이거 안되겠는데. 사태가 매우 심각해 지는걸!"

하고 맥스웰 목사가 중얼거렸다.

맥스웰 목사는 마쉬 학장, 롤린 페이지 그리고 웨스트 박사와 함께
좁은 골목길을 비집고 나가기 위해 필사적인 노력을 기울였고, 버지니
아, 레이첼 그리고 로린이 남자들의 보호를 받으며 뒤따라갔다. 비로
소 그들은 진짜 위험에 처했음을 깨달았다. 렉탱글 주민들은 술에 취
해 있을 뿐만 아니라, 화가 잔뜩 나 있었다. 그들은 마쉬 학장과 맥스
웰 목사를 이번 선거의 우두머리로 생각했다. 그리고 그 두 사람이 그
들의 좋아하는 술집을 없애버릴려는 장본인이라고 생각했다.

"저 콧대 높은 놈들을 없애 버리자!"

날카로운 고함소리가 났다. 마치 남자의 음성이라기 보다 여자의
음성같았다. 잇달아 흙덩이와 돌맹이가 소낙비처럼 쏟아졌다. 그때 갑
자기 롤린 페이지가 레이첼 앞에 뛰어들어 폭도들이 마구 휘두르는
주먹 세례를 가슴에 맞고 있었다. 레이첼은 만일 그가 자기를 보호해
주지 않았다면 온갖 돌맹이와 주먹 세례를 고스란히 자기가 맞아야
했으리라는 것쯤은 금방 알 수 있었다.

경찰은 아직 도착하지 않은 상태였다. 로린이 뭐라고 소리지르며
버지니아 앞으로 달려 들어 그녀를 밀어 옆으로 쓰러지게 했다. 바로
그때였다. 누군가가 창문에서 술병을 던졌던 것이다. 공교롭게도 그
술병이 던져진 창문은 로린이 일 주일 전에 뛰쳐나왔던 바로 그 술집
이었다. 술병은 로린의 얼굴을 강타했고, 그는 의식을 잃은채 땅바닥
에 쓰러졌다. 그것은 너무나도 갑작스런 일이었으므로, 아무도 그 짓
을 저지른 사람의 얼굴을 보지 못했다. 그 순간 버지니아는 몸을 돌려
쓰러진 로린 옆에 무릎을 꿇었다. 그때서야 경찰관들이 그 곳에 도착
했고, 마쉬 학장이 손을 번쩍 치켜 들고는 군중 속에서 마치 동굴 속
에서 나오는 커다란 짐승처럼 울부짖었다.

"그만들 두시요! 당신네들이 사람을 죽였소!"

그러자 군중들의 소란은 조금 조용해졌다.

"그게 정말이오?"

로린의 곁에 무릎을 꿇고 앉아 부축하고 있는 웨스트 박사에게 맥스웰 목사가 물었다.

"죽어가고 있소!"

로린은 두 눈을 뜨고 버지니아를 쳐다보며 살며시 미소를 지었다. 버지니아는 로린의 얼굴에 흐르는 피를 닦아 주고는 허리를 굽혀 그녀의 볼에 입을 맞추었다. 로린은 다시 한번 미소를 짓더니 잠시 후 그녀의 영혼은 천국으로 떠나 버렸다.

이 여인의 죽음은 지금도 술 때문에 죽어가고 있는 수천 명의 죽음 가운데 한 사람에 불과했다. 이 추악한 거리의 죄많은 남녀들아, 이제 물러가라! 이 숭고한 죽음이 그 멍청하고 놀란 너희 무리들 사이로 지나가게 하라! 이 여인도 분명 하나님의 귀한 딸 자식이다! 렉탱글의 주정꾼들은 이 여인의 가슴에 야수의 형상을 남겼다. 이 여인의 창백한 육체 위에 너희들과 전혀 다른 거듭난 영혼의 형상이 찬란히 빛나게 해 주신 예수 그리스도께 감사드리자. 그분은 뭇죄인들을 대신하여 돌아가셨느니라. 물러서라! 이들에게 지나갈 길을 열어 주어라! 이 여인으로 하여금, 흐느끼고 비통해 하는 크리스천들이 따르며 둘러싼 가운데에 경건히 지나가도록 하라. 너희들이 이 여자를 죽였다. 이 술취한 살인자들아! 그리고 그리스도교 국가인 미국이여, 누가 이 여인들 죽였느냐? 뒤로 물러서라! 이미 한 여인이 살해되었다. 이 여인이 누구냐? 로린, 거리의 여인이요 불쌍하고 술에 찌든 죄인이다.

'오, 하나님. 언제까지, 언제까지 이대로 두어야 합니까?'

이 여인은 술집에서 죽였다. 아니 술집을 허가하고 방관해 준 미국의 그리스도교인들이 죽인 살인자다. 언젠가 심판의 날이 오면 로린을 죽인 살인자가 누구인지 반드시 밝혀질 것이다.

제15장
뜻깊은 장례식

나를 따르는 사람은 어두움 속에 다니지 않고
(요한복음 8장 12절 새 번역—역자 주)

로린의 시체는 고급 주택가에 자리잡고 있는 페이지 가문의 저택에 안치되었다. 이른 봄 일요일 아침, 숲과 들에서 이른 봄의 꽃향기를 실어나르는 훈훈한 바람이, 열려있는 창문으로 들어와 작은 잔 위에 잠시 머물다가 커다란 홀의 구석구석까지 은은히 퍼졌다. 교회의 종소리가 울리자 예배를 드리러 가는 동네 사람들은 발걸음을 멈추고 호기심 어린 눈으로 그 저택을 올려다보다가 최근에 너무나 이상스럽게 일어난 레이먼드 시의 역사의 한 페이지를 만든 일련의 사건들에 관해 이야기를 나누면서 교회로 향했다.

제일교회의 헨리 맥스웰 목사는 지난밤에 일어난 사건의 큰 충격을 고스란히 마음에 담고서 엄청나게 모인 사람들 앞에 섰다. 그는 지난밤의 그 뼈에 사무친 체험 때문에 저절로 우러나는 듯한 정열과 힘을 다 쏟아 그 사건에 관해 말했다. 사람들은 예전에 그가 극적인 몸짓과 어조로 설교했을 때 느꼈던 자신감과 똑같은 것을 이번 설교에서도 느꼈다. 그의 인상적인 호소 속에는 슬픔과 비난과 힐책으로 일관되었기 때문에 대부분의 사람들은 심한 자책감을 느끼거나 걷잡을 수 없는 울분을 느껴 얼굴들이 창백해졌다.

그 날 아침, 레이먼드 사람들은 잠자리에서 일어나자마자 도시의 술집이 계속 시에서 주점 허가를 내 주게 되었다는 사실을 알게 되었다. 제2선거구와 제3선거구에서 주점 허가 반대하는 쪽이 승리를 거뒀다는 소문이 렉탱글에 퍼진 것이 판명되었다. 승리는 매우 근소한 차이로 판가름났다는 것은 틀림없는 사실이었다. 그러나 아무리 근소한 차이로 승리했다 해도, 결과적으로는 압도적인 표차로 승리를 한 것이나 다름없는 사실이다. 즉, 레이먼드 시민들은 주점 허가를 1년 더 연장하는 데에 다수의 표를 던졌던 것이다. 레이먼드의 크리스천들은 이로써 군말없이 패하고 만 셈이다. 수백 명의 크리스천이 주점 허가를 주장하는 편에 표를 던졌던 것이다. 만일 레이먼드의 크리스천들이 모두 주점 허가 반대파에 표를 던졌더라면 양상은 술집이 군림하는 지금과 정반대가 되었을 것이다. 사실, 수십 년 동안 레이먼드의 술집들은 번성해 왔다. 그러니까 레이먼드의 술집들이 지배해 온 셈이다. 아무도 그 사실을 부인하지 않을 것이다. 예수님이라면 어떻게 하실까? 그리고 이 여인은 어떤 여인인가? 그녀를 파멸의 구렁텅이로 몰아넣으려고 그토록 애쓰던 바로 그 손에 의해 무참히 살해된 이 여인 말이다. 그 여인을 끌어들여 파멸시키려던 술집들, 더욱이 흉기를 휘둘러 이 여인을 죽인 바로 그 술집이 레이먼드의 크리스천들이 던진 지지표 때문에 제정된 법에 따라 앞으로 1년 더 문을 열게 되었다. 이 술집들이 피비린내 나는 종말을 고하기 전에 과연 얼마나 많은 로린을 더 희생시킬 것인가?

　헨리 맥스웰 목사는 그 주일 아침에 개표 결과에 대한 울분으로 떨리고 갈라진 음성으로, 주일 아침 예배를 드리는 사람들에게 모든 것을 토해 놓았다. 마쉬 학장은 평소의 그 늠름하고 잘생긴 몸집을 곧게 세운 채 자기 자리에 앉아 있었는데, 좀처럼 사람들 앞에서는 감정을 들어내지 않는 성격이었으나 어쩔수 없이 커다란 눈물 방울을 떨어뜨리고 있었다. 단정하고 날카로운 에드워드 노먼 사장도 입술을 깨물면서 앉아 있었지만, 맥스웰 목사의 설교가 진행됨에 따라 입술을 덜덜 떨기도 했다. 또한 자신의 진리에 대한 지식을 뿌리째 뒤흔들어 놓은 격한 감정 때문에 의자의 모서리를 움켜잡고 있었다.

154

지난 한 주 동안 노먼 사장만큼 온갖 희생을 감수하면서까지 시민의 여론에 영향을 주었으며, 그로 인해 큰 고통을 느낀 사람도 없었다. 크리스천들의 양심을 너무 늦게 일깨웠고 또한 너무나 약하게 일깨웠다는 생각이 신문 편집인인 노먼 사장의 가슴에 무거운 죄의식을 가져다 주었다.

'예수님이라면 어떻게 하실까?' 라는 행동 방침에 의해 좀더 일찍이 여론을 선도하셨다면 어떻게 되었을까? 그랬다면 지금쯤 과연 어떤 결과가 나타났을까?

성가대의 일원인 레이첼 윈슬로우는 얼굴을 가슴에 묻고 도저히 억제할 수 없는 강한 충동으로 괴로워하며 앞자리에 앉아 있었다. 그러한 걱정을 안고는 도저히 노래가 될 리가 없었다. 그런데 맥스웰 목사의 설교와 기도가 끝난 다음 일어서서 성가 독창을 하게 되었을 때, 목이 꽉 메어 그녀의 음성은 여러 갈래로 찢어져 그녀는 난생 처음으로 노래를 중단하지 않을 수 없었다. 노래를 중단한 그녀는 흐느끼며 자리에 주저앉고 말았다.

이 뜻밖의 장면으로 교회 안은 한동안 무거운 침묵이 흘렀고 이윽고 여기저기에서 눈물과 흐느낌 소리로 변했다. 그 언제 제일교회가 이토록 눈물의 세례에 흠뻑 젖어 본 적이 있었던가? 질서정연하게 빈틈없이 관습적인 제일교회의 예배 의식, 어떠한 저속한 감정에도 흔들림 없고, 어떠한 어리석은 흥분에도 동요됨이 없던 일사불란한 제일교회 예배 의식이 어쩌다가 이렇게 되었단 말인가? 그러나 최근에 와서 제일교회의 신도들은 매우 깊은 죄의식을 느꼈던 것이다. 신도들은 지금껏 너무 오랫동안 보다 깊은 새 생명의 샘을 거의 잃어버린 채, 표면적인 감정에만 연연하여 살아왔던 것이다. 이제 이들은 그런 감정의 껍질을 벗어버리고 크리스천의 참뜻을 깨닫게 되었던 것이다.

이 날 오전, 맥스웰 목사는 예수님의 발자취를 따르겠다고 서약한 사람들의 모임에 참여할 자원자가 없느냐고 묻지 않았다. 그러나 예배가 끝나고 교육관에 들어섰을 때, 처음 서약한 교인들보다 훨씬 많은 사람들이 모여 기다리고 있음을 한눈에 살필 수 있었다. 성령의 임하심으로 열기에 가득 차 있었으며, 그들은 레이먼드의 술집 지지 세력과의 새로운 전쟁을 시작하여 그 세력을 영구히 없애버리겠다는 강렬하고도 변함없이 결의에 차 있었다.

처음의 자원자들이 예수님의 발자취를 따르기로 서약한 이후, 계속된 이 모임은 참석한 사람들에게 특이한 충동과 감동을 불어넣었다. 오늘 모인 사람들은 술집 지지 세력을 몰아내기 위한 목표를 세워 총력을 기울이는 듯했다. 그것은 뉘우침과 고백과 새롭고 보람찬 시민 생활의 열망으로 얽혀 기도가 끊겼다 이어졌다 하면서 진행되었다. 그리고 한결같이 모두 단결하여 술과 그들의 지지세력과 지독한 저주로부터 구원해 달라고 하나님께 기도했다.

그러나 지난 주에 있었던 사건으로 제일교회가 크게 술렁거리고 있었다면, 렉탱글 역시 그 나름대로 이상스럽게 술렁거렸다. 로린의 죽음 그 자체만으로 그렇게 특이할 만한 사건은 아니었다. 그녀가 특별한 관심의 대상으로 떠오르자 그녀의 죽음을 보통 이상으로 중요시하게 된 것은 그녀가 최근에 시내의 부유층 인사들과 친분을 맺고 있었다는 사실 때문이었다. 렉탱글에 사는 사람들은 지금 모두 로린의 시체가 고급 주택가에 있는 페이지 가문의 저택에 안치되어 있다는 사실을 알고 있었다. 그녀의 관이 얼마나 좋은것인가에 대한 좀 과장된 소문은 이미 재미있는 화제거리로 떠돌고 있었다. 렉탱글 사람들은 장례식이 어떻게 거행될지 자세히 알고 싶어했다.

'장례식은 여러 사람들이 보는 앞에서 공개적으로 치뤄질까? 도대체 미스 페이지는 장례식을 어떤 식으로 치르려 할까?'

렉탱글 사람들의 엉뚱한 발상이긴 하지만 고급 주택가에 사는 부유층의 일에 이렇게 관심을 쏟는 것은 처음이었다. 좀처럼 그럴 만한 기회가 주어지지 않았던 것이다. 그레이 씨 부부는 로린의 친구들과 친지들이 그녀에게 마지막으로 명복을 빌고 싶은데 어떻게 하면 되겠느냐고 묻는 사람들에게 에워 싸여졌다. 그녀는 생전에 아는 사람이 많았고 그들 가운데 많은 사람이, 최근에 개심한 자들의 대부분이 그녀의 친구였기 때문이다. 월요일 오후, 천막 앞 공터에서 많은 사람들이 지켜보는 가운데 로린의 장례식을 치르게 되었다. 그레이 씨가 버지니아의 집을 방문해 그녀와 맥스웰 목사와 함께 상의한 후에 그렇게 하기로 합의했던 것이다.

"저는 그 전이나 지금이나 많은 사람들이 몰려들어 떠들어대는 장례식은 반대랍니다. 그러나 로린을 아는 가난한 사람들의 청이 하도 간곡하여 그녀가 마지막 가는 모습을 보고 작은 성의나마 명복을 빌고자 하는 그들의 소망을 저버릴 수 없었어요. 목사님께서는 어떻게 생각하십니까? 저는 이 문제에 있어서는 목사님이 결정하시는 대로 따르겠습니다. 목사님과 미스 페이지의 판단이라면 뭐든지 정당할 테니까요."

하고 그레이 씨가 의견을 말했다. 그의 한결같은 순수성이야말로 힘의 위대한 원천이었다.

"물론 저도 당신과 같은 느낌입니다. 그런 장례식을 전시효과를 노리는 식으로 거행한다는 것은 나도 질색이랍니다. 하지만 이번 장례식은 좀 다릅니다. 만일 여기서 장례식을 치른다면 렉탱글 사람들이 이리로 와서 장례식에 참석하지는 않을 것입니다. 그들이 천막에서 치르는 장례식에 참석하도록 하는 것이 가장 크리스천다운 처사라고 생각됩니다. 버지니아 양도 그렇게 생각하십니까?"

"네, 그렇습니다, 불쌍한 영혼! 로린이 나의 생명을 구하려다 자기 목숨을 바쳤다는 사실 이외에는 아무 생각도 나지 않습니다. 이번 장례식을 천박하게 전시효과를 노려 거행한다는 것은 절대로 있을 수 없는 일입니다. 또한 있어서도 안되지요. 로린의 친구들 소원대로 그녀의 명복을 빌게 했으면 해요. 거기에서 장례식을 치뤄도 아무 불상사도 없을 거예요."

그리하여 천막에서 장례식을 치르는데 대한 합의가 이루어졌다. 버지니아, 웨스트 박사, 롤린, 맥스웰 목사, 마쉬 학장, 그리고 제일교회의 성가대가 그 천막으로 왔으며, 그들의 생애에 기이한 행사의 증인이 되었고 **특별한 장례식**을 치뤘다.

그 날 오후, 우연히 한 명의 기자가 이웃 도시에서 개최되는 신문편집자회의에 참석하기 위해 레이먼드를 지나가게 되었다. 그 기자는 천막에서 장례식이 거행된다는 소문을 듣고 찾아왔다. 다음날 신문에 게재된 기사는 박진감 넘치는 특집으로 많은 독자들의 시선을 끌었다. 그가 쓴 기사는 레이먼드 시의 역사에 남을 만한 것으로서 그 기사 중 일부를 여기에 옮긴다.

렉탱글이라고 알려진 무척 지저분하고 타락한 빈민촌에 자리잡고 있는 전도사 그레이 씨의 초라한 천막에서 어제 오후 아주 보기 드문 특이한 장례식이 거행되었다. 그것은 지난 토요일 밤에 있었던 선거 소요에서 희생된 한 여인의 장례식이었다. 고인은 아마도 최근에 그 전도사의 집회에서 회개한 여인으로 알려졌으며 지난 토요일 밤 집회를 마치고 다른 개심자 몇 명과 어울려 돌아가다가 살해되었다고 한다. 고인은 생존시 개심하기 전까지만 해도 그저 평범한 술집 창녀였다고 한다. 그러나 천막에서 거행된 그녀의 장례식은 지금까지 그 어느 유명한 사람의 장례식 못지않게 감동적이었다. 무엇보다 인상적인 것은 훈련된 성가대가 부른 절묘한 찬송가이었다. 그런 훌륭한 찬송가는 큰 교회나 음악회에서나 볼 수 있는 것인데, 이런 빈민촌의 천막에서 치르는 장례식에서 듣게 되었으니, 한 사람의 불청객에 지나지 않는 기자에게는 정말 충격이었고 놀라움이었다. 그러나 무엇보다 특이할 만한 것은 뛰어나게 아름다운 처녀, 윈슬로우 양이 부른 독창이었다. 기자가 알기로는 윈슬로우 양은 국립 오페라단 단장인 크랜델 씨로부터 입단 권유를 받은 젊은 여가수인데 어떤 사유에서인지 그녀는 입단을 거절했다는 것이다. 그녀의 노래하는 자세는 경이적이었다. 그러나 찬송가의 일절도 부르기 전에 거기에 모인 사람들을 숨죽여 흐느끼도록 했다. 장례식에서의 조가는 특별한 감성을 불러일으킨다는 것은 별로 특이한 일이 아니었으나, 그녀의 뛰어난 음성 자체는 수만 명에 하나 있을까 말까 한 것이었다.

윈슬로우 양은 현재 레이먼드 제일교회에서 성가를 부르고 있으며, 기자가 알기로는 그 계통의 어떤 가수보다도 많은 보수를 받을 수 있을 것 같았으며, 그녀는 곧 유명해질 것이다. 그와 같은 목소리는 어디에서 부르든 인정을 받게 될 것이다.

원슬로우 양의 노래 이외에 장례식의 다른 순서도 특이하였다. 무뚝뚝하고 단순한 성품의 전도사가 몇 마디 개회사를 말하고 나자, 이번에는 아주 깔끔한 레이먼드 제일교회의 헨리 맥스웰 목사가 일어섰다. 맥스웰 목사는 고인이 이미 이 세상을 떠날 만반의 준비를 완료하고 있었음은 사실로 말했다. 그런데 그가 특별히 힘주어 한 말은 주류 사업체가 고인과 비슷한 남녀에게 미치는 악영향에 대해서였다. 물론, 레이먼드라는 도시는 철도 교통의 요지이고 주변 지역 생산품의 집산지로, 가는 곳마다 술집이 많았다. 기자는 목사의 조사에서 그가 최근에 주점 허가에 대한 자신의 생각을 바꾸었다는 것을 알았다. 그가 분명히 술집 허가 철폐에 대해 상당히 강경한 발언을 했는데도 불구하고 그것이 장례식에 아주 걸맞았다.

그 다음에 장례식에서 있었던 가장 특이한 순서가 이어졌다. 천막 안에 자리잡고 있던 여인들이 부드럽고 떨리는 목소리로 '양떼를 떠나서'라는 찬송가가 계속 되는 동안 앉아 있던 여인들이 한 줄씩 일어나더니 한 명씩 차례로 관 옆을 지나가면서 조용히 관 위에 꽃을 한 송이씩 얹어놓는 것이었다. 그 여인들이 제자리로 돌아와 앉자 다른 한 줄이 일어나서 역시 그렇게 하는 것이었다. 이 순서가 끝날 때까지, 마치 바람이 잔잔히 부는 날 천막 지붕에 촉촉히 내리는 가랑비처럼, 노래가 차분히 이어졌다. 그것은 기자가 지금까지 목격한 장면 중에서도 가장 단순하면서도 감명 깊은 장면이었다. 천막의 둘레막이가 말아올려졌으며, 천막 안에 들어오지 못한 수백 명의 사람들이 바깥에서 죽은 듯이 조용히 있었다. 그들의 옷차림과는 전혀 어울리지 않게 슬프고도 엄숙하게 이어졌다. 장례식에 백여 명의 여인들이 참석했는데, 그 중 대부분이 최근에 이 천막 집회에 나오기까지 개심했다는 것이다. 이들이 부른 찬송가가 준 감동은 표현할 길이 없다. 남자는 아무도 찬송가를 부르지 않았다. 너

무나 부드러우며 차분하여 이 여인들의 합창은 놀랄 만한 감동을
자아냈던 것이다.

장례식의 순서는 윈슬로우 양이 부르는 '양 아흔아홉 마리'라는
찬송가를 독창으로 불렀고, 다음 전도사 그레이 씨가 모든 사람들
에게 머리를 숙이고 기도하자고 했다. 기자는 기차 시간이 임박해
부득이 기도 도중에 그 곳을 떠나지 않을 수 없었다. 기차가 철도
공작소 옆을 지날 때 그 장례식 광경을 마지막으로 볼 수 있었다.
많은 군중들이 천막에서 나와 여섯 명의 여인들에 의해 운구되고
있는 관을 뒤따르고 있었다. 이 비정한 나라에서 그토록 감명 깊은
장면을 목격한 것은 실로 오랫만의 일이었다.

로린의 장례식이 이 기자와 같은 낯선 나그네에게 이처럼 인상적이
었다면, 그녀의 삶과 죽음에 밀접한 관련이 있는 사람들에게는 얼마나
깊은 감동을 주었는지 상상하고도 남음이 있을 것이다.

그 관 속에 누워있는 로린의 시체만큼 사람들에게 깊은 감동과 충
격을 준 것은 아직까지 없는 일이다. 그리고 성령께서는 그 무감각한
시신이 그런식으로 역사하도록 특별한 권능으로 은총을 내리신 듯했
다. 그 날 밤 성령께서는 수십 명의 길 잃은 영혼을 선한 목자의 품
안으로 인도해 주셨던 것이다.

여기에서 한 가지 말해 둘 것이 있다. 맥스웰 목사는 누군가 창문
으로 술병을 던져 로린을 죽게 한 그 술집에 대해서는 영업정지를 내
려야 한다고 강경히 주장했으며, 또 그의 주장이 제대로 실현되는 듯
했다. 경찰에서는 살인자를 색출하기 위해 수사를 하는 동안인 월요일
과 화요일 이틀 동안 술집은 정식으로 폐업했었다. 그러나 그 술집의
어느 누구도 혐의가 없음이 판명되자, 사건이 일어난지 만 일 주일도
되기 전에 술집들은 예전처럼 정상 영업을 하고 있었다.

그러므로 이 세상의 재판관들은 로린을 죽인 살인죄에 대하여 그
어느 누구도 끝내 처벌하지 못하고 말았던 것이다.

제 16장
구원과 봉사

렉탱글을 포함한 레이먼드 시의 어떤 사람도 로린의 죽음을 버지니 아만큼 가슴 아프게 여긴 사람은 없었을 것이다. 그녀의 죽음이 마치 자기의 분신을 잃어버린 것처럼 가슴아프게 느꼈다. 비록 짧은 기간이 었지만 로린이 자기 집에 머물러 있을 때, 버지니아의 마음이 새로운 삶을 향해 활짝 열려 있었던 것이다. 장례식 다음 날, 버지니아는 이 문제를 놓고 레이첼과 상의했다. 두 처녀는 페이지 가문의 저택 응접 실에 앉아 있었다.

"나는 남은 재산으로 윤락 여성들의 생활 개선을 위해 뭔가 해 볼 까 해."

버지니아는 어제까지 로린의 시신이 안치되어 있던 한쪽 구석을 응 시하면서 말했다.

"나는 한 가지 그럴 듯한 계획을 실천해 보기로 했어. 오빠와 여러 가지 의논해 봤지. 오빠도 그 계획에 많은 돈을 내놓기로 했지."

"버지니아, 너는 그 일에 얼마나 투자할 생각이니?"

레이첼은 갑작스럽게 물었다. 그 전까지만 해도 그런 개인적 질문 을 삼가려 했다. 그러나 지금은 이 세상의 모든 재물이 하나님의 것이 라는 신념을 갖게 되자, 돈에 대한 이야기도 자연스럽게 잘 나오는 것

같아 솔직한 심정으로 물었다.

"최소한 45만 달러는 이 계획을 위해 투자할 수 있어. 오빠는 훨씬 더 많아. 오빠가 그동안 가슴 아프게 후회하는 것은, 개심하기 전의 호화스런 생활 습관 때문에 아버지께서 자기에게 상속한 재산 중 절반 가량을 헛되이 손해 봤다는 것이래. 오빠와 나는, '예수님이라면 이 돈으로 어떻게 활용 하실까' 라는 기준에 따라 보상책을 강구하려고 노력하는데, 무엇보다도 이 질문에 정직하고도 슬기롭게 응답하고자 해. 내가 데일리 뉴스에 자금을 지원하기로 한 것은 분명히 예수님이라도 그렇게 하시리라고 믿기 때문이야. 특히 우리 그리스도교 신자들이 술집의 영향력에 대처해야 하는 오늘날에는 교회에도 대학과 마찬가지로 그리스도교 계통의 일간 신문도 필요해. 그래서 그 50만 달러를 노먼 사장이 제대로 활용할 수 있다면, 이 레이먼드에서 예수님의 발자취를 따르게 하는 강력한 요인들이 만들어질 거야. 이봐 레이첼. 나에게는 또 다른 계획이 있는데 말이야. 아무래도 네가 참여해 줘야겠어. 오빠와 나는 렉탱글 구역의 땅을 좀 사들일 작정이라구. 지금 천막이 있는 그 땅이 몇 년째 소송에 걸려 있어. 법원에서 판결이 나는 대로 그 곳을 전부 매입하는 거야. 나는 얼마동안 빈민촌에서 실시되고 있는 선교사업과 교회 사회사업에 관하여 여러 가지 형태로 연구 조사를 했어. 이 레이먼드 시에서 할 수 있는 가장 바람직하고 효과적인 사회사업이 뭣인지 구체적으로 말할 수는 없지만, 이것만은 확실히 알고 있지. 하나님께서 내게 쓰라고 맡겨 주신 돈으로 말야. 아무튼 그 돈으로 셋집을 짓고 가난한 여성의 집, 여공의 집, 그리고 로린과 같은 거리의 윤락 여성들을 위한 직업안정소 등을 세울 수 있다고 생각해. 나는 단순이 돈만 대는 사람으로 뒷전에 있고 싶진 않아. 기어코 나는 큰 일을 해 낼 거야. 나는 일을 하기 위해 뛰어들고 싶단 말이야. 그런데 너도 알겠지만 아무리 많은 돈을 투자하고 희생적인 봉사를 해도 이 레이먼드에 술집이 건재해 있는 한 이 도시의 추악한 모습은 개선되지 않을 거야. 어떠한 그리스도교 사회사업 단체가 어떤 대도시에서 활약해도 마찬가지야. 그러니까 술집은 각종 선교 사업 단체가 죄악의 씨앗을 제거할 수 있는 속도보다 몇 배나 빠르게 그런 씨앗을 심고 가꾼단 말이야."

버지니아는 이렇게 말하고 갑자기 일어서서 홀을 서성거렸다. 레이 첼은 슬프지만 희망에 들떠 차분한 음성으로 대답했다.

"네 말이 옳아, 하지만 그 재산으로 그토록 훌륭한 사업을 할 수 있다니 얼마나 좋은 일일까! 그러면 이 도시에서 술집이 언제까지 남아 있을 순 없어. 레이먼드를 크리스천 세력이 장악할 날이 반드시 오고야 말테니까."

버지니아는 레이첼 곁으로 다가와 걸음을 멈추고 창백하고 진지한 얼굴로 말했다.

"나도 그렇게 될 거라고 믿어. 예수님의 발자취를 따르겠다고 서약하는 사람들이 점점 늘어나고 있어. 레이먼드 시에 이런 서약자들이 5백 명만 되는 날에는 술집의 운명은 끝장이야. 하지만, 지금은 렉탱글의 사람들의 마음을 바로잡는 당면 과제를 네가 맡는 일을 검토해 줬으면 해. 네 목소리에는 어떤 힘이 담겨 있어. 요즘 여러 가지 아이디어가 떠올랐는데, 그 중에는 이런 것도 있지. 네가 앞장 서서 청소년을 모아 음악 학원을 만들고 그 아이들에게 음악을 가르쳐 주는 거야. 아직은 거칠지만 앞으로 다듬으면 훌륭한 소리로 들릴 거야. 어제 그 곳 여자들이 부르는 찬송가를 들어 봤겠지? 오르간이라든가 돈으로 구입할 수 있는 각종 악기는 최고급으로 마련해 줄게. 그 곳 사람들을 보다 고상하고 수순한 생활을 할 수 있도록 유도하는데 음악보다 더 좋은 것은 없을 거야."

버지니아의 말이 끝나기도 전에 레이첼은 평생을 걸고 할 수 있는 사업이 생겼구나 하는 생각으로 마음이 밝아졌다. 그런 생각이 홍수처럼 그녀의 심장에 소용돌이쳤고 너무나 감격한 나머지 눈물이 두 볼을 타고 흘러내렸다. 바로 그 일이야말로 그녀가 평소에 간절히 소망해 온 것이 아닌가! 또한 그것은 그녀가 자기의 음악적 재능을 발휘해 나갈 수 있는 멋진 기회이기도 했다.

레이첼은 감격한듯 자리에서 벌떡 일어나 두 팔로 버지니아를 껴안았다. 자신들의 정열에 도취된 두 처녀는 가만히 있지 못하고 홀을 서성거렸다. 레이첼이 큰 소리로 외쳤다.

"정말 기쁘고 고맙구나! 기꺼이 내 일생을 바쳐 그 일을 할 거야. 예수님께서 그런 일을 하면서 살아가라고 내게 명령하셨으니까. 버지니아, 아마 우리가 하나님께 헌납한 돈이라는 지렛대를 이용하여 만사를 움직여 나간다면 무슨 기적인들 못 이루겠니?"

"지금 이처럼 하나님께 바친 열성이 그토록 사무치니 정말 기적 같은 일을 해 낼 수 있을 거야."

버저니아의 이 말에 레이첼이 대꾸하려는데 마침 롤린이 들어왔다. 롤린은 잠시 망설이다가 홀을 지나 서재 쪽으로 가려고 했는데, 그 때 버지니아가 그를 불러 세우고 그가 하려는 일에 관해 몇 가지 물어 보았다.

롤린은 다시 돌아와 의자에 앉았다. 그리하여 셋은 함께 앞으로의 계획을 논의하였다. 롤린은 자기 여동생이 동석해 있는 탓인지 불안해지거나 초조해 하는 기색이 조금도 없었다. 다만 레이첼에 대한 그의 태도는 냉담하진 않았으나 좀 딱딱한 편이었다.

그녀와의 불쾌했던 과거의 관계는 롤린이 경이적인 개심을 함으로써 모두 거기에 빨려들어가 버린 듯했다. 그가 지난 번 레이첼과의 사건을 잊을 리가 없겠지만, 지금은 새로운 삶의 목표를 향해 몰두해 있는 듯했다. 잠시 후 누군가 롤린을 찾는 사람이 있어 그가 밖으로 나간 후에도 레이첼과 버지니아는 다른 일들에 관해 이야기를 나누기 시작했다.

"그건 그렇고, 요즘 야스퍼 체이스는 어떻게 지내고 있을까?"

버지니아는 지나가는 말로 물었으나 레이첼은 아무 대꾸도 못하고 얼굴만 붉혔다. 그러자 버지니아가 미소를 지으며 말을 이었다.

"또 다른 글을 쓰고 있겠지. 레이첼, 그가 이번에 쓴 글에서도 너를 끌어들이는 게 아닐까? 너도 알다시피, 그가 처음 쓴 글에 너를 여주인공으로 끌어들이지 않았나 하는 생각이 자꾸 들었단다."

레이첼은 친구인 그녀들 사이에 언제나처럼 솔직하게 털어 놓았다.

"버지니아, 언젠가 밤에 야스퍼 체이스가 내게…… 말하자면 프로포즈 했어…… 그의 말이……"

레이첼은 말을 중단하더니 두 손을 무릎 위에 놓고 앉았다. 그녀의 두 눈에는 눈물이 흐르고 있었다.

"버지니아, 난 얼마 전까지만 해도 내가 그를 사랑하는 것으로 생각했었지. 그러나 나는 하고 싶은 말을 다했고 그를 거절해 버렸어. 그 후에는 한 번도 못 봤어. 그게 바로 렉탱글에서 처음으로 개심자가 생겼던 그 날 밤의 일이었어."

"난 네가 잘했다고 생각해."

"아니, 뭐가 잘 했다는 거냐?"

레이첼은 멈칫 놀라면서 물었다.

"왜냐하면 난 야스퍼 체이스가 한 번도 좋아보인 적이 없었으니까. 그는 너무 차가워. 그리고 그를 비판하고 싶지는 않지만, 나는 그가 다른 사람들과 함께 예수님의 발자취를 따르겠다고 서약할 때부터 줄곧 그의 진실성을 의심해 왔어."

레이첼은 버지니아를 찬찬히 바라보면서 입을 열었다.

"난 아직껏 한 번도 그에게 내 진심을 털어 보여준 적이 없어. 다만 그는 작품을 통해 내게 감동을 느끼게 했고, 또 나는 그의 작가로서의 재능을 존경해 왔어. 만일 그가 그날 밤이 아니고, 다른 때에 나에게 프로포즈해 왔다면 나도 그를 사랑한다고 쉽게 말했을 거야. 그러나 지금은 그렇지 않아."

레이첼은 갑자기 말을 중단하더니, 버지니아를 쳐다보았다. 그녀의 얼굴에는 눈물이 흐르고 있었다. 버지니아는 그녀에게 다가가서 부드럽게 감싸안았다.

레이첼이 돌아간 다음 버지니아는 혼자 홀에 앉아 방금 레이첼이 보여 준 태도를 곰곰히 생각해 보았다. 레이첼의 태도로 보아 뭔가 더 이야기 할 것이 있는 듯했다. 그러나 레이첼이 끝내 그 말을 실토하지 않고 돌아가 버린 것에 대해 조금도 서운해 하지 않았다. 버지니아는 레이첼을 이해할 수 있을것 같았다.

롤린은 금방 돌아왔다. 그리고 그와 버지니아는 최근에 익숙해진 몸짓으로 서로 팔장을 낀 채 넓은 홀을 왔다갔다 했다. 이러한 것이 두 사람의 습관처럼 되어 있었다. 그들의 주고받는 대화는 자연스럽게 레이첼에까지 옮겨졌다. 왜냐하면 지금 버지니아가 렉탱글의 토지를 구입할 계획이 레이첼과 관련이 있었기 때문이다.

"오빠, 레이첼처럼 천부적인 성악 재능을 가지고 렉탱글의 빈민을 위해 자기의 전 생애를 바쳐 봉사하겠다고 나서는 여자가 어디 있겠어요? 레이첼은 지금 학생들 몇명을 모아 개인 지도를 해서 생계를 해결하고, 나머지 시간을 렉탱글 빈민들에게 봉사할 생각이래요."

"그런 각오야말로 바로 자기 희생의 훌륭한 모범이 되겠지."

롤린은 약간 굳은 어투로 대답했다. 버지니아는 자기 오빠를 날카로운 시선으로 쳐다보며 5, 6명의 유명한 오페라 가수들의 이름을 들먹이며 물었다.

"하지만, 좀 별난 모범이라기 보다 특별한 예라고는 생각지 않아요? 오빠, 이 사람들을 예로 들어봐요. 과연 그런 가수들이 감히 그런 일을 하려 할까요?"

"아니, 그렇게 하진 않을거야."
하고 짤막하게 대답하고 나서, 롤린은 언젠가 버지니아에게 렉탱글로 데리고 가 달라고 애걸한 빨간 양산을 가진 처녀 이름을 들먹이면서 절대로 그 처녀도 그런 일을 하지 않을 것이라고 했다.

"그 클럽 회장이라는 청년 있잖아요. 그 청년도 오빠가 하시는 일은 절대로 하지 않을 거예요."

두 사람은 한동안 말없이 홀의 벽을 따라 걸었다. 이윽고 버지니아가 진지한 얼굴로 입을 열었다.

"오빠, 제발 예전처럼 레이첼을 좀 생각해 줘요. 왜 레이첼에게 그렇게 딱딱하게 대하는 거예요? 내가 보기에는 오빠, 혹시 내 말에 마음이 언짢아도 용서하세요. 레이첼은 오빠의 그런 태도에 마음이 상했나 봐요. 좀더 편한 말로 대해 줘요. 레이첼은 오빠의 그런 태도 변화를 좋아하지 않는 것 같았어요."

롤린은 걷던 걸음을 갑자기 멈추었다. 마음이 굉장히 설레이는 눈치였다.

그는 버지니아의 팔에서 자기 손을 뽑고는 혼자 넓은 홀 끝까지 걸어갔다가 다시 돌아서서 버지니아가 있는 곳으로 다가와 멈춰 섰다.

"버지니아, 넌 나와 레이첼 사이에 무슨 일이 있었는지 모르는 모양이구나?"

버지니아는 당황한듯 눈을 휘둥그렇게 뜨고 자기 오빠를 바라보았다. 뭔가 낌새를 알아챘다는 듯이 그녀의 얼굴에 묘한 기색이 스치고 지나갔다.

롤린은 냉정을 되찾고 차분하게 말을 계속했다.

"나는 지금까지 레이첼 윈슬로우 말고는 그 누구도 사랑한 적이 없어. 레이첼이 우리 집에 와서 오페라단 입단 초청을 거절하겠다고 처음 얘기 하던 날, 나는 그녀를 따라가 구혼했었지. 그것도 한길가에서 말이다. 내가 생각했던 대로 그녀는 거절했었지. 거절 이유는 내가 인생의 삶에 목표가 없다는 것이었지. 또 사실 그때는 그랬었지. 지금은 내게도 목표가 있고, 난 완전히 새 사람이 되었지. 너도 생각해 봐. 내가 이런 말을 하다니 정말 꿈만 같구나! 나는 레이첼이 부른 성가 덕분에 개심하게 되었어. 그런데 말이야, 그 날 밤 그녀가 노래를 부르는 동안 그녀의 목소리가 바로 하나님의 메시지인 것 같았어. 그녀에 대한 나의 사랑이 하나님과 구세주에 대한 내 사랑으로 승화되었다고 나는 생각했었지, 지금도 나는 그녀를 사랑하고 있어. 하지만 그녀가 나를 사랑하리라고는 생각지 않아."

롤린은 입을 다물고 있다가 다시 감동적인 미소를 띤 채 누이를 물끄럼이 바라보았다.

'알다가도 모르겠는 걸.'

하고 버지니아는 마음 속으로 말했다.

그녀는 자기 오빠의 순수한 얼굴을 유심히 살펴보았다. 방탕기가 말끔히 사라진 얼굴이었다. 굳게 다문 입술은 남자다움과 용기를 나타냈으며, 그녀를 쳐다보는 맑은 눈동자에는 검은 그림자가 조금도 섞여 있지 않았다.

'우리 오빠는 이제 흠없는 어엿한 귀공자가 되었구나. 조만간 레이첼이 우리 오빠를 사랑하지 않을 수 없을 거야. 두 사람은 썩 잘 어울리는 한 쌍이 될거야. 특히, 이 두 사람은 인생 목표가 똑같이 그리스도교적 동기에 의해 실현되어 가고 있으니까 말이야.'

버지니아는 이런 자기의 생각을 자기 오빠에게 모두 털어놓았다. 그러나 롤린은 누이의 말이 별로 큰 위안이 되지 않았다. 오빠와의 대화가 끝나자, 버지니아는 자기 오빠가 지금 하고 있는 일과 그 태도에 큰 감명을 받았다. 즉, 롤린은 이미 자기가 선택한 일을 해 나가고 있었다. 그것은 클럽에 나가 그 곳에 묶여 있는 건달 청년들을 선도하는 일이었다. 그렇다 해서 레이첼을 피하지도 않았고 또 그녀를 만날 구실을 만들려고 애쓰지도 않았다.

그는 아직도 자기의 감정을 조절하는 것에 자신이 없었다. 그리고 버지니아가 짐작한 것은, 오빠가 자기의 사랑은 변함이 없다고 레이첼에게 고백할 때 또다시 거절을 당하지 않을까 하는 두려움을 미처 떨치지 못하고 있다는 사실이었다.

제 17장
주님과의 약속

이튿날 버지니아는 에드워드 노먼 사장을 만나 새로 설립되는 신문사의 일을 구체적으로 의논하기 위해 데일리 뉴스 사장실로 갔다. 그 자리에는 맥스웰 목사도 회의에 함께 참석했다. 그리하여 그들 세 사람이 합의한 사항은, 예수님이 신문 편집인으로서 매사를 처리하실 경우에도, 세상을 구원하신 구세주로서 당신의 행동 규범이 되는 일반 원칙을 그대로 따르자는 것이었다.

"예수님이 신문 편집인이라면 하실 것으로 여겨지는 몇 가지 구체적인 사항을 조목조목 적어 보았습니다."

이렇게 말한 에드워드 노먼 사장은 책상 위의 종이에 적힌 내용을 설명하기 시작했다. 맥스웰 목사는, '예수님이라면 어떻게 하실까?'에 대한 자기의 생각을 정리해서 종이에 적어 본 체험과 밀턴 라이트 씨도 자기 사업에 적용하기 위해 그런 작업을 해 보았다는 것이 새삼스럽게 머리에 떠올랐다.

"제목은 '예수님께서 레이먼드의 한 일간지 발행인 겸 편집인인 에드워드 노먼의 입장이라면 어떻게 하실까?' 입니다. 첫번째, 예수님이라면 저속하거나 불미스럽거나 불순하다고 할 수 있는 기사는 한 줄도 쓰지 않고, 그런 사진도 절대 싣지 않을 것입니다. 두번째, 그분이라면 정치 기사를 어느 한 쪽으로 치우치지 않는 애국심의 견해에서 다루어 나가실 것입니다. 그러므로 모든 정치 문제를 하나님의 나라에 어떻게 관련되 있는가를 평가 기준으로 삼고, 제반 정책을 국민 복지를 생각해서 지지할 것입니다. 이렇게 하시자면 언제나 '무엇이 옳은가'의 기준에 따라 지지하실 것이며, 결코 '어느 편이 유리한가?'의 기준에 따르지 않으실 것입니다. 다시 말해서 모든 정치적인 문제들을 그밖의 다른 일을 처리하실 때와 마찬가지로 지상에서 하나님의 왕국을 실현한다는 관점에서 다루어 나가실 것입니다."

에드워드 노먼 사장은 읽던 것을 멈추고 고개를 들어 사방을 훑어본 다음 다시 말을 이었다.

"이것은 예수님이 편집인이라면 제반 정치 문제도 다른 모든 문제를 다룰 때와 마찬가지로 이 땅에 하나님의 나라를 실현한다는 견해에서 다루실 것입니다. 이 두번째 조항은 예수님이라면 일간지의 정치 기사를 이렇게 다루실 것이라는 것이 나의 의견이라는 점을 이해해 주시기 바랍니다. 이와 같이 나와 견해를 달리하는 타신문 편집인들을 비판하려는 의도는 조금도 없습니다. 나는 그저 '예수님이 이 에드워드 노먼의 입장이라면 어떻게 하실까?' 라는 질문에 제 나름대로 솔직하게 대답을 해 보려고 할 따름입니다. 그래서 내가 찾아낸 대답을 이 종이에 적어 보았습니다."

그리고는 에드워드 노먼 사장은 숨을 몰아쉰 다음 다시 말을 계속했다.

"세번째, 예수님이 발행하시는 일간지의 목적과 목표는 하나님의 뜻에 부합될 것입니다. 즉, 예수님께서 신문사를 운영하시는 목적은 돈을 번다든가 정치적 영향력을 행사하는 데 있지 않고, 당신의 신문을 통해 무엇보다도 우선 하나님의 나라를 실현하려 한다는 것을 모든 독자들에게 명확히 이해시키는 데 있을 것입니다. 이러한 목적은 다른 분야의 그리스도교 사업에서 목사나 선교사 또는 비이기적인 순교자가 말하는 목적과 마찬가지로 분명하고 의문의 여지가 없어야 할 것입니다. 네번째, 그분이라면 비그리스도교적인 의혹을 살 만한 광고는 일체 게재하지 않으실 것입니다. 다섯번째, 그분이라면 당신과 고용인들과의 관계가 가장 우호적인 것이어야 합니다. 여기서 내 의견을 말씀드리자면, 예수님이라면 아마 모든 사원들이 한 가지 공통된 목적을 세우고 할 수 있는 주식회사 형태를 갖추실 것입니다."

여기에서 에드워드 노먼 사장은 여러 사람을 둘러보고 말을 다시 이었다.

"나는 현재 이런 계획을 하고 있으니, 꼭 성공하리라고 확신하는 바입니다. 어쨌든 이러한 사랑의 요소를 신문사에 주입시키고, 어느 특정인이나 회사의 이익만을 위해 일한다는 이기적인 원칙을 없애고 나면, 신문을 잘 이끌고 가기 위해 온갖 헌신을 다하는 편집기자들 외에 직원들 및 모든 근로자들 사이에는 가장 바람직한 사랑의 인간관계가 성립될 것입니다. 그리고 이러한 인간관계는 신문사에 대한 개인적인 사항이나 공감뿐만 아니라, 이익의 분배라는 형태로 나타나게 될 것입니다. 여섯번째, 예수님이 일간지의 편집인이시라면 세계 복음화 사업에 지면을 할애하실 것입니다. 그분이라면 한 면을 특별히 할애하여 그리스도교 개혁, 각종 사회문제, 교회 자선사업 및 이와 유사한 운동의 제반 사실을 다루어 나가실 것입니다. 일곱번째, 그분이라면 술집을 인류의 적이요 인류 문명의 불필요한 오점으로 단정하고 당신의 권능과 당신의 신문을 총동원하여 술집을 없애기 위해 투쟁하실 것입니다. 그리고 이 문제에 대한 대중의 여론은 물론, 신문 독자의 수가 대폭 줄어도 그 투쟁을 계속 해 나갈 것입니다. 또한 나와 의견을 달리하는 신문 편집인들을 심판하고자 하는 의도는 추호도 없답니다. 그러나 내가 예수님의 뜻을 헤아리지만, 그분이라면 당신 신문의 영향력을 이용하여 이 나라의 정치, 사회 생활에서 술집을 쓸어 버리실 것으로 확신합니다."

에드워드 노먼 사장은 주위의 이해를 구하는듯 얼굴들을 살펴보고 차분하게 자기 소신을 밝혔다.

"여덟번째, 예수님이라면 일요판을 발간하지 않으실 것입니다. 아홉번째, 그분이라면 꼭 알아야 할 세계 뉴스를 게재하실 것입니다. 사람

들이 알아야 할 필요가 없고, 또한 신문에 게재하지 않으실 기사 중에
는 잔인한 프로 권투 기사, 범죄 사건의 불필요한 심층 취재기사, 개
인의 사생활, 스캔들, 그리고 앞에서 언급한 첫번째 조항에 위배되는
모든 기사가 포함되어 있습니다. 열번째, 만일 예수님이 신문에 투자
할 만한 돈을 가지고 계신다면, 기사의 기고로 당신을 협력할 그리스
도교인 집필가를 확보하는 데 그 돈을 투자하실 것입니다. 이렇게 하
려는 것이 내가 세운 목표입니다. 이에 관한 상세한 계획을 며칠 내로
보여 드릴 것입니다. 열한번째, 데일리 뉴스가 위와 같이 확정된 계획
에 따라 업무를 추진하는 데 있어 어떠한 운영 세칙이 요구되더라도,
이 신문이 준수해야 할 원칙은 이 세상에 하나님의 나라를 세운다는
데 있습니다. 필요한 경우, 모든 운영 세칙은 최고 원칙에 준하여야
할 것입니다."

에드워드 노먼 사장은 자기의 계획에 대한 설명을 마치고 뭔가 깊
이 생각하고 다시 입을 열었다.

"지금까지 기본적인 골자만 말씀드렸습니다. 과거에는 미처 생각지
못했던, 신문을 만들기 위해 이제껏 구체화시키지 못한 수백 가지 아
이디어가 떠오르더군요. 방금 말씀드린 것은 제안 사항에 지나지 않습
니다. 나는 이 문제에 대해 다른 신문인들과 의논해 보았습니다. 어떤
친구는 내게 나약하고 감상적인 주일학교 신문을 찍어 낼 수 밖에 없
다고 공박하는 사람도 있답니다. 그런데 내가 주일학교와 같은 것을
창출할 수 있다면 그것으로 충분하지요. 사람들은 맥빠지고 유약한 것
을 이야기하려면 으레 주일학교를 들먹이는 데 그 까닭을 알 수가 없
군요. 현실과 같이 미국에서 주일학교가 문화 발전에 큰 영향을 끼쳤
음은 우리 모두가 주지해야 할 사실입니다. 그런데 신문은 그것이 좋
다고 해서 반드시 미약해지지는 않을 것입니다. 좋은 것은 나쁜 것보
다 훨씬 강하기 때문입니다.

내가 지닌 의문점은 과연 레이먼드의 그리스도교인들이 한마음 한
뜻으로 데일리 뉴스를 지원해 줄 것인가 하는 문제입니다. 현재 이 레
이먼드에는 2만 명 가량의 그리스도교인들이 살고 있습니다. 그들 중

과반수가 데일리 뉴스편을 들어 준다 해도 이 신문의 회생은 확실합니다. 맥수웰 목사님, 이러한 그리스도교인들의 지원 가능성에 대해 어떻게 생각하십니까?"

"잘 모르겠군요. 하지만 나는 진심으로 데일리 뉴스의 회생을 기대합니다. 미스 버지니아 양의 말과 같이, 이 신문이 1년 만이라도 존속해 나간다면 그 이상 무어라 말할 수 없겠습니다. 무엇보다 가장 중대한 일은 '예수님이라면 어떻게 하실까?' 라는 행동 규범에 가장 부합할 뿐만 아니라 그리스도교인의 뛰어난 두뇌와 힘과 지성과 상식을 담고, 예수님의 정신에 위배되는, 어떤 편협된 신앙이나 광신이나 옹졸한 신앙으로부터도 완전히 탈피한 신문을 발행하는 일입니다. 이러한 신문이야말로 인간에게 올바른 사상과 행동을 고취시킬 수 있는 신문이 될 것입니다. 아마 이 세상에서 가장 슬기로운 사람이라면 그러한 그리스도교 신문을 발행하는데 전력을 다할 것입니다."

에드워드 노먼 사장은 겸손한 어조로 대답했다.

"틀림없이 나는 숱한 실수를 범하게 될 겁니다. 나에게는 많은 지혜와 충고가 필요했습니다. 하지만 나는 예수님의 발자취를 따르기로 했습니다. '예수님이라면 어떻게 하실까?' 하고 나는 언제나 자신에게 물어 왔고, 앞으로도 그렇게 할 것입니다. 그 결과가 어떻게 되든 연연하지 않고 말입니다."

에드워드 노먼 사장이 겸손하게 말을 하고 나자, 조용히 듣고 있던 버지니아가 입을 열었다.

"저는 이제서야 '우리의 주시요, 구주이신 예수 그리스도의 은혜 안에서 그를 아는 지식이 자라가게 하시오.(베드로후서 3장 18절)' 라는 말씀의 참뜻을 깨달은 것 같군요. 제가 그분을 좀더 잘 알지 않고는 그분의 뜻을 좀더 자세히 알지 못할 것 같단 말입니다."

"그렇고 말고요. 나도 그분의 정신을 잘 이해하지 않고서는 '예수님이라면 어떻게 하실까?'를 제대로 해석할 수 없다는 것을 비로소 깨달았습니다. 우리가 '예수님이라면 어떻게 하실까?' 라고 자기 자신에게 묻고, 그 해답을 그분에 대한 앎을 키워 나가면서 구하려고 할 때, 비로소 우리 인생살이의 큰 문제점이 풀려나갈 수 있을 것입니다. 우리는 예수님의 발자취를 본받기 전에 먼저 그분을 알아야 할 것입니다." 하고 헨리 맥스웰 목사가 역설했다.

버지니아와 에드워드 노먼 사장은 약정서에 서명했다. 노먼 사장은 자신의 손에 새로운 그리스도교 계통의 일간지를 발행하는 데 사용할 돈 50만 달러가 쥐어져 있음을 깨달았다.

버지니아와 맥스웰 목사가 돌아가자, 노먼 사장은 자기 사무실 문을 닫고, 그는 홀로 성령의 임하심을 만끽하면서 어린 아이처럼 전능하신 아버지에게 도움을 청하는 기도를 올렸다. 책상 앞에 무릎을 꿇고 간절히 기도하는 동안 '만일 여러분 중에 누구든지 지혜가 부족하거든 모든 사람에게 넉넉하게 주시고 꾸짖으시지 않는 하나님에게 구하시오. 그리하면 얻을 것입니다(야고보서 1장 5절)' 라는 약속의 말씀이 머리 속에 맴돌았다. 그의 기도는 틀림없이 응답받을 것이고, 얼마 전까지만 해도 인간의 탐욕과 야망을 그릇되게 이용하는 온상으로 타락했던 이 막강한 힘을 지닌 신문, 즉 하나님의 힘의 도구에 의해 하늘나라의 실현 사업이 크게 발전될 것이다.

그 후 두 달이 지나갔다. 그 두 달 동안 레이먼드 시에서는, 특히 제일교회에서는 예수님의 발자취를 따르는 행동과 그 성과들로 한창이었다. 여름이 되어 날씨가 무더워졌지만, 예수님의 발자취를 따르기로 서약한 교인들의 모임은 갈수록 정열과 열기가 넘쳐 흘렀다.

그레이 씨는 렉탱글에서의 전도사업을 마쳤다. 가끔씩 그 곳을 지나가는 외부인은 예나 지금이나 별로 달라진 것이 없다고 생각했지만, 그 곳에 살고 있는 주민들 중 수백 명이 진심으로 개심하였다. 그러나 술집, 여관, 하숙집, 도박장 등은 여전히 새로운 삶을 찾는 불쌍한 사람들에게 타락과 부도덕의 독물을 퍼부어 마침내 전도사 그레이 씨가 고생한 끝에 구원한 개심자들을 앗아갔다. 그리하여 그는 방어선을 훨씬 더 강하게 고수했다.

헨리 맥스웰 목사는 해외 여행을 가지 않았다. 그 대신에 그는 여행을 하기 위해 비용으로 모아 두었던 돈을 렉탱글에 사는 한 가족의 여름휴가 비용으로 아무도 모르게 썼다. 그들은 한 번도 그 저주받은 렉탱글을 벗어나 본 적이 없는 사람들이었다. 그는 그 가족을 휴가를 보내면서 그들과 함께 지낸 일들을 평생토록 잊지 못할 것이다.

맥스웰 목사는 어느 무더운 날 렉탱글로 내려가서 지저분한 셋집에 들어섰다. 그는 그 집 가족들을 역으로 데려가서 함께 기차에 타고 아름다운 해변으로 향했다. 그 곳에 마련해 둔 여신도의 별장에 도착하자 어리둥절한 이 빈민 가족은 십여 년 만에 처음으로 시원한 공기를 마시면서 소나무 향기가 담긴 바람을 쐬면서 평생 처음으로 휴가를 즐겼다.

이 가족의 어머니는 젖먹이 어린아기 하나와 3명의 아이가 있었는데, 그 중 한 아이는 다리를 저는 장애아였다. 이미 오래 전에 실직한 아이들 아버지는 몇 번인가 자살을 하려고 한 적이 있었다. 그는 여행 중 병약한 막내아이를 안고 앉아 있었다. 그 가족이 마음놓고 쉴 수 있도록 보살펴 준 맥스웰 목사가 레이먼드로 돌아가려 하자, 아이들의 아버지가 그의 손을 붙잡더니 마침내 눈물을 흘리며 흐느껴 울었다. 맥스웰 목사는 어쩔 줄 몰라했다. 아이들의 어머니는 작년 여름에 렉탱글을 휩쓴 전염병에 세 자녀를 잃고 완전히 탈진해 있었다. 그녀는 기차를 타고 가면서 차창으로 바다와 하늘과 들판의 경치에 도취된 듯했다. 이 모든 즐거움이 그녀에게는 꿈같은 기적이었다.

토요일에 레이먼드로 돌아온 맥스웰 목사는 찌는 듯한 무더위에 시달렸다. 그는 자기가 목격한 기쁨에 대해 하나님께 감사드렸고, 평생 처음으로 값진 희생을 했다는 기쁨을 깨닫고는 겸허한 마음으로 참다운 크리스천 생활을 다시 시작하는 기분이었다. 지금껏 한 번도 레이먼드의 무더위를 피해 해마다 갔던 여름 휴가를 스스로 포기할 만큼 자신을 부정해 본 일이 없었기 때문이다.

교인들 가운데 몇몇 사람이 여름 휴가를 떠나지 않는 이유를 묻자 그는 다음과 같이 대답했다.

"사실, 올해에는 어쩐지 휴가를 가고 싶지 않아요. 건강도 괜찮고 좋으니 레이먼드에 그냥 있는 게 좋겠어요."

맥스웰 목사는 그 빈민 가족에게 베푼 일을 자기 아내 외에 다른 사람들이 전혀 눈치채지 못하게 했다는 데 오히려 흐뭇함을 느꼈다. 이런 일은 쓸데없이 선전이나 자랑거리로 다른 사람들의 인정을 받지 않고 은밀히 해야 한다는 게 그의 소신이었다.

이렇게 해서 여름은 지나갔고, 맥스웰 목사는 차츰 예수님을 좀더 잘 알게 되었다. 제일교회는 여전히 성령의 놀라운 능력에 사로잡혀 있었다. 맥스웰 목사는 성령께서 떠나지 않으시고 처음과 마찬가지로 자기 교회에 머물러 계시는 데에 놀라움과 기쁨을 감추지 못했다. 그는 처음부터 제일교회를 무서운 시험에서 건져 주신 분이 바로 그 성령이었음을 너무나 잘 알고 있었다. 물론 서약자들 가운데 윈슬로우 부인처럼, 예수님의 발자취를 따르자는 운동을 크리스천의 의무에 대한 광신적 해석에서 비롯된 것으로 간주하여 조만간 그 전의 상태로 원상 복귀할 것으로 믿고 서약하는 사람들도 많았다. 그럼에도 불구하고 교인들은 성령의 영향을 받고 있었고, 맥스웰 목사는 그 무더운 여름을 기쁨에 휩싸여 목회를 했으며, 알렉산더 파워즈와 약속한 대로 철도공작소 근로자들과 집회를 계속했고, 매일 예수님에 대한 지식의 깊이를 더해 가면서 자기 나름대로 보람있는 나날을 보냈다.

9월의 어느 날 오후, 찌는 듯한 더위가 한풀 꺾이고 선선한 바람이 불어 오기 시작하던 날이었다. 야스퍼 체이스는 자기 집 방안에서 서성거리다가 창문쪽으로 다가가 바깥을 내다보고 있었다.

그의 책상 위에는 원고 뭉치가 쌓여 있었다. 레이첼 윈슬로우에게 사랑을 고백했던 그 날 밤 이후로, 그는 그녀를 만나지 않았다. 그의 예민한 감수성은 그로 하여금 작가적 습관으로 인해 고독 속으로 파묻히게 되었던 것이다.

그 무덥고 긴 여름에도 그는 계속 글 쓰는데 전념하고 있었다. 이제 그의 소설은 거의 완성 단계에 이르렀다. 그는 미친 듯한 정열을 가지고 글을 썼다. 그 정열이 너무 가열되어 자신을 속수무책의 파멸

176

로 몰아넣지나 않을까 두려워 했다. 그는 제일교회에서 다른 교우들과 함께 주님의 발자취를 따르기로 했던 자신의 서약을 결코 잊지 않았다. 그 서약은 글을 쓸 때도 줄곧 되살아났고 레이첼에게 거절당한 후에도 그는 아마도 수천 번을 자신에게 질문을 던졌다.

'예수님이라면 이런 일을 어떻게 하실까? 예수님이라면 이런 소설을 쓰실까?' 하고. 그의 작품은 대중의 인기를 끌 만한 이른바 대중소설이었다. 흥미를 준다는 이외에는 아무런 목적의식도 없었다. 그 소설이 주는 도덕적인 교훈은 나쁜 것은 아니었으나 그리스도교적인 것은 못 되었다. 야스퍼 체이스는 이런 소설이라야 잘 팔릴 것이라는 사실을 잘 알고 있었다. 그는 이런 점에서 대중의 인기를 끄는 힘이 어디에 있는가도 잘 알고 있었다.

'예수님이라면 어떻게 하실까?'

그는 예수님이라면 절대로 이런 이야기의 통속소설을 쓰지 않으시리라고 생각되었다. 이 질문은 하필이면 그에게 있어 가장 좋지 못한 때에 압박을 가해 왔던 것이다. 그는 슬그머니 화가 치밀었다.

'일개 대중소설 작가로서 예수님의 발자취를 따른다는 것은 너무나 이상적인 발상이야. 물론 예수님이라면 능력이 있는 분이니까 뭔가 유익하고 목적의식이 담긴 작품을 쓰시겠지. 야스퍼 체이스, 너는 과연 무슨 목적의식을 위해 이 소설을 쓰고 있는가? 그야 모든 작가들이 아니 거의 모든 작가들이 돈과 명성 때문에 소설을 쓰고 있겠지.'

야스퍼 체이스는 자기가 그런 목적의식으로 새로운 소설을 쓰고 있다는 것을 구태여 숨기려 하지 않았다. 그는 가난하지 않았으므로 돈 때문에 소설을 쓰고 싶은 마음은 없었다. 그러나 그는 무엇보다도 명성을 떨치고 싶은 욕망을 억제할 수가 없었다. 그래서 이런 통속소설을 써야만 했다.

'예수님이라면 어떻게 하실까?'

이 질문은 레이첼이 거절하는 것보다도 그를 훨씬 괴롭혔다. 그는 과연 자기가 자원한 서약을 어기려고 할 수 있을까?

'결국 그 서약이 무엇보다 중요한 것일까?'

하고 그는 자신에게 물어보았다.

그는 여전히 창문가에 서 있는데, 바로 맞은편에 있는 클럽에서 롤린 페이지가 걸어나오는 것을 보았다. 야스퍼 페이지는 길거리로 나서는 롤린의 순수한 용모와 생기가 넘치는 얼굴을 바라보았다. 그는 자기 책상으로 돌아가 원고지를 몇 장 들여다 보다가 다시 창문 쪽으로 다가갔다. 롤린은 이미 멀리 걸어가고 있었는데, 그의 곁에는 레이첼 윈슬로우가 바싹 붙어 따라가고 있었다. 그 날 오후, 버지니아의 집을 방문했다가 돌아오는 그녀를 롤린이 우연히 만난 것이었다.

야스퍼 체이스는 두 남녀가 거리의 사람들 속으로 사라질 때까지 지켜보다가 그는 다시 책상으로 돌아와 원고를 마져 쓰기 시작했다. 드디어 그가 마지막 구절을 쓰고 났을 때는 날이 저물어 어두워져 있었다.

'예수님이라면 어떻게 하실까?'

그는 결국 서약이 실현키 어려운 이상이라고 단정하면서 마침내 예수님을 부인하고 말았다. 그의 방 안에는 어두움이 깔렸다. 이렇게 의식적으로 자신의 방향을 결정하고 나자, 실망스럽고 허탈감이 온몸을 휩싸고 있었다.

제 18 장
새로운 삶

내가 올 때까지 그를 살아있게 하는 것이 나의 뜻이라 한들
네게 무슨 상관이 있느냐? 너는 나를 따르라.
(요한복음 21장 22절 새 번역—역자 주)

그 날 오후 야스퍼 체이스가 자기 방의 창문에서 내다보고 있을 때, 롤린 페이지는 거리를 따라 내려가고 있었다. 그는 레이첼 윈슬로우를 전혀 생각지 않았음은 물론 그녀를 이때쯤 만나리라고는 꿈에도 생각하지 않았다. 그런데 막 큰 길로 접어들었을 때, 갑작스럽게 그녀와 마주치게 되자 자기도 모르게 가슴이 마구 고통치는 것을 억제할 수 없었다. 그는 어쩔 수 없이 자신을 사로잡는 그녀에 대한 사랑을 가늠하면서 그녀의 곁을 따라 걸었다. 레이첼이 먼저 입을 열었다.

"저는 방금 버지니아를 만나고 오는 길이예요. 렉탱글에서 계획한 토지 매입건은 거의 준비가 완료됐다고 하더군요."

"그래요. 그 토지는 오랫동안 소송에 묶여 있었지요. 버지니아가 그 계획과 건물 배치도까지 자세히 보여 줍디까?"

"우리 두 사람은 상세히 검토해 봤어요. 버지니아가 그 모든 계획의 아이디어를 어디에서 얻을 수 있었는지 궁금하더군요."

"버지니아는 수많은 빈민자선사업가들과 접촉했지만, 그보다도 런던의 아놀드 토인비와 이스트 엔드 런던, 그리고 미국의 빈민선교사업에 관해서 많은 것을 알고 있을 거예요. 올 여름 동안 그 방면의 정보를 입수하느라고 애를 썼답니다."

롤린은 앞으로 착수하게 될 자선사업에 관한 이야기를 주고받자 훨씬 마음이 편안해짐을 느꼈다. 그것은 부담이 없으면서도 피차 같은 관심을 갖고 있는 부담없는 화제였기 때문이었다.

"올 여름에는 무슨 일을 하시면서 지내셨어요. 통 뵐 수가 없던데요."

하고 레이첼이 불쑥 물어보았다. 그 순간 레이첼은 홍당무처럼 얼굴이 붉어졌다. 마치 자신이 롤린에게 큰 관심이 있었거나 그를 무척 보고 싶었다는 말투인 듯했다.

"요즘 좀 바빴습니다."

"무슨 일을 하셨는지 궁금하군요. 통 말씀이 없으니까……. 제가 이런 질문을 드려도 될까요?"

그녀는 롤린을 진지한 표정으로 바라보며 솔직하게 물었다. 롤린은 싱긋이 웃으며 대답했다.

"물론, 되고 말고요. 아직은 구체적으로 말할 수 없습니다. 나는 그전에 잘 알던 친구들을 만나 그들에게 좀더 유익한 삶을 살아가도록 설득하고 있는 중이랍니다."

그는 더 이상 말하기가 두렵다는 듯이 갑자기 말을 중단했다. 레이첼은 아무런 내색도 하지 않았다.

조금 있다가 롤린은 하고자하는 말을 계속하려는 듯 다시 입을 열었다.

"나도 당신과 버지니아가 속해 있는 그 모임의 일원입니다. 그래서 나도 예수님의 발자취를 따르기로 서약했고, 요즈음 무슨 일을 하든 '예수님이라면 어떻게 하실까?' 라고 질문을 해보기도 하고 질문에 답해 보려고 노력하는 중이랍니다."

"그것이 바로 제가 이해치 못하는 점이랍니다. 버지니아의 말은 달랐어요. 우리와 함께 그 서약을 지키려고 했다는 것은 기쁘고 놀라운 일이군요. 그런데 그 클럽에 드나드는 청년들에게 무엇을 어떻게 해줄 수 있단 말입니까?"

"그렇게 단도직입적으로 물으시니, 이제 속 시원히 대답하지 않을

180

수 없겠는데, 당신도 아시다시피, 나는 그 날 밤 천막 집회에서 내 자신에게 물어보았죠."

이때 그의 음성은 조금 떨렸다. 그리고 나서 다시 말을 이었다.

"이제 크리스천답게 살아가려면, 이제부터 어떤 목적을 갖고 살아야 할까? 하고 말입니다. 이 문제를 생각하면 생각할수록 나는 더욱 분명하게 나의 십자가를 질만한 곳으로 마음이 떠밀려 갔습니다. 이 사회에서 소외된 사람들 중에는, 옛날의 나처럼 클럽에 나타나 시간과 돈을 허비하는 젊은이들만큼 철저히 방관시되고 소외된 사람은 없답니다. 당신은 그렇게 생각하신 적이 없나요? 교회에서는 렉탱글 사람들처럼 가난하고 비참한 지경에 처해 있는 사람들을 돌봐 주고, 근로자들의 복지를 위해 활약하기도 하고, 교회에 나오는 사람들은 주로 봉급 생활자들인데, 해외에 있는 민족에게 선교 자금과 선교사를 위해서도 신경을 쓰는 편입니다. 그러나 시내를 쏘 다니는 건달들과 클럽에서 서성거리는 청년들은 자선 내지 선교의 대상에서 완전히 제외되어 있답니다. 이들이 그 누구보다도 그들에게는 그런 도움이 필요한데 말입니다.

그래서 나는 스스로 다짐을 했답니다. '나는 이런 젊은이들을 잘 알고 있다. 이들이 지닌 장점과 단점을 알고 있다. 나는 얼마 전까지만 해도 그들과 한 통속이었으니까. 게다가 나는 렉탱글 사람들을 위해서 일하는 데에는 적절하지 못하지만 돈과 시간이 충분한 부유층 젊은이들을 선도하는데 한몫을 할 수 있을 것 같다.' 라고 말입니다. 그래서 나는 그런 일을 해 오고 있답니다. 당신처럼 나도 '예수님이라면 어떻게 하실까?' 하고 묻자, 방금 말한 그런 응답이 나오더군요. 그것이 바로 내가 져야 할 십자가입니다."

롤린의 이 마지막 말은 너무나도 낮은 음성이었으므로 레이첼은 거리의 소음 때문에 잔뜩 귀를 기울이지 않으면 알아들을 수가 없었다. 그러나 그녀는 그가 하는 사업의 방법이 어떤 것인지 물어 봐야 할지 알 수가 없었다. 그의 사업 계획에 대한 그녀의 흥미는 단순한 호기심 정도가 아니었다. 롤린 페이지가 그녀에게 구혼하던 날 밤의 모습과는 너무나도 달라져 있었으므로, 마치 생면부지의 낯선 사람처럼 생각되었고, 대화를 나누면서도 그렇게 여겨졌다.

두 사람은 큰 길을 벗어나 레이첼의 집으로 가는 골목길로 들어섰다. 바로 그 길은 '왜 나를 사랑할 수 없느냐?'고 롤린이 레이첼에게 물었던 골목이었다. 두 사람은 함께 걸으면서 그때 그 일을 생각하고는 갑자기 서먹서먹한 감정에 휩싸였다. 레이첼도 롤린도 그 날 있었던 일을 잊을 수가 없었다. 한참 동안 레이첼은 적당한 말이 생각나지 않아 미쳐 묻지 못했던 것들을 물어보았다.

"그런 선도사업을 하시는 데 대해 클럽에 나오는 사람들은 어떤 반응을 보이던가요. 또한 그들에게 어떤 식으로 설득했으며, 그리고 그들은 뭐라고 답변했는지 알고 싶어요?"

레이첼이 침묵을 깨고 이렇게 묻자, 드디어 롤린도 긴장이 풀렸다. 그는 빠른 말로 대답했다.

"아, 그 반응은 사람에 따라 달랐습니다. 대다수의 친구들이 혹시 내가 어떻게 된 것으로 생각하구요, 나는 여전히 클럽 회원으로 있으면서 내 위치를 지켰습니다. 그리고 슬기롭게 대처해 나가면서 불필요한 비판 따위는 삼갈 작정이었어요. 그런데 얼마전 많은 친구들이 내 호소에 귀를 기울였는지를 아시면 놀랄겁니다. 며칠전, 그 날 밤에 10여 명의 친구들이 종교 문제를 놓고 솔직하고도 진지한 토론을 했다면 믿지 않을 것입니다. 그러나 그들 중 몇 명이 못된 습관을 버리고 새로운 인생을 출발하기로 했답니다. 나는 한량없이 기쁘고 흐뭇했습니다.

나는 '예수님이라면 어떻게 하실까?' 하고 끊임없이 나 스스로에게 질문을 하고 있답니다. 내가 채택한 방법이 옳다고 생각되기 때문인지 그 대답도 천천히 나오더군요. 내가 발견한 한 가지 중요한 사실은 친구들이 나를 밀리하거나 배척하지 않는다는 것이었습니다. 그건 참 좋은 징조라고 생각되었어요. 또 한 가지 중요한 사실은, 내가 친구들 중 몇 명에게 렉탱글 사업에 흥미를 갖도록 해 주었고, 일단 그 사업이 시작되면 그들이 뭔가 도와 주겠노라고 약속을 했다는 것입니다.

그리고 특기할 만한 성과는 몇몇 친구들이 도박에서 손을 끊도록 하는 방법을 찾아냈다는 것입니다."

롤린의 이러한 말에는 정열이 깃들어 있었다. 그의 얼굴은 그 일에 대한 깊은 관심으로 이제 실생활의 일부가 되어 버린 것처럼 그전과는 완전히 달라져 있었다. 레이첼은 새삼스럽게 그의 어투가 강하고 남성다움을 느낄 수 있었다. 그리고 그의 말에서, 즐거운 마음으로 십자가를 짊어짐으로 인한 깊은 고뇌가 깔려 있음을 느꼈다. 비록 그 십자가를 기쁜 마음으로 지고 간다 해도 감당할 수 없는 부담이 되는 순간도 있을 것이라고 생각했다.

다음 순간 그녀는 롤린이라는 사나이의 변화된 모습과 그의 새로워진 삶을 생각하자, 이제는 이 사나이를 정중하게 대해야겠다고 생각하며 말을 꺼냈다.

"제가 언젠가 당신에게는 삶의 목적이 없다고 나무란 적이 있는데 기억이 나시겠죠? 이제 아무런 사심 없이 있는 그대로 말씀드리고 싶군요. 당신이 맹세한 서약을 소신껏 지키시는 그 용기와 순종하는 마음을 보니 정말로 놀랍습니다. 이런 말씀을 꼭 드려야겠어요. 당신은 지금 고귀한 삶을 살고 계십니다."

그녀의 설레임은 걷잡을 수가 없을 지경이었다. 두 사람은 깊은 침묵에 잠긴 채 말없이 걸었다. 이윽고 롤린이 떨리는 음성으로 입을 열었고, 레이첼은 그러한 그의 심정을 십분 짐작할 수 있었다.

"정말 고맙소. 내가 당신으로부터 그런 말을 들을 수 있다니, 이보다 더 보람있고 고귀한 일은 없을 것같구려."

롤린은 한참동안 멍하니 그녀의 얼굴을 바라보았다. 그녀는 그의 표정에서 자신에 대한 변함없는 사랑을 읽을 수 있었다. 그러나 그는 끝내 아무 말도 하지 않았다.

롤린과 헤어진 후, 레이첼은 자기 집으로 곧장 갔다. 그리고 자기 방으로 들어가자마자 두 손으로 얼굴을 감싸고 자기 자신에게 말했다.

"한 멋진 남자의 사랑을 받는다는 것이 무엇을 의미하는지 드디어 알 것 같다. 이제부터 나는 롤린 페이지를 사랑하게 되겠지. 어머나!

내가 지금 무슨 소릴 지껄이고 있지? 레이첼 윈슬로우, 넌 벌써 잊고
있었니?"

그녀는 일어서서 방안을 왔다갔다 했다. 그녀는 상당히 흥분되어
있었다. 그녀의 감정은 후회나 슬픔에 휩싸인 것은 결코 아니었다. 뭔
가 새로운 기쁨과 환희가 그녀의 마음을 엄습해 오고 있었다. 그녀는
전혀 생소한 경험의 소용돌이에 휩쓸려 들어갔던 것이다. 그러나 그날
늦게, 즉 그런 감정의 소용돌이 속에서도 진실한 크리스천으로서 마음
의 여유를 되찾았을 때 비로소 진실로 강하고 순수한 기쁨을 만끽할
수 있었다. 사실상 그에 대한 사랑은 이런 기쁨의 일부분에 지나지 않
았다. 왜냐하면, 그녀가 롤린 페이지를 사랑하게 되었다면 그가 진실
한 크리스천 남자였기 때문이리라. 만일 그가 진실한 크리스천이 아니
었더라면, 그토록 큰 심경의 변화가 일어나지 않았을 것이다.

한편 롤린은 집으로 돌아가면서, 레이첼이 자기의 구혼을 거절한
후, 어딘가에 숨어 있던 희망이 조금씩 되살아나는 것을 느꼈다. 사실
상 그 날 우연히 레이첼 윈슬로우를 만난 이후, 그는 그런 희망에 가
슴이 부풀어 황소처럼 뛰어다녔고 날이 갈수록 자기 전도사업에 열성
을 보였으며 옛 친구들을 만나 그들을 설득하고 구원하는 일에 큰 성
과를 거두었다.

가을이 지나가고 레이먼드 시는 또다시 혹독한 추위를 눈 앞에 둔
겨울을 맞게 되었다. 버지니아는 이른바 '렉탱글 개발사업'이라는 자기
의 사업계획을 성사시킬 수 있었다. 그러나 그녀가 계획하고 있는 건
물은 짧은 가을에 완성하기에는 너무나 거대한 건물이었다. 하지만 예
수님의 발자취를 따라 진실로 가치있는 사업을 이룩하고자 하는 소망
은 한 여인이 자기 소유의 거금 백만 달러를 투자하여 단기간에 놀라
운 성과를 거뒀다. 그것은 너무나 당연한 일이었다.

어느 날, 정오가 조금 지났을 무렵 철도공작소 근로자들을 데리고
공사 현장을 둘러보러 온 헨리 맥스웰 목사는 공사 진척이 빠른 사실
에 놀라지 않을 수가 없었다.

184

자기 집으로 돌아온 맥스웰 목사는 깊은 생각에 잠겼다. 그는 술집들이 여전히 존속해 있다는 생각이 떠오르자, 그것이 과연 정당한 조치인지 회의를 품지 않을 수 없었다.

'이제껏 렉탱글 주민을 위해 얼마나 어렵고 많은 일들을 해 왔단 말인가? 버지니아와 레이첼과 그레이 씨 부부의 피나는 노력을 감안할 때 실제로 눈에 띄는 성과가 어디에서 이루어졌단 말인가? 물론, 성령께서는 제일교회 천막 집회에서 보여주신 위대한 능력을 만인 앞에 뚜렷하게 드러내심으로써 계속해 오고 있는 구령사업이 한동안 부흥되어 레이먼드 사람들의 생활에 지대한 영향을 끼쳐 왔음은 틀림없는 사실이었다.' 그러나 그는 렉탱글에 즐비하게 늘어선 술집들을 지나다가 그 곳을 맹목적으로 드나드는 뭇사람들을 대하고 추잡한 매음굴과 도박 현장을 목격하고 남자와 여자들 그리고 어린이들의 표정에서 역력히 드러나는 잔인성과 타락성, 비굴함과 비참함을 볼 때마다 마음이 무척 괴로워졌다. '백만 달러라는 거금을 투자한다고 과연 이 지저분하고 타락한 지역을 얼마나 정화시킬 수 있을까? 술집들이 난잡한 행위를 합법적으로 자행하고 있는 한, 예수님의 발자취를 따르려는 신도들이 발벗고 나서서 구원하려고 했던 인간들은 거의 모두가 생명의 샘 근처에 접근치 못할 것이 아닌가? 죄악과 범죄의 물줄기가 저토록 깊고 거세게 흐르고 있는데, 버지니아와 레이첼과 같은 참다운 그리스도교인들이 타락의 물줄기를 줄이겠다고 희생적인 봉사를 기울인들 무슨 성과가 있겠는가? 두 아리따운 처녀가 천신만고 끝에 희생으로 구원한 모든 영혼들에게 술집들이 두 배 이상의 악한 짓을 하도록 부추긴다면 그들을 구제한답시고 이 지옥 같은 곳에 뛰어든 두 처녀는 아무런 보람을 느끼지 못하고 결국 허무한 결과가 되지나 않을까?'

헨리 맥스웰 목사는 이러한 의문을 제기하지 않을 수 없었다. 언제인가 버지니아도 레이첼에게 이런 의문을 제기한 적이 있었다. 즉 렉탱글에서 술집들이 완전히 없어지지 않는 한, 어떤 영속적인 효과도 기대할 수 없을 것이 아닌가. 그 날 오후 맥스웰 목사는 술집들이 정상적인 허가를 얻어 버젓이 영업하고 있다는 데 대한 가중된 죄책감을 안고 자신의 목사 직분을 다하기 위해서 교구의 일상 업무로 되돌아갔다. 그러나 레이먼드 시민 생활에 술집이 큰 골칫거리의 요인이라면, 제일교회와 예수님의 발자취를 따르겠다고 서약한 그 교회의 소수 교인들 역시 문제점의 요인이 되었다. 헨리 맥스웰 목사는 그 운동의 핵심 한가운데에 서 있었으므로, 외부에서 이 운동을 지켜보는 사람들처럼 그 운동의 위력을 제대로 판단할 만한 입장이 못 되었다. 그러나 레이먼드 시민들은 여러 가지 그 운동의 영향력을 느끼고 있었지만, 이 모든 돌변의 원인이 무엇인지 제대로 파악하지 못하고 있었다.

겨울이 지나고 섣달 그믐이 다가왔다. 애당초 헨리 맥스웰 목사가 예수님의 발자취를 따르기로 서약할 때 정한 1년이라는 서약 이행 기간이 끝나게 되었다. 1주년 기념일이 되는 주일은 제일교회가 생긴 이래, 여러 면에서 가장 뜻깊고 잊을 수 없는 날이었다. 그 날의 중요성은 제일교회의 교인들이 생각하는 것보다 훨씬 더한 것이다. 1년의 세월이 너무나도 빠르게 그리고 심각하게 흘렀으므로, 제일교회의 신도들이 미처 그 중대성을 깨달을 여유도 없었던 것이다. 게다가 예수님의 발자취를 따르기로 서약한 지 만 1년이 되는 그 날의 기념식은 너무나 엄청난 계시와 고백으로 점철되었으므로, 막상 그 운동의 주역들은 자신들의 그 운동의 가치를 미처 깨닫지 못했을 뿐만 아니라, 전국의 모든 교회와 시민생활에 번지게 될 파문도 미처 짐작하지 못했다.

1주년을 기념하는 주일 전날, 시카고 나사렛 애비뉴 교회의 목사인 칼빈 브루스 박사가 우연히 레이먼드에 들러 옛 친구 몇 명을 찾아보다가 신학교 시절의 동창인 헨리 맥스웰 목사를 만나게 되었다. 그는 제일교회에서 주일에 열린 기념식에 참석했다가 정말 뿌듯하고 감동적인 장면을 보게 되었다. 레이먼드에서 일어난 여러 가지 사건들, 특히 그 중에서도 그 주일에 거행된 서약 1주년 기념식에 대해 그가 자세히 기록한 것은 다른 어떤 기록보다도 그 날의 모든 상황을 잘 보여준 것이라 하겠다.

제 19장
칼빈 브루스 목사의 편지

'시카고 나사렛 애비뉴 교회의 목사 칼빈 브루스 박사가
뉴욕 시의 필립 캑스턴 목사에게 보낸 편지'

친애하는 캑스턴 목사!

지금은 주일의 늦은 밤입니다. 하지만 나는 당신에게 내가 이곳 레이먼드에서 목격한 놀라운 충격과 감동을 받아 이를 알려주지 않을 수 없어 이렇게 펜을 들었습니다. 더구나 이제 내가 당신에게 쓰려고 하는 이상한 일련의 사태의 클라이막스가 오늘 있었습니다. 그래서 이제부터 쓰고자 하는 이 편지의 내용이 다소 길어지더라도 널리 양해해 주시기 바랍니다.

목사께서도 신학교 동창인 헨리 맥스웰 목사를 기억하실 줄 압니다. 지난번 내가 뉴욕을 방문했을 때, 신학교 졸업 후 한 번도 그를 만나지 못했다고 했습니다. 목사께서도 말씀하신 걸로 생각됩니다. 기억하시겠지만 그는 세련된 학자풍의 친구로서 신학교를 졸업한 지 1년도 못되어 레이먼드 제일교회의 목사직을 맡게 되었지요. 그때 나는 아내에게, '레이먼드 사람들은 훌륭한 목사를 모시게 되었어. 맥스웰은 훌륭하고 감동적인 설교로 그들을 만족시킬 수 있을 거야.' 라고 말했답니다. 맥스웰 목사는 그 후 레이먼드에서 11년 동안 목사직을 맡아 오고 있는데, 내가 알기로는 작년까지만 해도 정상적인 목회를 했었으며, 또한 만족스러운 설교를 했습니다. 선량하고 부유한 신자들을 많

이 끌어 왔다고 들었습니다. 어느덧 그가 맡은 교회는 레이먼드에서 가장 크고 돈 많고 영향력이 있는 교회로 손꼽힌답니다. 레이먼드 유지급 인사들이 이 교회에 참석하고, 대부분의 상류층 인사들이 이 교회에 소속되어 있지요.

이 교회의 4중창 성가대는 훌륭한 성악으로 유명했으며, 특히 소프라노를 맡은 윈슬로우 양은 아주 유명한 처녀입니다. 이 처녀에 관해서는 나중에 좀더 자세히 이야기하겠습니다. 어쨌든 전체적으로 볼 때, 맥스웰 목사는 만족스러운 목회 생활을 하고 있답니다. 봉급도 많이 받았고, 깨끗한 주변 환경에다가 과히 까다롭지 않고 세련되고 부유하고 유식한 교인들…… 이만한 교회와 교구라면 대부분의 신학교 졸업생들이 우선적으로 가고 싶어하는 그런 곳이랍니다.

그런데 바로 1년 전 오늘, 주일 오전예배를 마친 맥스웰 목사가 갑자기 한 가지 놀라운 제안을 교인들에게 했었답니다. 즉, 그 제안이란 교인들 가운데 자원자에 한해서 앞으로 1년 동안 우선 자신에게, '예수님이라면 어떻게 하실까?' 라는 질문에 대답하되, 예수님이라면 하실 것으로 판단되는 행동에 대한 자신의 양심적인 판단에 따라 그 결과에는 구애됨이 없이 매사를 처리하자는 서약이었습니다.

제일교회 교인들 가운데 상당수가 모임을 갖고 그 서약을 지키기로 했는데, 그 제안의 파급 효과는 너무나 엄청나서, 이 운동을 온 나라가 주목하게 되었습니다. 내가 그 제안을 굳이 '운동'이라고 부르는 것은 최근에 일어난 이 서약 실천 운동의 추세로 보아 그것이 다른 교회로 파급되고 신앙 방법에 혁명을 불러일으킬 뿐만 아니라, 특히 참다운 그리스도교 정신에 새로운 정의를 내리는 데에는 획기적인 혁명을 불러일으킬 가능성이 있기 때문입니다.

무엇보다도 그의 제안에 대한 사람들의 반응이 크게 놀라게 했다고 맥스웰 목사는 나에게 이야기 해 주었습니다. 교인들 중 사회 저명 인사 몇 명이 예수님의 발자취를 따르겠다고 서약했다는 것입니다. 그런 교인들 중에는 데일리 뉴스의 편집인 겸 발행인으로서 신문계에 일대 물의를 일으킨 에드워드 노먼, 레이먼드에서 으뜸가는 사업가들 중 한 사람인 밀턴 라이트, 1년 전 철도회사 철도부정 위반 사실을 폭로하여 커다란 물의를 일으킨 알렉산더 파워즈, 사교계의 이름난 여자로서 유산 상속자이며 최근에 그리스도교계통의 데일리 뉴스와 렉탱글이라는 빈민가의 개혁사업에 전재산을 헌납한 미스 페이지, 그리고 윈슬로우 양은 가수로서의 재능이 전국적으로 알려져 있는데 예수님이 하실 만한 일을 따라 하겠다는 서약을 지키기 위해 레이먼드에서 가장 비참하고 소외된 빈민층의 여자들에게 음악을 가르치는 일을 하기로 결심했답니다.

이들 저명 인사들 외에도 제일교회 교인들 중에는 예수님의 발자취를 따르겠다고 서약하는 사람들이 점점 늘어가고 있으며, 최근에는 레이먼드 시내의 다른 교회에서도 서약에 동참하려는 자가 많이 생기고 있답니다. 예수님의 발자취를 따르겠다고 자원하여 서약한 사람들은 대부분 청년 교회봉사회의 회원들이랍니다. 이들 젊은이들의 말에 따르면 자기들은 이미 교회봉사회에 가입하면서 그와 똑같은 서약을 했다는 것입니다. 즉, '나는 그분이 무엇을 시키든 온몸과 정신을 다하여 행하기로 주님 앞에 서약하노라' 라는 것입니다.

이 서약은 맥스웰 목사가 제안한 서약 내용과 다소 차이가 있습니다. 왜냐하면 맥스웰 목사의 제안에 의하면, 신도들은 '예수님께서 자기의 입장이라면 어떻게 행하실까?'하고 솔직하게 자문자답한 다음, 그대로 실행에 옮겨야 하기 때문입니다. 그러나 어느 서약이든 충실히 실행한 결과는 사실상 똑같으므로 청년 교회봉사회의 회원들이 가장 많이 가입한 것은 조금도 놀라운 일이 아니라고 한답니다.

목사께서는 우선 나에게 다음과 같은 질문을 하고 싶으시겠지요. 우선 '그 운동의 결과가 어떻게 되었소? 그러니까 그 운동으로 인해 제일교회 교인들이나 또는 레이먼드 시민들의 일상 생활에 어떤 변화를 가져왔으며, 어떠한 결과를 가져왔는지 소상히 설명해 주시겠소.' 라고요.

목사께서는 이미 전국적으로 배포된 레이먼드에 신문 보도를 통해 그 곳에서 어떤 일이 어떻게 일어났는지를 잘 알고 있을 줄 압니다.

그러나 예수님의 발자취를 그대로 따른다는 것이 무엇을 의미하는지 소상히 알려고 한다면, 레이먼드에 가서 각 개인의 생활에서 일어난 변화, 특히 제일교회 교인들의 생활에서 일어난 몇몇 가지 일들을 실제로 보고 확인해야 할 것입니다. 그러한 변화를 일일이 책으로 쓰려면 방대한 한 권의 책으로 펴내야 할 것입니다. 나는 지금 그런 책을 펴낼 만한 입장이 아닙니다. 그러나 레이먼드에 사는 친구들과 맥스웰 목사 자신이 내게 이야기 해 준 일련의 일들을 토대로 몇 가지 간추린 것을 말씀드릴 수 있습니다.

이러한 서약이 제일교회에 가져온 결과도 두 가지의 성격을 띠면서 나타났습니다. 우선 그 하나는 참된 크리스천들의 동지애가 두드러지게 나타났다는 것입니다. 맥스웰 목사는 그런 동지애가 교인들 사이에 뜨겁게 나타난 적이 없었으나, 지금은 마치 사도시대의 교우관계처럼 느껴진다고 말했답니다. 그리고 또 하나는 그 서약으로 인하여 제일교회 교인들이 두 가지 부류로 확연히 나누어졌다는 것입니다. 또한 서약을 하지 않은 교인들은, 서약을 하고 그대로 실천하는 교인들을 예수님의 모범을 곧이곧대로 본따려는 어리석은 자들이라고 생각한답니다. 이러한 비판적인 사람들 중에서 자기의 교적을 빼내 교회에 나오지 않거나 다른 교회로 옮겨 가버리는 자도 있었답니다.

그런 사람들 중에는 또 교회 내부의 말썽을 일으키는 획책 분자들도 있었는데, 들리는 소문에 의하면 맥스웰 목사의 사직을 강요하려고도 한답니다. 하지만 이런 반대 세력의 힘이 제일교회에도 크게 작용하지 못하는 걸로 알고 있습니다. 그러니까 지금으로부터 1년 전 그 서약이 제안된 첫번째 주일부터 계속 임하시는 성령의 힘 때문에, 그리고 대부분의 유지급 교인들이 이 운동에 적극 참여 했다는 사실 때문에, 반대 세력은 여지 없이 저지되었답니다.

맥스웰 목사 자신에게 미친 영향은 매우 놀라운 것이기도 합니다. 나는 4년 전에 우리 주의 연합목회 석상에서 그가 설교하는 것을 들은 적이 있지오. 그때 그는 극적인 어투로 우리의 마음을 사로잡았답니다. 그것은 본인 자신도 매우 신경쓰는 듯 했습니다. 그는 설교 원고를 잘 썼으며, 신학교 학생들이 이른바 '명문장'이라고 하는 문구를 한껏 재치있게 이용했지요. 이와 같이 잘 정리된 설교의 효과는 일반 회중이 '훌륭하고 감동적이다'고 할 만한 것이었답니다. 그 후 처음으로 오늘 아침에 다시 맥스웰 목사의 설교를 들었습니다. 이 설교 내용에 관해서는 차후에 말씀드리겠습니다. 그는 옛날의 그가 아니었습니다. 그는 혁명의 위기를 극복해 온 사람이 줄 수 있는 큰 감동을 나에게 주었답니다. 맥스웰 목사는 내게 그러한 혁명이란 다름 아니라 예수님의 제자직에 대한 새로운 정의일 따름이라고 말했습니다.

오래 전부터 그가 지녀 온 옛 습관과 사고방식은 크게 바뀌었습니다. 1년 전에 비해 술집에 대한 그의 공격은 훨씬 더 철저히 바뀌었음을 깨달았습니다. 내가 알기로는, 지금 그를 지배하고 있는 신념은 우리 시대의 그리스도교 정신이 그 어느 때보다 더 철저하게 예수님을 본받는 그리스도교 특히 희생과 고난을 감수하는 그리스도교 정신이라야 한다는 것입니다. 그는 대화 도중에 가끔 베드로의 말을 내게 들려 주더군요.

여러분이 부르심을 받은 것은 그리스도의 발자취를 따라오게 하시려는 것입니다. 그리스도께서도 여러분을 위하여 고난을 받으시고 여러분에게 본을 남겨 놓으셨습니다. (베드로전서 2장 21절 역자 주)

오늘날의 그리스도교 교회가 무엇보다도 필요로 하는 것은 어떤 형태로든 예수님의 발자취를 따르면서 즐겁게 고통당하겠다는 정신자세를 갖는 것이랍니다. 나는 나 자신조차 그의 확고한 견해에 전적으로 동의할 수 있을지 모르겠습니다. 존경하는 캑스턴 목사, 그러한 신념의 결과는 정말 엄청났으며, 제일교회의 교인들 및 레이먼드 시의 시민생활 전반에 큰 영향을 끼치고 있답니다.

목사께서는 여전히 이러한 서약이 개인에게 어떤 결과를 가져다 주었는지 궁금하시겠지요. 이미 말했다시피, 그러한 결과는 개인의 사생

활의 일부이므로 상세하게 언급할 수가 없습니다. 그러나 내게 알려
줄 수 있는 몇몇 교인들의 이야기를 들으시면 이러한 그리스도교 정
신이 단순한 감상에 물든 것이 아니라는 점을 아시겠기에 몇 사람의
예를 들어보겠습니다.

이곳 레이먼드 소재 L & T 철도회사의 철도공작소 소장이었던 파
워즈 씨의 경우를 살펴 봅시다. 그는 철도회사가 불법 행위를 한 증거
를 가지고 자기 나름대로 조치를 취함으로서 귀한 직장을 잃게 되었
답니다. 그 뿐만 아니라 이곳 친구들에게서 들은 바에 의하면, 그 후
파워즈 씨의 가족관계와 사교관계에 일대 변화가 일어났고 파워즈 씨
자신과 그의 가족은 일체 대중 앞에 나타나지 않게 되었답니다. 한때
친밀하게 드나들던 유명한 인사로 통했던 그들도 레이먼드 사교계에
서 추방당하고 만 셈입니다. 게다가 나는 이 일에 대해서 주간통상위
원회가 무슨 이유에서인지 당분간 아무 손도 쓰지 않기로 했다는 사
실과 파워즈 씨가 있던 철도회사가 다른 사람에게 넘어간다는 소문을
들었습니다. 한편, 파워즈 씨는 과거의 직업인 전보 송수신사의 직으
로 되돌아갔답니다. 나는 어제 제일교회에서 그를 만났습니다. 그는
맥스웰 목사와 마찬가지로 위기를 극복한 사람으로서의 차분한 인상
을 나에게 주었답니다. 그를 대하자, 모든 물건을 공동소유로 했던, 기
원 1세기 때에 교회를 위해 헌신한 사도들 중 한 사람이 나타난 것이
아닌가 하고 생각하지 않을 수 없었습니다.

또한 데일리 뉴스의 발행인 겸 편집인인 에드워드 노먼 씨의 경우
는 이렇습니다. 그는 예수님이 자기의 입장에 계시더라도 반드시 그렇
게 하시리라고 믿는 바에 따라 행동함으로써 자기의 재산을 잃어버릴
지경에 도달했고, 파산의 위험을 감수하면서도 데일리 뉴스의 편집에
일대 변혁을 가해왔습니다. 여기 어제 발행된 데일리 뉴스지 한 부를
보내오니 주의깊게 읽어주시기 바랍니다. 이 신문이야말로 여태까지
미국에서 발행된 신문 중에서 가장 흥미롭고 획기적인 신문이라고 생
각됩니다. 이 신문은 지금 논란의 대상이 되고 있습니다. 우리가 보통
갖고 있는 신문에 대한 고정관념을 철저하게 깨뜨려버린 신문이 과연

어떻게 지속될 수 있을 지를 사실 나도 의심이 갑니다. 에드워드 노먼 씨의 말에 따르면 데일리 뉴스가 비로소 레이먼드 시의 크리스천들에 의해 점점 더 많이 읽혀지고 있다는군요. 그는 데일리 뉴스가 결국 성 공하리라는 확신을 아주 굳게 갖고 있었습니다. 자금 문제에 관한 그 의 사설과 술집 허가 문제를 다시 거론하게 될 레이먼드 시 차기 선 거에 대한 사설을 읽어 보십시오. 이 두 사설은 그의 견해를 너무나 잘 표현해 주고 있답니다. 그는 사설을 쓸 때나 기사를 선택할 때, 혹 은 지극히 세부적인 일을 처리할 때도 늘 '예수님이라면 어떻게 하실 까?' 라고 우선 물어보지 않고는 한 줄의 사설도 쓰지 않을 뿐만 아니 라 신문에 관련된 어떠한 일도 하지 않는다고 말한답니다. 그 결과는 명백하게 나타날 뿐입니다.

그리고 밀턴 라이트라는 상인의 경우는 이렇습니다. 그는 자기 사 업을 너무나 과감하게 개혁함으로써 요즈음 레이먼드에서 가장 사랑 받는 사람이라고들 하던군요. 그의 밑에는 일하는 사무원이나 근로자 들은 그의 회사 직원임을 굉장히 자랑스럽게 여긴다고 합니다. 지난 겨울에 그는 심한 중병에 걸려 몸져눕자 수십 명의 종업원들이 자발 적으로 나서서 그를 보살펴 주었고, 마침내 그가 완쾌되어 사무실에 나타나던 날은 온통 잔치집 분위기였다고 합니다.

이 모든 것은 그가 자기 사업체에 인간적인 사랑을 끌어들인 결과 랍니다. 이 사랑은 말만의 사랑이 아니며, 사업체 자체가 일종의 사랑 결속체로 운영되고 있답니다. 다시 말해, 근로자 각자가 보잘 것 없는 피근로자로 인식되지 않고 그 업체의 명실상부한 주주로서 인식되고 있답니다. 그래서 시중의 다른 사업가들은 밀턴 라이트 씨를 약간 미 친 사람으로 취급한답니다. 그를 어떤 면에서 보면, 손해를 보게 된 것은 사실일는지 모르겠습니다만 그의 사업체가 확장되고 그래서 레 이먼드에서 가장 인품이 고결하고 성공한 상인 중 한 사람으로서 존 경과 찬사를 받고 있답니다.

그리고 윈슬로우 양의 경우를 살펴 봅시다. 이 처녀는 자신이 지닌 천부적인 재능을 레이먼드의 빈민들을 위해 바치기로 결심하였습니다.

그녀의 이런 봉사계획에는 합창과 성악 교습을 주목적으로 하는 음악학원이 포함되어 있답니다. 그녀는 이러한 활동을 자신의 필생의 사업으로 여기고 온갖 정열을 다 쏟고 있답니다. 그녀는 친구인 미스 페이지의 봉사사업과 관련지어 음악학원 운영을 계획했는데, 그것이 계획대로 된다면 레이먼드 시 빈민들의 생활을 향상시키는 데 크게 기여할 것이 틀림없을 것입니다. 경애하는 캑스턴 목사, 나는 아직 늙지 않았으므로 여기 레이먼드에서 일어난 일의 낭만적인 면에도 관심이 있답니다. 그러니까 이곳 사람들은 미스 윈슬로우가 한때는 사교계의 총아였고 클럽이나 드나드는 건달이었던 미스 페이지의 오빠와 올 봄에 결혼하리라는 것은 당연한 일로 받아들이고 있답니다. 그 청년은 장차 자기 아내가 될 미스 윈슬로우가 적극적으로 참여 했던 천막 집회에 갔다가 그녀가 부르는 성가를 듣고 개심했다는 것입니다. 두 청춘 남녀의 아리다운 연애담을 자세히는 모르겠지만, 뭔가 숨은 사연이 있는 것 같습니다.

이것들은 자신이 맹세한 서약을 지키기 위해 노력한 사람들이 개인적으로 만나게 된 결과를 대충 소개한 것일 뿐입니다. 링컨 대학의 마쉬 학장의 이야기도 빼놓을 수 없군요. 어렴풋한 기억을 더듬어 보면 그분은 나와 같은 대학교 선배로 내가 대학 4학년이었을 때, 대학원생이었답니다. 그분은 최근에 있었던 시의 총선거에 뛰어들어 공명선거를 위해 대활약을 했고, 이 도시에 미치는 그의 영향력이 차기 선거에서는 결정적 성패 역할을 할 것으로 모두들 보고 있습니다. 그분도 역시 이 운동에 참여하고 있는 다른 교인들과 마찬가지로 내게 커다란 감명을 주었답니다. 왜냐하면, 그분이 몇 가지 어려운 문제와 씨름하며 진짜로 무거운 짐을 짊어졌기 때문입니다. 그 짐이야말로 헨리 맥스웰 목사의 말처럼 도저히 벗어날 수 없고 점점 더 무거워지는 고통이지만, 궁극적으로는 형언키 어려운 보람과 참된 기쁨을 안겨주리라고 믿습니다.

제 20 장
참 회

이 편지 사연이 너무 장황하여 혹시 지루하실지 모르겠습니다만 좀
더 써야 하겠습니다. 나는 이곳에 머물수록 점점 더 매혹을 느끼지 않
을 수 없습니다. 오늘 제일교회의 집회에서 있었던 몇 가지 잊을 수
없는 일들을 말씀드리고자 합니다.

이미 말씀드린 대로, 나는 맥스웰 목사의 설교를 들었습니다. 그의
간곡한 요청으로 지난 주일 그를 대신해서 설교한 바 있답니다. 그런
데 내가 그의 설교를 4년 전 연합목회 이래 처음 들었답니다. 그가 오
늘 아침에 한 설교는 마치 다른 유성에서 날아온 외계인의 설교처럼
정말로 특이했습니다. 나는 깊은 감명을 받았으며, 나도 모르게 눈물
까지 흘렸답니다. 회중에 다른 사람들도 나처럼 깊은 감명을 받은 듯
했습니다. 설교의 주제는, '그것이 네게 무슨 상관이냐? 너는 나를 따
르라' 였습니다. 설교 내용은 다른 사람들이야 어떻게 생각하든 전혀
상관하지 말고 예수님의 가르침에 순종하고 그분의 발자취를 따르라
는 것이었는데, 레이먼드의 크리스천들에게 전에 없이 큰 감명을 준
절대절명의 호소였습니다. 나는 그 설교 내용을 알려 드리자면 너무나
장황한 편지가 될 것 같아, 설교의 개요마저 알려드릴 수가 없으니 양
해하시기 바랍니다. 주일 아침 예배를 마치자 제일교회의 일상적인 행

사로 되어 있는 후속 집회가 계속되었답니다. 그 집회에는 예수님의
발자취를 따르기로 서약한 사람들이 모두 모여 특별한 상황에 대하여
'예수님이라면 어떻게 하실까?'에 대한 질문과 고백을 교환하고 동지
애를 서로 나누면서 시간을 보냈으며, 마지막으로 성령께서 그들의 각
각 다른 행동을 인도해 주실 것을 간절히 기도하였습니다.

맥스웰 목사는 그 집회에 참석해 달라고 내게 간청했답니다. 캐스
턴 목사, 이제껏 저의 목회생활에서 그 집회처럼 나에게 깊은 감명을
준 것은 없었습니다. 성령께서 임하심을 그토록 강하게 느껴본 적도
없구요. 그 집회는 참석자들이 서약을 준수하면서 겪은 경험담을 나누
며 서로 동지애를 느끼게 하는 모임이었습니다. 나는 그리스도교가 일
어난 초창기로 되돌아간 느낌을 금할 수가 없었습니다. 그 까닭은 단
순함과 그리스도를 본받으려는 태도는 사도들의 풍모 처럼 드러났기
때문입니다.

나는 질문을 몇 가지 던졌습니다. 무엇보다도 큰 관심을 끈 것은
예수님의 발자취를 따르겠다는 크리스천의 사유재산의 손실과 희생을
어느 정도 감수할 것인가였습니다. 맥스웰 목사의 말에 의하면, 예수
님의 정신이란 자기의 사유재산을 송두리째 포기하는 것이 아시시
(Assisi)의 성프란체스코처럼 자기의 재산을 모조리 포기한다든가 세
상의 재물을 철저하게 멀리한 사람은 지금까지 한 사람도 없었다는
것입니다. 하지만 만일 어떤 신도가 예수님이 그의 입장이라 해서 재
산을 포기하실 것이라고 생각한다면 그 의문점에 대한 해답을 단 한
가지 밖에 있을 수 없지요. 맥스웰 목사는 아직도 예수님의 발자취를
따른다는 것이 사소한 가정생활이나 재산소유 또는 특정한 사치품의
소유를 전제할 때는 '예수님이라면 어떻게 하실까?'에 대한 확실한 판
단을 내릴 수 없다는 것을 시인했답니다. 그럼에도 불구하고 그들 많
은 신도들이 재산의 손실을 각오하고서 예수님의 발자취를 끝까지 따
르고 있음은 분명한 사실입니다. 이 점에 있어서 그들에게는 망설임이
나 두려움은 전혀 찾아볼 수 없었답니다.

역시 사업을 하는 사람들 가운데 예수님의 발자취를 따르다가 막대

한 금전적 손해를 본 사람도 있고, 알렉산더 파워즈처럼 좋은 직장을 잃은 사람도 많다는 것은 사실입니다. 이는 그들이 한결같이 과거의 습관대로 행동하지 않고 '예수님이라면 어떻게 하실까?' 라고 질문한 다음 그대로 실천했기 때문입니다. 이러한 일련의 불행한 사태와 관련 지어 생각할 때 흐뭇한 사연은 예수님의 발자취를 따르다가 고통을 당하게 된 수많은 신도들이 아직 능력있는 신도들로부터 도움을 받았 다는 사실입니다. 이런 점에서 볼 때, 예수님의 발자취를 따르겠다고 서약한 신도들은 재산을 다 같이 공유했다는 사실입니다.

오늘 아침 제일교회의 정규예배 후의 집회에서 내가 목격한 여러 장면은 나의 교회뿐만 아니라 다른 교회에서도 보지 못한 일들이었습 니다. 나는 오늘날 크리스천들의 동지의식이 존재하리라고는 꿈에도 생각하지 못했습니다. 내 눈으로 직접 목격한 사실이 거의 믿어지지 않았고 일시적인 환영을 본듯한 착각이 들 정도였습니다. 지금도 나는 나 자신에게 질문을 던지고 있답니다. '여기가 19세기 말엽에 저물어 가는 미국인가?' 라고 말입니다.

이제부터 나는 목사께 이 편지를 쓰는 진정한 이유를 말씀드리겠습 니다. 그러니까 레이먼드 제일교회의 열성적인 신도들이 내게 해답을 강요한 가장 중대한 문제의 핵심말입니다. 오늘 집회가 끝나기 전에 전국 크리스천들의 협력을 얻으려는 제안이 나왔습니다 맥스웰 목사 는 한참 생각하더니 그 제안을 받아들이는 듯 했습니다. 어느날, 맥스 웰 목사는 이 운동이 전국 교회에 미치게 될 영향에 관하여 토의하다 가 그는 내게 이렇게 말했답니다.

'이 나라의 모든 그리스도교 신도들이 대부분 이와 같은 서약을 하 고 정직하게 실행한다고 가정해 보세! 이것이야말로 세속화 되었다고 비난을 받아온 그리스도교계의 혁명이 아니고 무엇이겠는가! 그런데 왜 그런 혁명을 일으킬 수 없다는 거지? 예수님의 발자취를 따른다는 것이 참다운 크리스천이 해야 할 일이 아니란 말인가? 만일 한 크리 스천이 스스로 그 서약을 지키지 않으려 한다면, 과연 그가 예수님의 발자취를 따른다고 할 수 있을까? 크리스천의 자격에 관한 시험이 예수님의 생존 시보다 오늘날에는 훨씬 쉽단 말인가?' 라고 말입니다.

과연 레이먼드 이외의 지역에서도 자기의 생각을 실현시켜야 한다는 맥스웰 목사의 생각이 제대로 될지 또는 호응을 얻을 수 있는지 확실히 모르겠습니다만, 오늘 비로소 그의 생각이 미국의 모든 크리스천들로부터 호응을 얻으려고 계획을 구체화시켰습니다. 즉, 그 계획이란 전국 각지의 목회자들을 통해 각 교회에서 제일교회의 후속집회와 같은 동지적인 신도집회를 결성토록 요구하는 것입니다. 그러게 된다면 전 미국의 교회에 자원자들이 몰려들어 예수님의 발자취를 따르겠다고 서약할 것으로 생각됩니다. 특히 맥스웰 목사는 그러한 서약 운동이 술집 허가 문제에 끼칠 영향에 대해 강하게 강조했습니다. 그는 술집 문제에 관해서만은 무섭도록 열을 올렸답니다. 그는 이번 선거에서 레이먼드의 술집들이 모두 사라지게 되리라고 확신하고 있습니다. 그렇게 술집들이 완전히 사라지면 전도사 그레이 씨가 시작했다가 이제는 제일교회 신도 몇 사람이 인수받은 구령사업을 용기있게 추진할 수 있으리라는 것입니다. 만일 술집들이 그대로 버티게 된다면 크리스천들의 희생이 물심양면으로 불필요한 뼈저린 낭비에 지나지 않게 되리라는 것이 맥스웰 목사의 생각이랍니다. 그점에 있어 비록 견해를 달리할 수 있을는지도 모르나 이 문제를 소신껏 처리하려면 다른 크리스천들의 호응을 얻어야 한다는 주장입니다. 제일교회가 사회와 주변 환경에 그러한 계혁을 가져다 줄 수 있고 교리가 아닌 실행을 바탕으로 범그리스도교적 동지의식을 규합할 수만 있다면, 모든 국민들에게 보다 차원 높은 생활과 크리스천에 대한 참신한 인상을 심어 줄 수 있을 것입니다.

캑스턴 목사, 이러한 것은 정말 굉장한 생각입니다. 그러나 이 굉장함 때문에 나는 망설이게 되더군요. 모름지기 크리스천이라면 이 곳 레이먼드의 참신한 교도들과 똑같이 그리스도의 발자취를 철저히 따라야 한다는 데 대해서는 조금도 이의가 없습니다. 그러나 나는 내가 만일 시카고에 있는 교인들에게 그런 제의를 한다면 어떤 결과가 초래될지 의심스럽습니다. 나는 성령의 임하심을 엄숙하고도 깊게 느낀 후에 이 편지를 쓰고 있답니다.

캑스턴 목사, 당신은 나의 오랜 친구이므로 솔직이 말씀드리겠습니다. 아무래도 내 교회에 나오는 저명 인사들에게, 그들이 아끼면서 가지고 있는 것을 모조리 잃어버리게 될지도 모르는 이 제안을 받아들이라고 할 수는 없습니다. 당신의 교회에서는 이런 제안을 나보다 더 잘해 낼 수 있으신지요? 우리들 목사는 무슨 말을 해야 할까요? 만일 교회가, '오라, 와서 고난을 받으라' 하는 부름에 응하지 않는다면 크리스천의 자격에 대한 우리의 기준이 잘못된 것이 아닐까요. 그렇지 않고, 만일 우리가 교인들에게 예수님의 발자취를 충실히 따르겠다는 서약을 하도록 요구했다면, 어찌 우리 목사들이 스스로를 기만할 수 있겠으며, 선뜻 실망하고 물러날 수 있겠습니까? 이 곳 레이먼드에서 크리스천들이 예수님의 발자취를 따르겠다는 서약을 이행함으로써 비롯된 실제의 결과는 어떤 목회자에게 큰 충격과 깊은 감명을 불어넣을 것이며, 이러한 목회자는 즉시 자기 교구에서도 그러한 운동이 일어나기를 갈망할 것입니다.

나는 지금까지 레이먼드 제일교회만큼 성령의 은총을 받고 있는 교회를 본 적이 없습니다. 그런데 '나 자신은 과연 이 서약을 기꺼이 받아들일 수 있을까?' 라고 솔직하게 자문하고 있지만 사실상 정직한 대답은 두렵기만 합니다. 만일 내가 그분의 발자취를 철저히 따르기로 할 경우, 내 생활은 엄청난 변화가 일어나리라는 것은 능히 짐작하고 있답니다. 나는 수 십년 동안 크리스천임을 자부해 왔습니다. 지난 10년 동안은 고통이라고는 거의 느끼지 않을 정도로 평안한 생활을 해 왔습니다. 솔직히 말씀드리자면, 나는 지금 시정문제와 빈민, 비천한 사람, 버림받은 사람들의 생활과는 아주 거리가 먼 생활을 하고 있답니다. 이러한 내가 서약을 잘 지킨다면 나는 어떻게 될까요? 대답하기가 망설여지고 부끄럽습니다. 지금 내 교회는 부유하고 유복한 생활로 만족을 느끼는 교인들로 가득차 있답니다. 내가 알기로는 우리 교회 교인들이 확신하는 크리스천의 자격 기준은 고통이나 개인적인 손해에 대해서 당연하게 여기는 그런 기준이 아닙니다. 나는 '내가 알기로는'이라는 말을 전제하고 양해를 구합니다. 내가 잘못 알고 있는지 모르기 때문입니다. 내가 우리 교회 교인들의 생활을 깊이 들여다보지 못한 판단일 수도 있으니까요.

캑스턴 목사, 나는 지금 당신에게 나의 진심을 솔직하게 이야기했습니다. 과연 나는 내 교회로 돌아가서, 그 큰 교회의 강단에 서서 내 설교를 경청하는 회중에게 '우리 다 같이 예수님을 좀더 가까이 따르도록 합시다. 지금보다 더한 고통을 당하거나 희생이 따르더라도 예수님의 발자취를 따릅시다. 이제부터 무슨 일을 하든 우선 '예수님이라면 어떻게 하실까?' 하고 묻고 '대답하기 전에는 어떤 일이라도 실행치 않기로 서약합시다.' 라고 말할 수 있을까요? 만일 내가 우리 교회의 교인들에게 이런 말을 한다면 교인들 대부분이 이상하게 들을 것이며 또한 놀라움을 안겨 줄 것입니다.

'그런데 왜 이래야만 하지? 우리는 언제나 예수님의 발자취를 따르기 위한 마음의 각오가 서 있지 않단 말인가? 예수님의 발자취를 따르는 자가 된다는 것이 도대체 무엇을 의미할까? 예수님의 행적을 본받는다는 것은 무엇을 의미할까? 그분의 발자취를 밟는다는 것은 무엇을 의미할까?' 하고 그들은 많은 의문을 제기할 것입니다.

여기까지 쓰고 시카고의 나사렛 애비뉴 교회의 목사 칼빈 브루스는 탁자 위에 펜을 놓았다. 그는 마침내 갈림길에 서게 되었던 것이다.

그가 직면한 여러 가지 문제는 확실이 많은 교역자들과 교인들이 직면한 문제임을 깨달았다. 그는 창문 쪽으로 다가가서 창문을 활짝 열었다. 그는 마음 속에서 우러나오는 죄책감에 짓눌렸고 갈등과 고뇌로 방안의 공기로 숨이 막힐 것 같았다. 그는 밤하늘의 별을 쳐다보면서 바깥 세상의 신선한 공기를 한껏 들여마시고 싶었다.

밤은 너무나 고요했다. 제일교회의 탑시계가 방금 자정을 알리고 있었다. 그 우렁찬 종소리는 렉탱글 쪽의 어두운 골목으로 살아져 갔다가 눈부시게 빛나는 깃털처럼 메아리가 되어 다시 그를 향해 떠올라 오는 것이다.

그때 어디선가 찬송가 두 구절이 들려왔다. 그것은 일전에 그레이 씨로부터 감화를 받아 개심한 한 늙은 야경꾼이 부른 찬송가 소리였다. 그 늙은 야경꾼은 이따금 자신이 고독을 느끼면 부르는 노래였다.

　　내 주의 지신 십자가 우리는 안 질까?
　　뉘게나 있는 십자가 내게도 있도다 (찬송가 365장 역자 주)

칼빈 브루스 목사는 창문을 닫고 돌아서서 잠시 머뭇거리다가 갑자기 무릎을 꿇었다.
'예수님이라면 어떻게 하실까?'
기도를 드리면서 이 말을 되씹어 보았다. 그는 지금까지 예수님의 계시를 찾고 있으면서 성령의 힘에 그토록 강렬하게 사로잡혀 본 적이 한 번도 없었다. 그는 한동안 무릎을 꿇고 기도를 했다. 이윽고 그는 기도를 끝내고 잠자리에 들었으나, 온갖 깨달음이 한꺼번에 몰려와 여러번 잠을 깨었다. 먼동이 트기도 전에 일어나 다시 창문을 열었다. 동쪽에서 먼동이 터 오는 것을 바라보며 그는 자신에게 물었다.
'예수님이라면 어떻게 하실까? 나는 그분의 발자취를 따를 것인가?'
태양이 떠올라 온 도시를 밝은 빛으로 비췄다. 언제 새로운 태양이 떠오르듯 크리스천 정신이 밝아 와서 좀더 가까이에서 예수님과 함께 걸어가는 그 장엄한 새벽을 알릴 것인가? 언제 온 크리스천들이 예수님이 걸어가신 고난과 희생의 길을 따르게 될 것인가?

　　예수님께서 가신 길
　　그 종들이 어찌 가지 않을까?

끊임없이 그의 마음속을 휘몰아치는 질문을 안은 채 칼빈 브루스 목사는 시카고로 돌아갔다. 목사로서의 생활에서 엄청난 위기의 순간들이 순식간에 그에게 닥쳐왔음을 절실히 느꼈다.

제 21 장
백만장자의 두 딸

선생님이 가시는 곳이면
저는 어디든지 따라가겠습니다.
(누가복음 9장 57절 새번역—역자 주)

시카고 시민회관의 대강당에서 토요일 오후 음악회가 마지막으로 끝났다. 그러자 평소와 조금도 다름없이 많은 관중이 한꺼번에 몰려나와 남보다 서로 먼저 자기 마차를 타려고 앞을 다투고 있었다. 회관의 수위가 각각 다른 마차의 번호를 외쳤다. 그러자 살을 에이는 듯한 찬 바람에 오랫동안 떨면서 기다리고 있던 마부들이 빠르게 마차를 몰고 모퉁이까지 다다르자 마차 문이 꽝하고 요란하게 닫혔으며, 덜컹거리면서 달려가다가 잠시 후에는 고가철도 밑을 굴러가는 마차의 흐름 속으로 흔적을 감추었다.

"다음은 624 번."

하고 회관의 수위가 외치면서 또 한 번

"624번".

수위가 재차 큰 소리로 외치자, 까만 말들이 끄는 멋진 마차 한 대가 모퉁이에 도착했는데, 마차의 문에 황금색 글씨로 'C.R.S'라는 문자가 새겨져 있었다.

두 처녀가 관중 속에서 빠져나와 마차 쪽으로 다가갔다. 나이가 많은 처녀가 먼저 마차 안쪽에 자리를 잡았고, 나이가 적은 처녀가 모퉁이에 서서 망설이고 있자, 수위가 열린 마차 문을 붙잡고 그녀가 올라

타도록 기다렸다.

"빨리 타, 펠리시아! 뭘 꾸물거리고 있니? 추워서 죽겠다, 애!"

마차 안에 있던 처녀의 날카로운 목소리가 들렸다.

마차 바깥에 서 있던 처녀는 자기 드레스에 꽂혀 있는 바이올렛 꽃을 급히 떼내어 말발굽 아래 보도 가장자리에 서서 추위에 떨고 있는 소년에게 건네주었다. 그 소년은 꽃을 받아쥐면서 깜짝 놀라는 표정으로,

"고맙습니다. 아씨!"

하고는 매우 더러운 얼굴을 꽃에 갖다댔다. 그 처녀가 마차에 오르자, 고급 마차답게 문이 독특한 굉음을 내며 닫혔다. 마부는 속력을 내도록 말을 몰아 순식간에 큰 길로 들어섰다.

"펠리시아, 넌 언제나 별난 짓을 하는구나."

하고 나이가 많은 처녀가 말했다. 마차는 어느덧 휘황찬란한 불빛이 비치는 고급 주택가를 달리고 있었다.

"내가 별난 짓을 한다고? 언니, 도대체 내가 무슨 짓을 했다고 그래?"

하고 맞은편에 앉아 있던 처녀가 갑자기 고개를 돌리면서 대꾸했다.

"그래, 넌 방금 그 소년에게 바이올렛 꽃을 주었잖니! 그 애는 바이올렛 꽃보다는 맛있고 따끈한 저녁 한 끼가 더 필요한 것처럼 보이더구나. 하긴 네가 그 애를 우리 집으로 데려 가지 않은 게 이상하구나. 설사 네가 정말로 초대한다 해도 난 눈 하나 깜짝하지 않을 거야. 넌 언제나 그 따위 별난 짓이나 하는 애니까."

"그토록 추위에 떨고 있는 소년을 집으로 데리고 가서 따끈한 저녁 한 끼를 대접하는 게 그토록 별난 짓일까?"

하고 펠리시아는 마치 혼잣말을 하듯이 부드럽게 물었다.

"물론, 별난 짓이 아니고 뭐니. 그런 짓이야말로 바로 블랭크 여사가 '엉뚱한 짓'이라고 낙인 찍은 행동이지만, 분명히 그렇게 말했단다. 그러니까 내가 이렇게 알아 듣도록 말했으니, 그 따위 꾀죄죄한 인간들을 집으로 데리고 올 생각은 아예 집어치우는 게 좋을 거야. 아아!

난 정말 지겹고 피곤하단 말야."

펠리시아의 언니, 로즈는 전혀 관심이 없다는 듯 입을 벌리고 하품을 했다. 펠리시아는 아무 말도 하지 않고 마차의 창밖을 물끄러미 내다보았다.

"음악회는 재미가 없었어. 그 바이올린 연주는 지겹기만 하더라. 도대체 너는 무슨 재미로 끝까지 앉아 있을 수 있었는지 나는 도무지 이해할 수가 없구나."

로즈는 아무렇게나 나오는 대로 말했다.

"난 오늘 연주된 음악을 좋아해."

펠리시아는 조용하게 대답했다.

"너는 뭐든지 좋다고 하더라. 나는 비판없는 취미를 가진 애를 본 적이 없었어."

이 말에 펠리시아는 얼굴을 약간 붉혔지만, 대꾸할 생각은 전혀 하지 않았다. 로즈는 다시 크게 하품을 하고는 대중가요 따위를 흥얼거리다가 갑자기 큰 소리로 말했다.

"나는 모든 게 지겨워 죽겠어! 오늘밤의 상연되는 연극 '런던의 어두운 곳'은 감동적이기를 바래."

"'시카고의 어두운 곳'이라."

하고 펠리시아가 중얼거렸다.

"'시카고의 어두운 곳'이라니! 나는 지금 연극 '런던의 어두운 곳'을 말하는 거야. 그 연극은 멋진 장면이 연출되는 걸작이야. 뉴욕에서 두 달 동안이나 인기리에 상영된 것이란 말야. 애, 너도 알겠지만, 우린 오늘밤 델라노 씨 부부와 함께 그 연극을 구경가기로 특별석을 예약해 두었단다."

펠리시아는 갑자기 언니에게 얼굴을 돌렸다. 그녀의 큰 갈색 눈은 매우 의미심장한 빛을 반짝였다.

"아직 우리는 생활 무대에서 벌어지고 있는 현실에 대해선 조금도 동정의 눈물을 흘리지 않는단 말이야. 그런데 무대에서 상연되는 '런던의 어두운 곳'이, 실존하던 런던이나 시카고의 그늘진 곳과 무슨 관계가 있단 말이지? 왜 우리는 실제의 현실을 대하면 동정심이 일지 않을까?"

"왜냐하면 실제의 인간들은 더럽고 비위에 거슬리고, 그리고 너무나 귀찮게 굴기 때문이 아닐까? 얘, 펠리시아. 너는 절대로 이 세상을 개선시킬 수 없어. 그렇게 한다 해서 무슨 소용이 있겠니? 주위의 가난한 사람과 비참한 인간들은 우리 때문이 아니라구. 옛날이나 지금이나 부자와 가난한 사람들은 늘 있어 왔고 앞으로도 그럴 거야. 우리가 부자인 것을 천만다행으로 여기면 그만이야."

"그럼, 언니. 그리스도께서도 그런 원리로 행하셨을까? 얼마 전까지만 해도 브루스 목사님께서, 여러분은 '우리 주 예수 그리스도의 은혜를 알고 그리스도는 부요하나 여러분을 위하여 가난하게 되셨습니다. 그것은 그가 가난하게 되심으로 여러분을 부요하게 하시려는 것입니다.(고린도후서 8장 9절)' 라는 성경 구절을 인용하여 설교하신 것을 언니도 기억하고 있겠지?"

하고 펠리시아가 전에 없이 집요하게 물었다. 그러자 로즈는 얼굴을 붉히면서 말했다.

"물론, 잘 기억하고 있지. 그리고 브루스 목사님은 계속해서 부자가 가난한 사람들에게 친절하게 대하고, 도와 준다고 해서 비난받을 이유가 있을 리 없다고 하셨어. 그리고 목사님 자신이 매우 편안한 생활을 하고 있다는 걸 잘 알고 있단다. 목사님은 인간들 중에서 굶고 있는 자가 더러 있다고 해서 자신의 호화스러운 생활을 포기하실 리가 없어. 목사님이 그런 생활을 포기한다고 해서 무슨 소용이 있겠니? 펠리시아, 내 말을 잘 들어봐. 우리가 온갖 짓을 다해도 역시 가난한 자와 부자는 언제나 있게 마련이란다. 레이첼 윈슬로우 언니가 레이먼드에서 별난 서약 운동에 관해 편지로 알려온 이후, 너는 온 집안 식구를 당황하게 했어. 사람이란 그처럼 들뜬 상태에서 내내 살아갈 순 없단다. 모르긴 해도, 레이첼 윈슬로우 언니는 곧 그 일을 포기할 거야. 그 언니가 시카고로 와서 회관의 음악회에서 그 천재적인 노래를 부르지 않는 게 정말 유감스러운 일이야. 얼마 전 레이첼 윈슬로우 언니가 오페라단 입단 권유를 받았다는 소문은 들었어. 나는 당장 언니에게 편지를 보내 이리로 오게 해서 그 언니의 노래가 듣고 싶어 죽겠어."

펠리시아는 여전히 마차 창밖을 내다보면서 잠자코 있었다. 마차는 호화로운 주택가를 두 구간 지나 포장된 넓은 진입로로 들어섰다. 이윽고 두 처녀는 마차에서 내려 집 안으로 들어갔다. 그 집은 회색 돌로 지은 궁전 같은 호화 주택이었다. 방 구석구석에는 예술적이고 현대적으로 세련된 고급 그림과 조각품으로 호화롭게 꾸며져 있었다.

이 모든 것들의 소유자인 찰스 스털링 씨는 담배를 입에 문채 벽난로 앞에 서 있었다. 그는 곡물 투기와 철도회사 투자로 돈을 벌었는데, 재산이 약 200만 달러 이상이 된다는 거부로 알려졌다. 그의 아내는 레이먼드에 사는 윈슬로우 부인의 동생으로, 수년째 병을 앓고 있었다. 이 부부에게는 로즈와 펠리시아라는 두 딸뿐이었다. 로즈는 21세이며 화사하고 생기발랄했으며, 다소 비꼬는 습관을 지닌 데다가 인정이 없는 편이었다. 아버지의 말에 따르면, 그녀는 어떤 때는 쾌활하며 어떤 때는 너무 새침해서 비위 맞추기가 매우 어렵다는 것이었다. 반면에 펠리시아는 19세이고 사촌언니인 레이첼 윈슬로우를 닮아서 뛰어난 미모를 지녔으며 그녀가 평소에 지니고 있는 따뜻하고 너그러운 마음이 이제는 참다운 그리스도교 정신으로 승화되어 그녀의 모든 표정과 행동에서 드러나게 되자, 아버지는 당황하였고 어머니는 짜증을 내었다. 그리고 그녀에게는 아직 드러나지 않은 사고력과 행동의 잠재력을 지니고 있었는데, 오직 자신만이 그런 세계를 똑똑히 인식하고 있었다. 또한 펠리시아는 자신의 양심에 따라 마음대로 행동할 수 있는 자유가 주어진다면 인생살이의 어떤 악조건에도 능히 견디어 낼 수 있는 역량을 가지고 있었다.

"네게 온 편지다. 펠리시아."

하고 스털링 씨가 작은 딸에게 편지를 건네주었다.

"편지는 레이첼 윈슬로우 언니가 보낸 거예요."

"그래 최근의 레이먼드 소식은 어떠냐?"

스털링 씨는 입에 물었던 담배를 뽑아들더니 자주 하던 대로 눈을 반쯤 감고 펠리시아의 표정을 낱낱이 간파하려는 듯이 그녀를 살펴보았다.

"레이첼 언니, 브루스 목사님이 레이먼드에서 두 주 동안 계셨는데 제일교회에서 시행되고 있는 맥스웰 목사님의 서약에 많은 관심을 가지시는 것 같았어요."

"그럼, 레이첼 언니는 자기 개인 문제에 대해서는 뭐라고 했니?"

하고 로즈가 물었다. 그녀는 6개의 멋진 방석이 놓인 소파에 앉아 파묻히다시피 누운 채 물었다.

"레이첼 언니는 아직도 렉탱글에서 성가를 부르고 있대. 천막 집회가 중단된 이후 낡은 공회당에서 노래를 부르고 있는데, 언니의 친구인 버지니아 페이지가 세우고 있는 새 건물이 준공될 때까지 말이야."

"그 애에게 편지를 보내 이리로 오라고 해야겠군. 그 훌륭한 목소리를 철도 마을의 바르게 인식할 줄 모르는 사람들을 위해 아무렇게나 사용하도록 내버려 둘 순 없어."

하고 스털링 씨는 새 담배를 꺼내 불을 붙였다. 로즈가 와서 큰 소리로 외쳤다.

"레이첼 언니는 정말 별난 사람이야! 여기 회관에 와서 노래하면 그 멋진 목소리로 시카고를 열광적으로 만들어 놓을 수 있을텐데. 그러나 그 언니는 노래를 제대로 들을 줄도 모르는 천민들에게 그 아까운 목소리를 마구 낭비해 버리고 있으니……."

"하지만 레이첼 언니는 이리 오지 않을 거야. 그런 일을 할 수 없다거나 그 서약을 지킬 수 없다고 한다면 모르지만……."

하고 펠리시아가 한참 망설이다가 말했다.

"무슨 서약 말이냐? 아, 이제 알겠어. 그렇지? 내 친구 알렉산더 파워즈가 했다는 그 해괴한 서약 말이지. 그 친구와 나는 한때 같은 사무실에서 전보 업무를 했었지. 그가 어느 날 갑자기 철도회사에 사표를 내고, 주간통상 조사위원회에 그 철도회사의 부정에 관한 증거를 제출하므로써 커다란 물의를 일으켰지. 그런데 그 친구는 다시 전보관계 업무를 하게 됐다더군. 작년에는 레이먼드에서 해괴한 사건들이 생졌었어. 브루스 목사가 레이먼드의 사건들을 어떻게 생각하는지 궁금하군. 목사를 한번 만나 얘길 좀 해 봐야겠다."

이러한 아버지의 말에 펠리시아가 만류하면서 말했다.

"목사님은 댁에 계시겠죠. 하지만 내일 아침 예배에서 설교하실 때 무슨 말씀이 있을 거예요."

한동안 조용한 시간이 흘렀다. 이윽고 펠리시아가 마치 눈에 보이지 않는 사람과 이야기를 나누고 있었던 것처럼 갑작스럽게 입을 열었다.

"만일 브루스 목사님이 우리가 나가는 나사렛 애비뉴 교회의 신도들에게도 그와 똑같은 서약을 제의하신다면 어떻게 하죠?"

"누구라고? 너 지금 무슨 소릴 하는 거냐?

하고 스털링 씨가 펠리시아에게 약간 날카롭게 물었다.

"브루스 목사님 말이예요. 저는 만일 목사님이 맥스웰 목사가 자기 교회 신도들에게 제의한 것처럼, '예수님이라면 어떻게 하실까?' 라고 질문을 한 후에 모든 일을 처리하기로 서약할 자원자를 구하신다면 어떻게 할 것인가를 물었을 따름이예요."

"설마 그럴 리야 있겠니?"

하고 로즈가 말했다. 그녀는 차마시는 시간을 알리는 벨소리가 들리자 긴 안락의자에서 벌떡 일어나 앉았다.

"그런 제안은 내 생각으로는 실천이 아주 불가능한 개혁 운동인 것 같구나."

하고 스털링 씨가 아주 짤막하게 자기의 의견을 말했다.

"레이첼 언니의 편지를 보니, 레이먼드 제일교회의 그 서약 운동을 다른 교회에 전파시킬 계획인가 봐요. 만일 그 서약 운동이 성공만 한다면 교회와 교인들의 생활에 큰 변화를 가져올 것이 틀림없어요."

"아, 그 얘긴 그렇다치고, 우선 차부터 마시자!"

로즈는 식당으로 들어가면서 대꾸했다.

아버지와 펠리시아가 뒤따라 갔고 그들은 아무 말 없이 식당에서 식사를 했으며, 어머니는 자기 방에서 식사를 했다. 아버지는 뭔가에 정신을 빼앗긴 듯했다. 그는 식사를 하는 둥 마는 둥 끝내고는 먼저 자리에서 일어나 토요일 저녁인데도 중대한 사업 관계의 일로 시내에 다녀와야 한다면서 외출했다.

"언니, 요즘 아빠가 몹시 불안하신 것 같잖아?"

아버지가 외출 한 후 조금 있다가 펠리시아가 언니에게 물었다.

"글쎄, 난 전혀 모르는 일이야! 난 이상한 점을 조금도 느끼지 못했는데……. 애, 오늘 저녁 연극 보러 안 갈래? 델라노 부인이 7시 30분 경에 이리로 오실 거야. 너도 가야 할 것 같구나. 네가 안가겠다면 상심하실 거야."

"가면 될 거 아니겠어? 난 아무래도 상관없어. 그런 연극을 보러가지 않아도 여기저기 어두운 곳을 얼마든지 볼 수 있으니까."

"겨우 19살밖에 되지 않은 계집애가 한다는 소리가 고작 그 따위 말밖에 없니? 어차피 너는 생각하는 게 별난 데가 있어. 어머니한테 가거든 잠이 들지 않으셨다면 연극 구경 갔다 와서 바로 뵙겠다고 전해줘."

펠리시아는 이층으로 올라가 어머니를 뵙고, 델라노 댁의 마차가 도착할 때까지 어머니와 함께 있었다. 어머니는 아버지의 일을 걱정하셨다. 어머니는 그칠새 없이 한시도 쉬지 않고 잔소리를 했고 펠리시아가 한 마디 하려고 할 때마다 공연히 화를 냈다. 레이첼 언니의 편지를 읽어드리려 해도 들으려고 하지도 않았다. 펠리시아가 그날 저녁 연극 구경을 가지 않고 어머니와 같이 있겠다고 해도 어머니는 냉정하고 날카로운 어조로 그 제안을 거절하는 것이었다.

제 22 장
어머니의 소망

펠리시아는 좋지 않은 기분으로 연극을 구경하러 갔다. 그녀는 그런 기분에 익숙치 않았다. 이따금 동행한 다른 사람들에게 불쾌감을 주긴 했지만 그러나 그녀는 그러한 기분이 자신도 모르게 유난히 드러나자, 펠리시아는 그만 움추러들었다. 일행이 지정석에 자리잡고 앉자, 드디어 막이 올랐다. 펠리시아는 맨 뒷좌석에 혼자 앉아 있기로 했다. 6명의 처녀들과 같이 간 샤퍼롱(Chapenrone : 들러리—역자 주)격인 델라노 부인은, 로즈가 너무나 자주 떠들었으므로, 펠리시아가 '별난 처녀' 라는 것을 잘 알고 있었다. 그러나 그녀는 펠리시아를 구석자리에서 구태어 끌어내려고 하지 않았다. 펠리시아는 그 날 저녁 그녀에게 점점 더 가까이 다가오는 위기를 몸소 느끼기 시작했다. 연극은 놀랍고 아슬아슬한 장면이 많고 실감 나는 장면과 예기치 못한 클라이맥스가 가득한 영국 멜로드라마였다. 제3막의 한 장면은 무감각하던 로즈에게도 큰 감명을 주었다.

펼쳐진 무대의 배경은 런던 시의 블랙프라이어즈 다리였으며, 때는 한밤중이었다. 그 다리 아래는 템즈 강의 물이 검고 무시무시하게 흘러가고 있었다. 성바울 성당의 모습이 희미하게 드러나 보였고 그 둥근 지붕이 주변의 빌딩들 위에 떠있는 듯이 솟아있었다. 어린 소녀의 모습이 다리 위에 나타나더니 누군가를 찾는 듯 한동안 주위를 살피면서 서 있었다. 이따금 무표정한 사람들이 그 다리를 지나갔다. 그런데 강의 다리 한가운데의 후미진 곳에 한 여인이 서 있었다. 그 여인은 얼굴과 몸 전체에 심한 고민이 서린 모습으로 다리 난간에 몸을 기대고 강을 내려다보고 있어서 누가 보아도 자살을 하려는 것을 금방 알아챌 수 있었다. 그 여인이 살그머니 다리 난간에 올라 몸을 강으로 떤지려는 순간, 아까부터 주위를 두리번거리던 소녀가 짐승처럼 날카롭게 울부짖는 비명을 지르며 달려가 여인의 옷자락을 붙잡고 안간힘을 다해 끌어 당기는 것이었다. 바로 그때 무대에 이미 등장한 두 사람이 부리나케 현장에 도착했다. 키가 크고 잘 생겼으며 체격이 좋은 미남인 사나이는 좋은 옷을 입은 신사였고, 그가 데리고 온 몸집이 날씬한 소년은 옷과 외모가 그 여인에게 달라붙다시피 뒤로 당기고 있는 소녀만큼 세련되어 있었다. 소녀의 어머니는 낡은 옷차림에 가난에 찌든 모습으로 소리없이 흐느끼고 있었다. 그 신사 차림을 한 사나이는 소년과 합세하여 그 여인의 자살을 막으려고 했다. 관중들은 그 다리 위에서 오가는 대화를 듣고 그 사나이와 여인이 오누이간임을 알게 되었는데 무대 장면은 런던 이스트 사이드에 있는 빈민가의 초라한 셋집으로 옮겨졌다.

　이 장면을 위해 무대장치를 맡은 목수는 최고의 일을 했는데 버림받은 런던 시민의 일부를 구성하는 빈민들의 유명한 안마당과 골목의 장면을 연출한 것이다. 누더기 옷차림의 사람들, 북적대는 군중, 거렁뱅이들, 부서진 가구, 본의 아니게 하나님의 형상대로 지어진 무시무시한 동물들의 실존들이 어찌나 생생하게 묘사되었는지, 비단 커튼과 벨벳이 덮힌 난간으로 둘러싸인 호화스런 극장 특별석에 앉아 연극을 관람하던 로즈 스틸링과 같은 상류층 여인들은 그 비참한 장면에 접근하다가 그것에 오염될지도 모른다고 생각했기 때문인지 모두 몸을 움추렸다. 그 장면은 너무나 생생하게 묘사되었으며, 심지어 혼자 떨어져 푹신한 의자에 파묻혀 대사 따위는 아랑곳하지 않고 다른 생각에 잠겨 있던 펠리시아에게까지도 무시무시한 충격을 주었다.

다시 무대 장면이 바뀌어 빈민가의 더러운 셋방에서 귀족의 호화스런 저택 내부로 옮겨졌고, 평소의 상류층의 호화스런 생활상이 무대 위에 나타나자, 그런 것에 익숙한 대부분의 관중들은 안도의 한숨을 쉬었다. 그 두 가지 장면은 그 차이가 대조적인 장면이었다. 불과 몇 분 동안에 빈민가와 호화 저택을 번갈아 보여줄 수 있었던 것은 능란한 연출 작업의 성과였다. 대사가 계속되고 배우들은 각각 배역에 따라 등장하고 퇴장하였다. 그러나 펠리시아에게는 한 가지 장면만이 뚜렷한 감명을 주었다. 사실상 다리와 빈민가의 장면은 그 연극 줄거리에 부수적인 것에 지나지 않았다. 그러나 펠리시아는 자신이 되풀이 해서 그 두 장면에 휩쓸려들어 생활하는 기분이 들었다. 그녀는 아직까지 비참하게 되는 까닭에 대해서 깊이 생각해 본 적이 없었다. 사실 그녀도 그런 사색을 하기에는 아직 어렸으며, 또한 그런 기질도 있지 않았다. 그러나 그녀는 그런 비참성을 본능적으로 느꼈으며, 인간 생활의 상류와 하류 계층에서 모순을 느낀 것도 처음이 아니었다. 그런 느낌이 더 깊어지자, 언니인 로즈마저 그녀를 '별난 아이'라고 부르게 되었고 부유층 친지의 사교 모임에서도 그녀를 아주 이상스러운 처녀라고 불렀다. 이렇게 된 것은 어디까지나 실생활에 있어서 부와 빈곤의 극단성, 생활이 세련됨과 생활의 타락됨의 인간적인 문제 때문이라고 할 수 있었다. 다시 말해서, 그녀에게는 원래 제반 현실에 대항하여 투쟁하고자 하는 무의식적인 기질이 있다고 해도, 한 가지 꺼림직한 생각을 하지 않을 수가 없었다. 즉, 결국에는 자신이 이 세상 사람들에게 보기드문 사랑과 자기 희생을 부르짖는 사람으로 되버리거나, 아니면 자기를 알고 있는 모든 사람들에게 고약한 괴상한 인간으로 여겨질 것이라는 생각이 그녀의 마음에 파고 들었다.

"얘, 펠리시아야. 너는 집에 안 갈래?"
하고 로즈가 물었다.

연극은 끝났고 막은 내려졌으며, 관중들은 소란스럽게 웃고 잡담을 하면서 극장을 나서고 있었다. 그들은 '런던의 어두운 곳'이라는 연극을 단순히 좋은 오락물로 여기는 것 같았고, 또 실제로 그 연극은 오락물로 썩 훌륭하게 연출되었던 것이다.

펠리시아는 자리에서 일어나 나머지 관중들과 함께 조용히 극장을 나왔다. 그녀는 연극이 끝났는 데도 멍청하니 그대로 앉아있는 것 같은 느낌에 빨려들어 가고 있었다. 넋을 잃고 있었던 것이 아니라, 종종 있듯이 군중 속에 있으면서도 자기 혼자 남은 것 같은 상태로 어떤 생각을 하고 있었다.

"그런데 그 연극은 어떻다고 생각하니?"

하고 로즈가 물었다.

두 자매는 어느덧 집에 도착하여 응접실로 들어섰다. 사실 로즈는 평소에 펠리시아의 연극에 대한 평가 능력을 상당히 존중하고 있었다.

"실생활을 잘 묘사한 좋은 연극이었다고 생각해."

"나는 연기에 대해 묻고 있는 거야."

하고 로즈가 짜증스럽다는 듯이 말했다.

"다리 위 장면에서의 연기는 훌륭했어. 특히, 그 여자의 연기는 정말 일품이었어. 남자배우는 감정 표현이 다소 지나친 것 같았어."

"그래? 나도 그 장면이 재미있었어. 그리고 두 사람이 사촌 오누이 간인 것을 처음으로 알게 되는 장면은 참 재미있었지. 하지만 빈민굴을 묘사한 장면은 무시무시했어. 연극에서 그런 소름끼치는 장면은 보여주지 않았어야 했는데. 너무나 끔찍하고 비참한 장면이었어."

"빈민굴의 실제 생활도 역시 끔찍하겠지."

"그럴거야. 하지만 우리는 그런 소름끼치는 현실을 보지 말아야 해. 우리가 관람료를 내고 들어간 극장에서 그런 장면을 본다는 것은 퍽 기분나쁜 일이야."

로즈는 식당으로 들어가 찬장에 넣어 두었던 과일과 케이크를 꺼내 먹기 시작했다. 잠시 후 응접실의 벽난로 앞에 서 있던 펠리시아가 로즈에게 물었다.

"언니, 엄마를 만나러 안 갈래?"

"난 안 가련다. 오늘밤엔 엄마를 괴롭히고 싶지 않아. 네가 엄마한테 가거든 난 너무 피곤해서 엄마의 기분을 맞춰 드릴 수 없다고 말해 줘."

그리하여 펠리시아는 계단을 밟고 2층으로 올라가 어머니의 방으로 갔다. 그 곳에는 불이 켜져 있었고 언제나 어머니의 시중을 드는 하인 클라라가 손짓으로 들어 오라고 했다.

"클라라에게 좀 나가 있으라고 해라!"

펠리시아가 어머니의 침대 쪽으로 다가가자, 어머니는 외치다시피 소리쳤다. 펠리시아는 깜짝 놀랐지만 어머니가 말씀하신 대로 하고 나서 어머니에게 기분이 어떠시냐고 조심스럽게 물었다.

"펠리시아야. 나를 위해 기도할 수 있겠니?"

하고 어머니가 부탁했다. 이런 부탁은 예전에도 없었던 것이다. 펠리시아는 무척 놀라고 당황했으나 어머니의 부탁을 들어 드리기로 했다.

"해드리고 말고요, 엄마. 그런데 오늘따라 왜 그런 부탁을 하세요."

"펠리시아야, 난 지금 간담이 서늘하여 못 견디겠다. 네 아버지 말이다. 난 온 종일 네 아버지 때문에 불길한 생각과 두려움을 느끼고 있단다. 아버지께서 뭔가 잘못되어 가는 게 틀림없어. 그래서 너에게 기도해 줬으면 하는 거야."

"지금 여기서요, 엄마?"

"그래, 기도해 다오. 펠리시아야."

펠리시아는 손을 내밀어 어머니의 힘없는 손을 덥썩 잡았다. 어머니의 손은 부들부들 떨리고 있었다. 어머니가 자기 딸에게 그토록 부드러운 태도를 보여준 적이 한 번도 없었다. 지금 어머니는 전혀 예기치 못한 요구로 막내딸 펠리시아의 인격에 대한 깊은 신뢰의 표시를 처음으로 드러냈던 것이다.

펠리시아는 떨고 있는 어머니의 손을 잡은 채, 무릎을 꿇고 기도를 드렸다. 그녀는 전에 없이 큰 소리로 기도했다. 그녀는 기도 중에 어머니가 요구하는 말을 했다. 조용한 가운데 병약한 어머니는 소리 죽여 흐느꼈으며, 신경쇠약 증세가 다소 안정되었다.

펠리시아는 한동안 그대로 머물러 있었다. 어머니에게 자기가 있지 않아도 될 것으로 판단되자 조용히 밖으로 나가려고 일어섰다.

214

"안녕히 주무세요, 엄마. 혹시 밤중에라도 기분이 언짢으시거든 클라라를 시켜 저를 부르세요."

"이젠 기분이 훨씬 좋아졌단다."

펠리시아가 방을 나서려는데 어머니가 다시 불러 세웠다.

"펠리시아야, 네게 뽀뽀해 주지 않을래?"

펠리시아는 돌아서서 어머니에게 허리를 구부려 키스했다. 조금전에 한 기도와 똑같이 그 키스도 이상스런 기분이 들었다. 펠리시아가 방 밖으로 나왔을 때, 그녀의 두 뺨에는 눈물이 흐르고 있었다. 그녀는 어린 아이였을 때를 제외하고는 아마 그렇게 울어 본 적이 별로 없었다.

일요일 아침, 스털링 씨 저택에서는 여느 때와 마찬가지로 11시에 예배에 참석하기 위해 두 딸은 평소와 같이 교회로 향했다. 스털링 씨는 교회의 집사직을 맡고 있지는 않았으나 많은 액수의 헌금을 바쳤으며, 대개의 경우 일요일 아침 예배에는 참석했다. 그런데 어찌된 일인지 그 날 아침 식사 때에도 모습을 나타내지 않았고, 이윽고 하인 클라라를 시켜 외출할 기분이 나지 않는다는 전갈을 보내왔다. 그래서 로즈와 펠리시아만이 마차를 타고 나사렛 애비뉴 교회에 도착했고, 두 자매는 함께 교회 안으로 들어가 가족석에 앉았다.

잠시 후 칼빈 브루스 목사가 강단 뒤쪽에서 걸어나와 평소와 같이 강대로 올라가서 성경을 펼칠 때까지만 해도, 그를 가장 잘 알고 있는 교인들조차 그의 태도나 표정에서 평소와 다른 이상한 점을 전혀 간파하지 못했다. 그는 여느 주일 예배와 똑같이 예배를 진행했다. 침착했으며 또한 목소리는 차분했으며 확신에 차 있었다. 예배 도중 교인들이 뭔가 이상한 점을 깨달은 것은 그가 기도할 때였다. 그의 기도는 목회직을 맡아온 12년 동안 신도들이 처음 듣는 기도였다. 한 크리스천의 관념에 혁명이 일어났다면 그 크리스천이 아닌, 그 목사의 기도가 어떠했겠는가? 그 지각의 혁명이 예수님의 발자취를 따른다는 것이 무엇을 뜻하는가에 대한 정의에 완전한 변혁이 일어났다면 말이다.

나사렛 애비뉴 교회의 신도들 중 그 누구도 전혀 예측하지 못한 일이 일어났던 것이다. 근엄하고 교양있고 위엄을 갖춘 신학박사인 칼빈 브루스 목사가 불과 며칠 사이에 돌변하여 어린 아이처럼 무릎을 꿇고 울부짖으며 자기가 하려는 주일 예배 설교를 그리스도답도록 할 수 있게 힘과 용기를 갈구할 줄은 예측하지 못한 일이었다. 그런데 그의 기도는 영혼의 체험에서 무의식 중에 우러나오는 순수한 기도였다.

기도가 끝난 후 숨을 죽일 듯한 침묵 속에 뚜렷한 성령의 힘찬 파도가 교인들 위에 넘실거렸다. 교회에 아주 냉담한 신도들도 이 놀라운 성령의 위력을 뚜렷하게 느낄 수 있었다. 종교적 감수성이 예민한 펠리시아는 초자연적인 성령의 위력이 자신을 스치고 지나가자 깊은 감동으로 온몸을 부르르 떨었다. 고개를 들고 목사를 올려다보는 그녀의 눈동자에는 잇달아 일어날 장면에 대한 강렬한 기대감으로 인해 빛을 내고 있었다. 목사의 기도에는 뭔가 중대한 것이 들어 있었고, 그 기도 때문에 그 교회의 수많은 신도들의 마음이 마구 흔들렸던 것이다. 거의 모든 교인들이 몸을 앞으로 기울인 채, 레이먼드 방문 이야기로 서두를 꺼낸 브루스 목사의 설교에 귀를 기울였다. 그는 설교를 해 나감에 따라 교인들 사이에 일기 시작하는 뚜렷한 반응을 알 수 있었다. 칼빈 브루스 목사는 자신의 12년 동안의 목회 생활에 걸쳐 한 번도 체험한 적이 없는 그런 성령의 세례를 받게 되리라는 기대감으로 온 몸이 떨리기 시작했다.

제 23 장
목사와 감독의 언약

"나는 레이먼드를 방문하고 며칠 전에 돌아왔습니다."
하고 브루스 목사는 설교를 시작했다.

"나는 그곳에서 생긴 운동에 관한 내 생각을 정리하여 몇 가지 말씀드리고자 합니다."

그는 잠시 말을 멈추고 나서, 회중들의 반응에 대한 열망을 품고 동시에 심중의 커다란 불안감을 품은 채 회중들을 쳐다보았다.

'대부분 부유하고 유행을 좇으며 세련되고 사치를 좋아하는 우리 교회 신도들 중 이제부터 내가 말하려는 호소의 뜻을 몇 사람이나 이해해 줄까?'

브루스 목사는 눈앞이 캄캄했다. 그러나 그는 이미 고난의 사막을 끝까지 걷게 되었으며, 이제 남은 일은 고난을 감수해야 하는 길밖에 없었다. 잠시 후, 다시 입을 열어 레이먼드에서 있었던 체험담을 차근차근 이야기했다. 신도들은 이미 제일교회에서 시도되고 있는 개혁 운동에 관해 약간 알고 있는 듯했다. 수많은 생명에게 새 역사를 안겨다 준 그 서약 운동의 진전을 온 국민이 예의 지켜보고 있었던 것이다. 드디어 맥스웰 목사는 전국의 다른 교회로부터 호응을 얻기 위한 운동을 펴나갈 때가 되었다고 결정지었던 것이다. 레이먼드에서 시작된 새 크리스천 개혁 운동은 정말 보람있는 결과를 가져왔고 이제 그는 다른 교회들도 이 개혁 운동에 참여하기를 간절히 바랐던 것이다. 이미 전국 각지에 있는 교회에서 예수님의 발자취를 좀더 가까이 따르겠다는 자원운동이 벌어지고 있었다. 이미 많은 교회의 청년봉사회 회원들이 열성적으로 '예수님이라면 어떻게 하실까?' 라고 질문한 후 매사를 처리하기로 서약했고 그 결과로 인해 영적 생활을 하게 되었고 교회의 능력에 영향력을 끼쳐서 교인들이 거듭나는 것 같았다.

이 모든 상황을 브루스 목사는 차분하고 담담하게 이야기했으며, 동시에 자기가 곧 제시할 제의로 설교를 이끌어가야 한다고 생각했다.

펠리시아는 주의깊게 한 마디 한 마디 빼 놓치 않고 들었다. 그녀의 옆에는 언니 로즈가 앉아 있었는데, 두 자매는 마치 타는 불과 물 같은 대조적인 것이었다. 로즈도 될수록 주의했으며 신경을 곤두세우고 흥분해 있었다.

브루스 목사는 드디어 조금 전에 기도할 때 보여주었던 몸짓과 어조로 이제 말하려는 사항에 감정을 나타내며 설교를 시작했다.

"친애하는 신도 여러분, 지금 나는 우리 교회 신도 여러분에게 레이먼드 제일교회 신도들이 한 서약 운동에 적극적으로 동참해 주실 것을 제의합니다. 예수님의 발자취를 따른다는 것이 과연 무엇을 의미할까요? 이 서약이 여러분과 본인에게 미치는 영향을 나는 잘 알고 있습니다. 그 서약을 지킨다는 것은 수많은 습관의 변화를 의미할 것이며, 나아가서는 사회적 지위의 상실과 불가피한 금전적 손실을 초래할 수도 있고, 많은 고통을 의미할 수도 있답니다. 또한 그 서약은 1세기경 초대 교회의 신도들처럼 아무 조건없이 예수님의 발자취를 그대로 따른다는 것을 뜻할 수도 있습니다. 또한 참된 크리스천 정신에 대한 시험은 예나 지금이나 똑같습니다. 여러분 가운데 스스로 예수님의 발자취를 따르겠다고 나설 분이 있다면, 그런 분은 그저 예수님이 하라시는 대로 예수님의 발자취를 따르겠다고 서약해 주시기 바랍니다."

브루스 목사는 말을 중단하더니, 이윽고 자기의 제의에 대한 반응이 전 회중의 머리 위에서 소용돌이치듯 꿈틀거리고 있음을 분명히

218

감지할 수 있었다. 그는 차분한 목소리로, 예수님의 발자취를 따르기로 서약할 자원자가 있으면 예배가 끝난 다음 남아 달라고 덧붙여 말했다.

그는 즉시 설교의 본론으로 들어갔다. 오늘 설교의 주제는 '예수님이 가시는 곳이면 어디든지 따라가겠습니다.'(마태복음 8장 19절 새 번역—역자 주)였다. 그것은 깊숙한 행동력을 자극하는 설교였고, 그것은 목사가 터득한 정의를 회중에게 고백하는 설교였으며, 회중을 기원 1세기의 초대교회로 되돌아가게 하는 설교였고, 특히 수십년 동안의 전통적 사고를 밀쳐 버리고 회중에게 참다운 의미와 목적에 관해 주의를 환기시키는 설교였다. 그런 설교는 목회자가 일생에 한 번 있을까 말까한 설교였는데 회중이 평생을 생활신조로 삼을 만한 뜻이 깊은 설교였다.

조용한 가운데 예배가 끝났다. 회중이 한 무리씩 일어나 서서 웅성거리기 시작했다. 너무나 큰 충격 때문인지 사람들의 움직임이 현저하게 빨라졌다. 그러나 로즈는 가족석에서 곧장 나와 통로에 도착하고는 고개를 돌리고 뒤를 쳐다보면서 펠리시아에게 나오도록 손짓했다. 그때에 예배에 참석한 많은 교인들은 모두가 자리에서 일어났다.

"난 여기 있을래."
하고 펠리시아가 단호하게 말했다.

로즈는 동생인 펠리시아가 여느 때와 같이 고집스럽게 말하는 소리를 듣자, 그녀의 고집을 꺾을 수 없음을 느끼게 되었다. 그럼에도 불구하고 로즈는 다시 가족석으로 두세 걸음 다가가서 동생과 마주 보며 충고하기 시작했다.

"펠리시아! 이건 어리석은 짓이야. 네가 도대체 뭘 할 수 있단 말이냐? 우리 집안에 불명예를 가져올 뿐이야. 아버지가 뭐라고 하시겠니? 자, 가자!"

로즈는 속삭이듯 다그쳤다. 그 순간 그녀는 기가 막히다는 듯 화가나서 두 볼이 노여움으로 붉어졌다.

펠리시아는 언니를 힐끔 힐끔 쳐다보다가 곧 아무 대꾸도 하지 않왔다. 그녀의 입술은 자신의 새 생활을 설계하려는 진실에서 우러난 소망으로 말미암아 떨리고 있었다. 그녀는 고개를 가로저으며 말했다.

"안 갈래. 난 여기 남아있다가 서약을 하겠어. 그리고 서약에 따르겠어. 내가 왜 서약을 하려는지 언니는 이해하지 못할 거야."

로즈는 동생을 한 번 쳐다보고는 돌아서서 가족석에서 나와 통로로 나왔다. 그녀는 발걸음을 멈추고 친지들과 이야기를 하지 않았다. 로즈가 마차가 기다리고 있는 곳에 막 들어서려는데, 델라노 부인이 교회에서 나오면서 말을 했다.

"아니, 그러니까 너도 브루스 목사님이 제의한 자원자 모임에 참석하지 않을 작정이구나."

델라노 부인은 로즈가 얼굴을 붉히도록 이상한 어투로 묻는 것이었다.

"그래요. 아주머니는 어떻게 하실 거예요? 정말 어리석기 짝이 없다고요. 저는 항상 레이먼드에서 일어난 그 운동이 미친 사람들의 소행이란 걸 난 진작부터 알고 있었다고요. 아시다시피 우리 사촌언니인 레이첼이 계속 편지로 그 운동에 관해 자세히 알려 주었습니다."

"그래, 네 말이 옳다. 그 운동이 결국 여러 가지로 많은 문제점만 일으키고 말 거야. 내가 보기에는 브루스 목사님이 우리 교회에서 소란만 일으키는 것 같구나. 너도 이제 알겠지만 우리 교회는 분열되고 말 거야. 우리 교회에는 그 따위 서약을 할 수도 지킬 수도 없는 처지에 있는 교인들이 많단 말이야. 물론 나도 그 중에 한 사람이고."

델라노 부인은 로즈와 함께 교회 밖으로 걸어나가면서 이렇게 맞장구를 쳤다.

로즈가 집에 도착하자, 아버지는 여느 때와 마찬가지로 담배를 입에 문 채 응접실의 커다란 벽난로 앞으로 걸어가면서 말했다.

"펠리시아는?"

로즈가 들어오는 것을 보고 아버지가 물었다.

"후속 모임 때문에 아직 교회에 남아 있어요."

로즈는 짤막하게 대답했다. 그녀가 외투를 벗더니 이층으로 올라가려는데, 아버지가 불러 세우며 물었다.

"후속 모임이라니? 그게 무슨 소리냐?"

"브루스 목사님께서 오늘 교인들에게 레이먼드식 서약 운동에 동참해 줄 것을 요청했어요."

스털링 씨는 입에서 피우던 담배를 뽑아 두 손가락 사이에 신경질적으로 비틀어 버렸다.

"브루스 목사가 그런 제의를 하리라고는 전혀 예측하지 못했구나. 얼마나 많은 사람들이 남았느냐?"

"몰라요. 난 남아있지 않았으니까요……."

로즈는 이렇게 대답하고 나서 이층으로 올라가 버렸으며, 그녀의 아버지는 여전히 응접실에 서 있었다.

잠시 후 스털링 씨는 창문께로 가서, 마차를 타고 큰 길을 오고 가는 사람들을 바라보며 서 있었다. 그는 담배를 쥐고 있지 않으면서도 여전히 손가락을 신경질적으로 돌리고 있었다. 그러다가 창문에서 돌아서더니 방 안을 서성거렸다. 마침 그때 하인이 홀을 지나 걸어오더니 식사 준비가 되었다고 전했다. 그는 펠리시아가 오면 함께 들어오도록 일러 놓았다. 로즈는 아래층으로 내려와 서재로 들어갔다. 스털링 씨는 여전히 초조한 표정으로 응접실에서 서성거렸다.

이윽고 서성거리는 게 싫증을 느꼈는지 의자에 털썩 주저앉아 뭔가 곰곰히 생각에 잠겨 있는데, 펠리시아가 들어왔다.

스털링 씨는 의자에서 일어나 자기 딸을 쳐다보았다. 펠리시아는 후속 모임에서 크게 감동을 받은 표정이었다. 그러나 이때 그녀는 그 모임에 관해서 떠벌리고 싶지 않았다. 그녀가 막 응접실로 들어서려는 순간, 로즈가 서재에서 나왔다.

"얼마나 많이 모였었니?"

로즈는 궁금한 듯이 물었다. 역시 로즈는 레이먼드의 개혁 운동에 대해서는 회의적인 입장이었다.

"약 백 명쯤."

라고 펠리시아가 근심스러운 듯이 대답했다.

스털링 씨는 깜짝 놀라는 표정을 띠었다. 펠리시아가 응접실에서 나가려고 하자, 그는 그녀를 불렀다.

"넌 정말 그 서약을 지킬 셈이냐?"

펠리시아는 이 물음에 얼굴을 붉혔다. 그녀는 얼굴과 목이 화끈거림을 느꼈다.

"아빠가 만일 그 모임에 참석하셨더라면, 그런 질문은 하시지 않았을 거예요."

펠리시아는 잠시 응접실에서 서성거리다가 저녁 식사는 조금 있다가 하겠다며 어머니를 만나려고 이층으로 올라갔다.

펠리시아와 어머니 사이에 무슨 대화가 오갔는지는 그 두 사람 이외에는 아무도 모를 일이었다. 아마 그녀는 그 날 예배 후의 모임에서 서약에 동참할 것을 제의한 브루스 목사와 마주 앉은 교인들 모두가 한결같이 느꼈던 성령의 힘에 관해 어머니에게 이야기을 했을 것이다. 그리고 또 한 가지 확실한 사실은, 펠리시아는 전에 그런 경험을 하지 못했으니까 어제밤에 어머니가 부탁한 기도를 드린 일이 없었다면 어머니와 그런 경험을 나눌 생각을 하지 못했으리라는 점이다. 이 시점에서 펠리시아의 체험과 관련있는 또 한 가지 사실이 밝혀졌다. 즉, 그녀는 마침내 식탁에서 아버지와 언니와 마주 대했지만, 그 모임에 관해서는 더 이상 말하고 싶지 않았다는 점이다. 그것은 마치 날씨 이외에는 전혀 관심이 없는 사람에게 아름다운 저녁 노을을 설명하기를 꺼리는 사람처럼, 그녀는 그 모임에 관해 조금도 말하고 싶지 않았다.

스털링 가문의 주일은 막이 내리고, 온 집안을 밝히는 부드럽고 따스한 불빛이 커다란 창문을 통해 찬란하게 비칠 때, 펠리시아는 희미하게 비치는 자기 방 한쪽 구석에서 무릎을 꿇고 기도했다. 그녀가 기도를 마치고 얼굴을 들고 불빛을 대하자, 그 얼굴에는 세상살이에서 가장 위대한 일을 스스로 결정한 성숙한 여인의 표정이었다.

그 날 저녁, 주일 예배가 끝난 후 브루스 목사는 그 날 낮에 있었던 일들에 대해 아내와 이야기를 나누고 있었다.

222

그들 부부는 이 문제에 있어서 한마음 한뜻이 되어 참신한 크리스천이 지니고 있는 깊은 신앙심과 용기를 갖고 닥쳐올 앞날을 내다보고 있었다. 또한 그들 부부는 자기 자신이나 교인들이 한 서약 때문에 어떤 결과가 초래될지에 대해 솔직하게 의견을 나누었다.

그들 부부가 잠시 진지한 이야기를 하고 있는데, 느닷없이 벨소리가 요란하게 울렸다. 브루스 목사가 현관으로 가서 문을 열며 큰 소리로 외치는 것이었다.

"아니, 이거 에드워드 아닌가! 정말 반갑네, 어서 들어오게!"

당당한 풍채의 사나이가 홀로 들어섰다. 브루스 목사의 친구이면서 감독인 방문객은 비범하게 키가 크고 어깨가 널찍했지만, 전혀 보기 흉한 모습이 아닌 훌륭한 풍채의 소유자였고 유난히 체구가 컸다. 누구든 이 감독을 처음 대하면 아주 건강하다는 것과 애정이 넘치는 표정의 소유자 임을 금방 느낄 수 있었다.

감독은 거실로 들어서자 브루스 목사의 부인과 인사를 나누었다. 잠시 후 목사 부인은 밖에서 인기척이 있어 나가고 두 사람만이 남게 되었다. 감독은 벽난로 앞에 놓인 안락의자에 몸을 깊숙히 묻고 앉아 있었다. 이른 봄 밤에 벽난로의 불을 쬐니 한결 기분이 상쾌했다.

감독은 검고 커다란 두 눈을 뜨고 옛날 같이 다니던 대학 동창생의 얼굴을 바라보며 마침내 입을 열었다.

"칼빈, 자네는 오늘 매우 중대한 사업에 뛰어 들었더군. 오늘 오후에야 그 소식을 들었지. 이 일에 대해서 오늘밤에 자네를 만나지 않고는 견딜 수가 없었을 거야."

"와 줘서 정말 기쁘네. 자네는 그 서약이 무엇을 뜻하는지 잘 알 테니까!"

브루스 목사는 한 손을 감독 어깨에 얹으며 은근하게 물었다.

"알 것 같네. 그래, 확실히 알지."

감독은 아주 느리게 생각에 잠기더니 말을 이었다. 그는 두 손을 마주 잡고 앉아 있었다. 인간에 대한 헌신과 봉사와 사랑으로 주름진 그의 얼굴에 한 그림자가 스치고 지나갔다. 그 그림자는 결코 난로불 때문에 생긴 그림자가 아니었다. 그는 또다시 커다란 눈으로 옛 친구를 쳐다보았다.

"칼빈, 우리 두 사람은 언제나 서로 이해해 왔지. 비록 우린 서로 다른 노선을 걸어왔지만, 같은 크리스천으로서의 동지애노선을 함께 걸어온 셈이지."

"그건 사실이야. 그 점에 대해서 늘 하나님께 감사을 드리지. 나는 어느 누구보다도 자네가 내 친구란 것이 정말 자랑스럽다네. 나는 언제나 우의가 뭘 의미하는지 잘 알고 있어. 그래서 언제나 자네 덕을 보고 있는 셈이지."

감독은 정답게 브루스 목사를 바라보았다. 그러나 그 어두운 그림자는 그의 얼굴에서 여전히 사라지지 않고 남아 있었다. 감독은 침묵을 지키고 있다가 다시 입을 열었다.

"그 새로운 그리스도교 정신이란 자네의 목회 생활에 커다란 위기를 가져다 줄 걸세. 만일 자네가 이제부터 그렇게 하겠지만, 예수님의 발자취를 따라 일하기로 하는 서약을 지킨다면 자네 교구에 괄목할 만한 변화가 일어날 것인가는 어떤 선지자도 예언하지 않기를 요구할 걸세."

감독은 깊은 생각에 잠겨 브루스 목사를 한동안 바라보더니 말을 다시 이었다.

"만일 목사와 교인들이 힘을 합쳐 이러한 서약을 하고 그대로 실천한다면, 이 세상의 그리스도교에 큰 변혁이 밀어닥치는 것을 어떻게 막을 수 있을 지 정말 난 알 수 없다네."

감독은 브루스 목사가 무슨 말을 하거나 질문하기를 기다리는 듯이 한동안 말을 멈췄다. 그러나 브루스 목사는 감독의 마음 속에서, 이전에 맥스웰 목사와 자기가 끝까지 해결하려던 그 큰 문제점 때문에 불이 활활 타고 있음은 미처 깨닫지 못했다.

다시 감독은 말을 이었다.

"그것은 약간 어려운 일일세. 과연 얼마나 많은 교인들이 그와 같은 서약을 하고 그 서약대로 지켜나갈 것인가를 파악하기가 매우 어려울 것 같단 말일세. 현재 우리에게 순교란 한낱 구시대의 유물에 지나지 않아. 오늘날 우리가 믿고 있는 그리스도교는 너무나 안일과 위로에 치우쳐 있어서 십자가와 같은 거칠고 무거운 짐을 짊어지려 들지 않는다네. 이런 상황 속에서 과연 예수님의 발자취를 따른다는 게 무엇을 의미하는 말일까? 과연 제대로 서약을 지켜나간다는 것이 있을 수 있는 일인가?"

감독은 이때 자기 친구 브루스 목사가 옆에 있다는 것도 의식하지 못하는 듯했다. 이윽고 브루스 목사의 마음에 진리에 대한 힌트가 불현듯 생각났다. 만일 이 감독이 레이먼드의 그리스도교 개혁운동에 적극적으로 뛰어들어 막강한 영향력을 행사하게 된다면 어떻게 될까? 감독은 비단 시카고뿐만 아니라 전국에 있는 도시에서 상류층 인사, 부자, 사교계 인사들의 대부분을 추종 세력으로 확보하고 있었다.

'만일 감독이 이 그리스도교 개혁운동에 참여한다면, 굉장히 큰 성과를 거둘 수 있을 거야.'

브루스 목사는 이런 생각을 정리하면서 한 마디 하려고 손을 뻗어 친구인 감독의 어깨에 다정스럽게 손을 얹고 매우 중요한 질문을 하려고 했다. 바로 이때 현관 벨이 요란스럽게 울려 두 사람은 깜짝 놀랐다. 브루스 목사의 아내가 현관으로 나아가 누군가와 이야기를 주고받았다. 이어서 크게 외치는 소리가 들렸다. 감독은 일어섰으며 브루스 목사는 거실 입구 앞에 드리워진 커튼 쪽으로 걸어갔는데, 바로 이때 브루스 목사의 부인이 커튼을 젖히며 나타났다. 그녀의 얼굴은 백지장처럼 하얗게 질려 있었고 온몸을 부들부들 떨면서 이렇게 말했다.

"오, 여보! 끔찍한 소식이에요! 스털링 씨 말이에요…… 오, 난 말 못하겠어요! 어린 두 처녀가 불쌍해요!"

"도대체 무슨 일이요?"

브루스 목사는 감독과 함께 홀로 들어서서 소식을 가지고 온 스털링 가문의 하인과 대면했다. 그 남자는 모자를 쓰지 않은 것으로 보아, 그 하인은 스털링 가문의 가장 가까운 친지로서 브루스 목사에게 그 비보를 전하려고 급히 달려온 것 같았다.

"주인께서 몇 분 전에 권총으로 자살하셨습니다요, 목사님. 침실에서 자살했다구요. 그리고 마님께서도⋯⋯."

"에드워드, 난 곧바로 그 댁으로 가 봐야겠네. 함께 가지 않겠나? 스털링 씨 부부는 자네와 가까운 친구 아닌가?"

감독은 얼굴이 몹시 창백해졌으나 평시와 다름없이 침착성을 잃지 않았다. 그는 브루스 목사의 얼굴을 쳐다보면서 심각한 표정으로 대답했다.

"칼빈, 가고 말고. 나는 자네와 함께 그 상가뿐 아니라, 하나님의 뜻이라면 인간의 죄악과 슬픔이 도사리고 있는 곳은 어디든지 기꺼이 가겠네."

전혀 예상치 못한 불의의 비보 때문에 경황이 없는 와중에도 브루스 목사는 이 말을 듣고 감독이 무엇을 약속했는지 분명히 깨달을 수 있었다.

제 24 장
백만장자의 종말

그들은 어린 양이 가는 곳이면 어디든지
따라다닙니다.
(요한계시록 14장 4절 새 번역—역자 주)

브루스 목사와 감독이 스털링 가문의 저택에 도착했을 때, 평소에는 모든 것이 잘 정돈되어 있던 집안이 온통 혼란스럽고 공포에 휩싸여 있었다. 일층의 큰 방들은 텅 비어 있었으며, 윗층에서는 급히 걷는 발자국 소리와 혼란으로 뒤엉킨 소음이 들렸다. 감독과 브루스 목사가 급히 이층으로 올라가려는데, 하녀 한 명이 공포에 떠는 모습으로 계단을 뛰어내려오고 있었다.

"펠리시아 아씨께서 지금 마나님 방에 있어요."

하고 하녀는 묻는 말에 제대로 대답하지 못하면서 그 자리에서 대성통곡을 하며 응접실을 지나 바깥 쪽으로 뛰쳐나갔다.

브루스 목사와 감독은 층계의 맨 위에서 펠리시아를 만나게 되었다. 그 처녀는 단숨에 달려와 브루스 목사의 두 손을 움켜잡았다. 감독은 그녀의 머리에 손을 얹었고, 세 사람은 한동안 침묵을 지키는 사람들처럼 그 곳에 서 있었다. 감독은 펠리시아를 어렸을 때부터 잘 알고 있었다. 이윽고 감독이 먼저 침묵을 깨뜨렸다.

"펠리시아야, 이 어둡고 암담한 때에 하나님의 모든 은혜가 네게 내리시기를 진심으로 빈다. 너의 어머니께서는……."

감독은 망설였다. 그는 다음 말을 어떻게 해야 할지 몰라서였다. 그는 친구 집에서 이 상가로 달려오는 사이에 자신도 모르게 잊혀졌던 과거로부터 젊은 날의 아름다웠던 사랑이 불시에 되살아났던 것이다. 그것은 브루스 목사조차도 전혀 사실을 몰랐던 일이었다. 한때 감독은 어여쁜 카밀라 롤페 양의 사랑을 얻기 위해 젊음의 제단 위에 변함없이 타오르는 애정의 향을 피워 올린 적이 있었고, 그녀는 그와 백만장자 중 한 사람을 택해야만 했다. 이제 감독은 그러한 과거 때문에 괴로워하지 않았다. 그러나 옛날 일들이 잊혀지지 않는 추억으로 남아 있었다.

펠리시아는 아직 끝나지도 않은 감독의 묻는 말에 대답하려는 듯 돌아서서 어머니의 방으로 들어갔다. 그녀는 전혀 입을 떼지 않았다. 그녀의 침착한 행동을 보고 브루스 목사와 감독은 놀라고 말았다. 그녀는 방문 쪽으로 와 두 사람에게 들어오라고 했다. 두 사람은 정말 뜻밖의 일이 벌어졌다고 생각하며 방안으로 들어갔다.

로즈가 두 팔을 벌려 침대를 감싸안다시피 하고 있었다. 하녀인 클라라가 머리를 감싸안고 앉아서 공포에 경련을 이르키며 흐느끼고 있었다. 그런데 스털링 부인이 이 세상에서 볼 수 없는 놀라운 빛을 얼굴에 띠고 아주 조용히 누워 있었는데, 처음에는 감독조차도 속을 뻔했다. 다음 순간, 큰 진실이 그와 브루스 목사를 엄습하자, 그는 비틀거렸다. 아물지 않은 옛 상처의 모질고 심한 고통이 그의 가슴을 꿰뚫는 것 같았다. 어느덧 그 아픔도 사라지고, 하나님의 자녀들이라면 당연히 갖추어야 할 침착성과 자제력을 발휘하여 그 죽음의 방에 조용히 서 있었다. 그 후 남은 일들을 처리해 나갈 수 있었다.

이튿날 아침, 아래층이 소란스러워졌다. 거의 같은 시간에 의사를 부르러 사람을 즉시 보냈으나, 의사는 꽤 먼곳에 살고 있었으므로 이제야 경찰관들과 함께 온 것이다. 놀란 하인이 경찰을 불렀던 것이다. 몰려온 사람들 중에는 4, 5명의 신문기자와 몇 명의 이웃 사람들이 끼어 있었다. 브루스 목사와 감독은 계단 앞에서 여러 계층의 방문객들을 맞이했고, 그곳에 들어가야 할 사람을 제외하고는 모두 들어가지 못하게 하였다. 이리하여 브루스 목사와 감독을 비롯한 방문객들은 모든 사건의 진상을 알게 되었고, 그 이튿날 신문에 이른바, '스털링 가문의 비극'이라는 제목으로 기사가 실리게 되었다.

세상을 떠난 스털링 씨는 그 날 저녁 9시경에 자기 방으로 들어갔는데, 그것이 그의 마지막 모습이었다. 그가 방으로 들어간지 30분쯤 지나서 한 방의 총소리가 들렸고, 홀에 있던 하인이 그 방으로 급히 들어갔을 때 스털링 씨는 방바닥에 죽은 채 발견되었다. 그 때 펠리시아는 어머니 곁에 앉아 있었고, 로즈는 서재에서 책을 읽고 있었다. 총소리에 놀란 로즈는 이층으로 뛰어올라가서 하인들이 잠자는 침대에 올려놓은 아버지의 시체를 보았고, 그 때 그녀는 비명을 지르면서 어머니의 방으로 뛰어 들어갔다. 어머니는 충격을 받고 실신했으나 놀랍게도 빨리 회복되었고 이내 정신을 차리고 브루스 목사를 부르러 사람을 보냈던 것이다. 그런 다음 어머니는 돌아가신 아버지의 모습을 보겠다고 우겼다. 펠리시아의 노력에도 불구하고, 어머니는 클라라에게 명령하여 자기를 부축하게 하고는 넓다란 홀을 지나 아버지의 시체가 뉘어져 있는 방으로 들어갔다. 어머니는 눈물을 흘리지 않고 메마른 표정으로 남편의 시체를 쳐다보고 자기 방으로 돌아가 침대에 눕고 말았다. 그리고 브루스 목사와 감독이 하인의 전갈을 받고 그 저택에 들어섰을 때, 어머니는 입술을 떨면서 자기 자신과 자기 남편을 용서해 달라고 기도했으며, 이내 세상을 떠나고 말았다. 펠리시아는 어머니의 시체 앞에 앉아 기도를 했고 로즈는 의식을 잃고 어머니의 발치에 쓰러져 있었다.

주일날 저녁, 이 호화 저택에 침입한 무시무시한 죽음의 그림자가 그토록 재빠를 줄이야! 어느 누가 예측했으랴! 그러나 스털링 씨의 사업상의 모든 문제가 백일하에 노출되기 까지는 그가 자살한 진짜 동기를 아무도 모르고 있었다.

최근 스털링 씨는 자신이 해오던 몇 가지 투기 사업 때문에 재정상의 큰 손해를 보게 되었고, 한 달도 안 되어 자기가 예상대로 재산이 완전하게 파산할 것을 알게 되었다. 일생을 바쳐 모았던 재산이 송두리째 없어지게 되자, 일생을 돈벌이에 바친 사나이답게 온갖 간교와 수단을 동원하여 최후의 날이 닥쳐올 때까지 안간힘을 다하여 자살을 미루어 왔던 것이었다. 그러다가 주일날 오후, 이윽고 자신의 파산을 확정짓는 결정적인 소식을 접하게 되자, 최후의 결단을 내렸던 것이다. 그러나 그가 자기 것이라고 큰소리쳤던 호화저택, 가구집기, 마차 등은 모두 정당한 근로의 댓가로 벌어들인 돈으로 마련한 것이 아니라 부당하게 벌어들인 것이었다.

그 모든 것이 실질적인 평가에 기초를 두지 않고, 사기와 투기의 소용돌이에서 비롯된 것이었다. 그는 그 누구보다도 그런 사실을 잘 알고 있었다. 하지만 그는 통상 그런 종류의 인간들이 갖는 희망을 품고서 본인이 돈벌이할 때 사용하던 수법을 그대로 적용하면 손해를 막을 수 있을 것이라고 기대하고 있었던 것이다. 그는 수많은 다른 파산자들과 같은 그런 식으로 처신하다가 완전히 속아 넘어갔던 것이다. 그는 자기가 실지로 거지가 됐다고 깨닫게 되자 자살을 피할 수 없음을 알았다. 자살은 지금껏 그가 살아온 인생의 불가피한 귀결이었다고나 할까. 그는 돈을 자기의 수호신처럼 삼아 왔었으니까.

그의 편협하기 짝이없는 세계에서 그 수호신이 사라지자 이제는 더 이상 섬겨야 할 대상이 없어진 셈이었고, 그는 더 이상 살고 싶지 않았다. 그래서 백만장자인 찰스 R. 스털링은 죽음을 택했던 것이었다. 그리고 그의 죽음은 참으로 어리석고 무모한 죽음이었다. 투기나 손실이나 변화의 차원을 넘어선 신비로운 영생과 비교해 볼 때, 돈을 벌고 잃은 것이 무엇이 그렇게 대단하단 말인가?

스털링 부인의 죽음은 갑작스런 충격의 결과였다. 부인은 이미 수년간 남편의 사업상의 비밀에는 관여하지 않았으나, 남편의 사업이 위기에 처했음을 알고 있었다. 수년간 그녀는 마치 살아있는 송장과 다름없는 생활을 해 왔다. 그녀의 친정 가문은 불가항력적인 불행을 그 누구보다도 잘 참을 수 있다는 인상을 풍겼다. 그녀가 자기 남편이 죽어 있는 방에 들어섰을 때, 그러한 가문의 전통을 여실히 나타내었다. 그러나 약할 대로 약해진 육신은 정신을 지탱할 수 없었으며, 오랜 세월 동안 고통과 절망으로 찢기고 쇠약해진 영혼을 포기하지 않을 수 없었다.

아버지의 갑작스런 자살과 어머니의 죽음, 그리고 재산의 상실이라는 이 세 가지 충격의 영향은 순식간의 두 자매에게 현실로 나타났다. 이 사건이 가져다 준 소름끼치는 공포 때문에, 로즈는 몇 주일 동안 멍한 상태로 제 정신이 아니었다. 아무리 달래도 그녀는 꼼짝 않고 누워 있었다. 자기의 삶을 지탱해 오는 데 너무나 큰 역할을 한 재산이 송두리째 없어졌다는 것이 아직도 현실로 느껴지지 않는 듯했다. 심지어 자신과 펠리시아가 그 저택을 떠나 친척이나 친구에게 의탁해야 한다는 말을 듣고는 그 말의 뜻을 제대로 이해하지 못하는 듯했다.

그러나 펠리시아는 현실을 충분히 알고 있었다. 그녀는 무슨 일이 일어났는지를, 그 일이 왜 일어났는가를 제대로 알고 있었다. 윈슬로우 부인과 레이첼은 이 소식을 접하자, 즉시 레이먼드에서 시카고로 왔던 것이다. 모녀는 스털링 가문의 친지들과 로즈와 펠리시아의 장래 문제를 심각하게 상의하였다. 부모님의 장례식이 끝나고 며칠이 지나자, 펠리시아는 사촌 언니인 레이첼과 자신의 장래에 대해 의논하고 있었다.

"펠리시아야, 너와 로즈는 아무래도 우리와 함께 레이먼드로 가야겠다. 다른 방법이 없어. 지금으로서는 엄마도 다른 어떤 계획도 들어주지 않으실 거야."

하고 이렇게 레이첼이 말했는데, 레이첼의 아름다운 얼굴은 사촌 동생에 대한 사랑으로 빛났다. 그 사랑은 날로 깊어 갔으며, 사촌 동생과 자기가 새로운 크리스천이 되었다는 깨달음이 한층 더 뚜렷하게 되었다.

"여기서 할만한 일거리를 찾지 못한다면 레이먼드로 가겠어."

하고 펠리시아는 대답했다. 그녀는 생각에 잠겨 레이첼을 쳐다보았다.

"여기서 네가 뭘 할 수 있겠니?"

"아무것도 없어. 내가 익힌 것은 음악을 조금 할 줄 안다는 것뿐이야. 그것도 누굴 가르치거나 그것으로 생계를 꾸려갈 정도는 못돼. 그리고 요리를 좀 할 줄 알지."

하고 펠리시아는 살짝 미소지으며 덧붙였다.

"그렇다면 우리집에 와서 요리를 해 줄 수 있겠구나. 엄마는 언제나 부엌일 때문에 힘겨워하시거든."

레이첼은 이제 어차피 펠리시아가 생계를 친척이나 친지의 호의에 의존할 수밖에 없다는 점을 너무나 잘 알고 있었다. 사실상 로즈와 펠리시아는 자기 아버지가 아무리 파산한다고 하더라도 다소의 유산을 물려받게 되었다. 그런데 그녀의 아버지는 투기가의 정신나간 어리석음 때문에 자기 아내와 자녀들의 몫까지 모두 날려 버렸던 것이다.

"내가 해낼 수 있을까? 정말, 그런 일을 할 수 있을까?"

펠리시아는 레이첼의 제안을 받자 신중히 고려해야 할 것이라는 듯이 반문했다. 그리고 다음과 같이 말을 이었다.

"난 언니와 나의 생계를 위해서는 무슨 일이든 할 각오가 되어 있어. 불쌍한 언니! 로즈 언닌 악몽같은 이번 일의 충격에서 영영 벗어날 수 없을 거야."

"그럼, 엄마와 내가 레이먼드에 도착하면 너희들을 위해 필요한 준비를 해 놓을게."

레이첼은 미소를 짓고 말했으나, 사촌동생 펠리시아가 그녀 자신을 돌보겠다는 열의에 감동을 받아 눈시울을 적시며 미소지었다.

몇 주 지나지 않아, 로즈와 펠리시아는 레이먼드에 있는 윈슬로우 가문의 일원이 되었다. 그것은 로즈에게는 쓰라린 경험이었다. 그러나 그녀로서는 달리 어찌할 방도가 없었고, 아무리 생각해도 불가피한 현실로 받아들이지 않을 수 없었다. 자기 인생의 일대 변혁이었다. 결국 그녀는 여러 가지 면에서 펠리시아와 사촌 언니 레이첼에게 무거운 짐을 더해 주는 결과가 되었다.

펠리시아는 즉시 참된 그리스도교 정신의 분위기에 익숙해졌다. 그 분위기는 동지애의 발로로 그녀에게 마치 천국같이 느껴졌다. 윈슬로우 부인은 자기 딸 레이첼이 택한 삶의 방향을 아직도 동의하지 않는 것은 사실이었으나, 예수님의 발자취를 따르겠다는 서약이 실시된 이

후 레이먼드에서 일어나는 사건들의 영향력이 너무나 강하자 윈슬로우 부인과 같은 여인들마저도 상당한 영향을 받지 않을 수 없었다. 펠리시아는 레이첼과 함께 완벽한 애정을 나누고 있었다. 그녀는 오래지 않아 렉탱글에서 벌어질 새 사업에 동참하게 되었고, 새로운 생활 자세로 자기 이모의 가사를 열심히 도왔다. 그리고 짧은 시간에 그녀의 훌륭한 요리 솜씨가 명확히 드러나게 되자, 버지니아는 그녀에게 렉탱글에서 요리 만드는 일을 부탁했다.

펠리시아는 즐거운 마음으로 그 일에 기꺼이 뛰어들었다. 그녀는 난생 처음 다른 사람들의 행복을 위해 보람 있는 일을 하는 데서 느끼는 기쁨을 맛보게 되었다. 무슨 일을 하든지 우선 '예수님이라면 어떻게 하실까?' 라고 자문한 후 실천하기로 한 그녀의 결심은 천성의 가장 깊은 곳에서 나오는 느낌을 주었다. 펠리시아의 발전과 성장은 놀라운 정도였다. 심지어 윈슬로우 부인마저도 펠리시아의 인품의 훌륭함과 아름다움을 인정하지 않을 수 없었다. 이모인 윈슬로우 부인은 놀라는 눈으로 자기 조카를 지켜보았다. 즉, 도시에서 가장 호화스런 것을 다 누리면서 자란 백만장자의 딸인 처녀가 지금 이모집 부엌일을 하고 있는데, 두 손에 흰 밀가루를 묻친 채 왔다갔다 했으며, 이따금 그녀의 콧등에 밀가루가 묻어 줄무늬를 이룰 때도 있었다. 펠리시아는 이모의 부엌에서도 렉탱글 인보회관에 있는 주방에서 요리법을 머리에서 생각해 내려하거나, 여러 가지 재료를 섞어 그 결과가 어떻게 될까 하고 큰 관심을 보이거나, 프라이팬과 주전자를 닦을 때나, 일상 허드렛일을 할 때부터 자기도 모르게 콧잔등을 훔치는 버릇을 가지고 있었다. 그녀의 헌신적인 봉사를 지켜보던 윈슬로우 부인이 처음으로 한 마디 충고를 했다.

"펠리시아야, 그런 허드렛일은 네가 할 일이 아니다. 그런 일을 하도록 내버려 둘 수가 없구나."

"왜 그래요, 이모? 오늘 아침에 제가 만든 빵이 맛이 없었나요?"

펠리시아는 이모가 그런 종류의 빵을 몹시 좋아한다는 것을 알면서도 살짝 웃으면서 상냥하게 반문했다.

"얘야, 그 빵은 정말로 맛있더라. 하지만 네가 우리를 위해 그런 일을 한다는 것은 옳지 않은 것 같다."

"왜 옳지 못해요? 그 일 외에 제가 무슨 일을 할 수 있겠어요?"

윈슬로우 부인은 펠리시아의 뚜렷한 미모에 유의하면서 생각에 잠겨 그녀를 바라보았다.

"펠리시아야, 너는 언제나 이런 일을 할 작정은 아닐 테지."

"어쩌면 그럴지도 몰라요. 저는 장차 시카고나 어떤 다른 도시에서 가난한 가족들을 두루 찾아다니면서 어머니들에게 요리법을 가르칠래요. 한번은 브루스 목사님께서 상대적인 빈곤의 가장 비참한 참상이 바로 초라하고 형편없는 음식이라고 말씀하신 것이 기억나는군요. 목사님께서는 심지어 이렇게까지 말씀하셨어요. 범죄 중에서 어떤 것은 맥없이 부석부석한 비스켓과 질긴 비프스테이크에서 원인이 생길 수도 있다고 말씀하셨어요. 저는 자신있게 할 수 있어요. 로즈 언니와 저의 생계를 해결해 나가면서 동시에 다른 사람들을 도와 줄 수 있으니까요."

펠리시아는 이런 꿈이 실현될 때까지 끊임없이 꿈을 키워 나갔다. 그러는 동안 그녀는 레이먼드 시민과 렉탱글 사람들의 사랑을 받으며 자랐고, 그들 중에는 그녀를 '요리 천사'라고 부르는 사람도 있었다. 그녀는 아름다운 인격을 바탕으로 언제나 예수님의 발자취를 따르겠노라고 나사렛 애비뉴 교회에서 서약한 것을 준수하며 성장해 갔다. 그녀는 기도하고 자기의 소망하는 일을 했는데, 언제나 자신의 생활을 그 서약에 맞추어 나갔다. 그 서약이야말로 바로 그녀의 행실에 대한 영감이었고, 동시에 그녀의 모든 소망에 대한 궁극적인 대답이기도 했던 것이다.

제 25 장
십자가의 길

브루스 목사가 그 주일 아침 참신한 그리스도교 정신에 관한 메시지를 가지고 강단에서 설교에 임한지도 어언간 3개월이 지났다. 그 기간은 나사렛 애비뉴 교회에 커다란 흥분과 소용돌이를 일으킨 3개월이기도 했다. 칼빈 브루스 목사는 자기 교회 교인들이 이토록 깊은 감정의 흐름을 소유하고 있는 줄은 미처 깨닫지 못했다. 그는 자신의 열렬한 호소가 남녀 교인들로부터 예기치 않은 호응을 얻게 되었다고 겸손하게 고백했다. 특히, 펠리시아와 같은 교인들은 평범한 교회에서 제공해 주지 못하는 것을 목마르게 갈구하고 있었으니 말이다.

그러나 브루스 목사는 아직도 만족할 수가 없었다. 브루스 목사를 알고 있는 사람이라면 모두 크게 놀랄 터인데, 그것은 목사 자신의 느낌이 어떤지, 또 무엇 때문에 최종적으로 결정한 개혁 운동에 앞장서게 되었는지를 설명할 수 없다는 점이다. 차라리 지금 이 설명을 위해서는 나사렛 애비뉴 교회에서 시작된 서약 운동의 내력에 대한 브루스 목사와 감독 사이에 오갔던 대화를 인용하는 것이 훨씬 효과적일 것이다. 두 친구는 전과 같이 브루스 목사의 집 서재에서 마주 앉았다.

"오늘 저녁에 내가 무엇 때문에 자네를 찾아 왔는지 짐작하겠나?"

두 사람은 나사렛 애비뉴 교회의 교인들에게 가져다 준 서약의 결과에 대해서 한동안 여러 가지 이야기를 나눈 뒤 느닷없이 감독이 물었다. 브루스 목사는 감독의 얼굴을 물끄럼이 바라보더니 고개를 가로저었다.

"내가 여기 온 것은 진실로 예수님의 발자취를 따르겠다는 내 서약을 지금껏 지키지 못한 것을 고백하려고 왔다네. 그러니까 예수님의 발자취를 따른다는 것에 대해 내 나름대로 생각한 것을 그대로 실천해야겠다고 말일세."

브루스 목사는 자리에서 일어서더니 서재 안을 서성거렸다. 감독은 손을 맞잡고 안락의자에 몸을 깊숙히 묻고 있었다. 그런데 그의 두 눈은 뭔가 중대한 결정을 내리기 전이라는 듯 눈빛에 광채가 났다. 브루스 목사가 갑자기 말문을 열었다.

"에드워드, 나도 아직 서약을 지키는 데 있어서 나 자신에게 만족할 수 없다네. 그렇지만 드디어 나의 갈 길을 결정했다네. 서약을 보다 충실히 지키기 위해 나는 나사렛 애비뉴 교회의 담임 목사직을 사임해야 할 것 같네."

"자네라면 능히 그렇게 할 수 있을 거야. 나도 내가 한 서약을 지키기 위해 자네와 똑같은 결정을 내리지 않을 수 없다는 것을 말하려고 오늘 저녁 여기에 왔다네."

감독은 조용한 어조로 대꾸했다.

브루스 목사는 돌아서서 그의 친구에게 다가갔다. 두 사람은 모두 용솟음치는 흥분을 억제하려고 애썼다.

"자네마저 꼭 그렇게 해야 한단 말인가?"

하고 브루스 목사가 물었다.

"그렇다네. 그 이유를 설명하지. 아마 자네가 내세운 이유와 똑같을 걸세. 사실 똑같으니까 말일세."

하고 감독은 잠시 말을 끊었다가 다시 감정이 고조되기 시작하는 듯 말을 이었다.

"칼빈, 자네는 내가 이 직책에서 일을 한 지가 몇 해나 되었는가를 알 걸세. 그리고 감독의 책임과 할 일에 대해서도 다소 알겠지. 이제 내 생활이 부담감이나 남이 모르는 고통의 짐을 완전히 벗어나게 되었다는 걸 말하려는게 아닐세. 이 죄악에 가득 찬 도시의 가난한 사람들과 절망적인 사람들이 볼 때, 나는 확실히 편안하고 사치스러운 생활을 했네. 나는 멋진 저택에 살면서 최고급 음식과 의복과 세속적인 쾌락을·누려 왔어. 최소한 열두 번이나 해외 여행을 할 수 있었으며, 수십 년 동안 최상의 훌륭한 미술품과 문학 작품과 음악 등을 즐기면·서 살아 왔지. 나는 지금까지 돈 없는 설움이나 그와 같은 것의 의미를 모르고 지내 왔지. 그런데 나는 최근에 와서 '그리스도를 위해서 나는 무슨 고난을 받았는가?' 라는 질문에 대답하지 않을 수 없게 되었네. 사도 바울도, 예수님을 위해 고난을 받아야 할 위대한 일이 무엇인가라는 질문을 받았었지. 레이먼드에서 맥스웰의 처지는 그가 예수님의 발자취를 따른다는 것은 바로 고난을 당한다는 것을 뜻한다고 주장함으로써 동의를 얻고 있지. 하지만 나는 어떤 일에서 고난을 겪고 있는가? 나의 목회생활에서 비롯된 사소한 말썽과 성가신 일들은 슬픔이나 고통이라고 언급할 만한 것들이 못된다네. 사도 바울이나 희생을 감수한 순교자들이나 초대 교회의 신도들에 비하면 이제껏 나는 안일과 쾌락이 가득 찬 사치스럽고도 죄스러운 생활을 누린 셈이지. 나는 더 이상 이런 생활을 견뎌낼 수가 없어. 최근에는 내 마음속에서는 과연 이런 생활이 예수님의 발자취를 따르는 생활이냐고 양심의 가책을 심하게 느껴 왔기 때문이야. 사실 나는 여태껏 예수님의 발자취를 전혀 따르지 않은 셈이지. 현재와 같은 교회 및 사회의 생활 조직하에서는, 내 전 생애를 이 도시의 빈민굴에서 비참한 생활을 이어나가는 사람들의 물질적이나 정신적 요구를 충족시키기 위해 전력을 기울이지 않는 한, 나는 양심의 가책에서 탈출할 수가 없을 것 같다네."·

이때 감독은 자리에서 일어나 창문으로 걸어갔다. 집 앞의 거리는 대낮처럼 밝았다. 그는 한참 동안 말없이 지나가는 군중을 물끄럼이 쳐다보다가 돌아서서 마치 화산이 불을 토해내 듯이 자기 내부에 아무도 모르게 파묻혔던 것을 열정적인 목소리로 털어놓기 시작했다.

"칼빈, 우리가 살고 있는 이 곳은 정말 무서운 도시일세! 이 도시에서 일어나는 비참함, 죄악, 이기주의 등을 생각만 해도 간담이 서늘해지네. 그리고 나는 수 년 동안 구역질 나는 공포에 떨면서 몸부림쳤는데, 그 공포는 내가 금세기의 현대적 이단개념에 부응하는 내 생활을 접촉시키는 현 공직의 쾌락적 사치에서 강제로 벗어나려고 한 것이지. 큰 공장의 여공들의 처참한 근로 조건, 이 도시의 곳곳에 팽배한 빈곤과 슬픔을 무시하는 건방지고 오만한 부유층의 동물 같은 이기주의, 술집과 도박장의 무시무시한 저주, 실직자들의 고통스러운 울부짖음, 교회의 비싼 대리석과 고급 가구, 집기와 장식, 그리고 안일 무사주의에 흐른 게으름뱅이, 수많은 사람들의 교회에 대한 증오심, 여러 가지 갈등으로 빚어지는 거짓 관념과 참된 관념, 교회에서 악의 과대시, 괴로움과 수치심 등등. 온갖 인간성이 소용돌이치는 엄청난 격류, 이러한 모든 것은 하나의 사실로서, 내가 지금까지 살아온 안락한 생활과 대조를 이루면서 나에게 공포와 자책이 뒤엉킨 감정이 되어 덮쳐오고 있지. 나는 최근에 '여기 사람들 중에 지극히 보잘것없는 사람 하나에게 하지 않은 것이 곧 내게 하지 않은 것이다.(마태복음 25장 45절)'라고 하신 예수님의 말씀을 여러 번 들었네. 그리고 어떤 방식으로든 실제로 나에게 고통을 준 죄수나 자포자기한 사람이나 죄악에 가득 찬 사람을 언제 개인적으로 찾아봤단 말인가? 오히려 나는 상투적이고 안일한 직책상의 습성에 젖어 돈 많고 세련되고 귀족적인 교인들로 구성된 사회 안에서 살아 왔지. 이제껏 나는 어떤 일로 고통의 십자가를 지고 왔던가? 예수님을 위해 무슨 고통을 당했는가? 칼빈, 자넨 내 말을 이해하겠나?"

라고 하더니 갑자기 칼빈 브루스 목사를 향해 몸을 돌리면서 또다시 말을 이었다.

"최근에 나는 채찍으로 내 몸을 때릴 마음이 생겼다네. 만일 내가 마틴 루터 시대에 살았더라면 내 스스로에게 등가죽이 벗겨질 정도로 매질을 했을 거야."

238

브루스 목사는 안색이 별안간 창백해졌다. 그는 감독이 그처럼 정열적으로 말하는 것을 보거나 들은 적이 없었다. 방 안에는 갑자기 침묵이 흘렀다. 감독은 다시 의자에 주저앉더니 고개를 폭 숙였다.

이윽고 브루스 목사가 침묵을 깨고 입을 열었다.

"에드워드, 자넨 어쩌면 나와 그토록 똑같은 생각을 하고 있는가? 나도 지난 수년 동안 자네와 비슷한 처지에 있었지. 내 생활을 비교적 호화스럽게 영위했지. 그렇다고 해서 교회 목사직에 있으면서 시련과 절망과 고난이 없었다는 말은 아닐세. 하지만 나는 예수님을 위해 고난을 당한 적은 한 번도 없었네. '여러분이 부르심을 받은 것은 그리스도의 발자취를 따라오게 하시려는 것입니다. 그리스도께서도 여러분을 위하여 고난을 받으시고 여러분에게 본을 남겨놓으셨습니다.(베드로전서 2장 21절)' 라고 한 베드로 전서의 성구가 끊임없이 머리에 떠올랐다네. 나는 정말 유복한 생활을 해 왔네. 가난함도 나는 제대로 몰라. 여행과 멋 있는 사교를 할 만한 여가도 있었지. 나는 언제나 부드럽고 사교적인 사람들에게 둘러싸여 있다네. 이 거대한 도시의 죄악과 비참함이 내 교회와 내 집의 돌벽에 파도처럼 밀려와서 부딪쳤으나 그 벽이 너무나 두꺼워서 나는 전혀 유의하지도 않았네. 이제 나는 이런 상태를 더 이상 견딜 수 없는 경지에까지 도달했네. 나는 내가 속한 교회와 교인들을 비난하지 않네. 오히려 교회를 사랑하고 있지. 나는 교회를 저버리는게 아니야. 나는 교회의 사명을 믿기 때문에 교회를 파괴할 생각은 추호도 없다네. 그러나 적어도 내가 이제 취하려는 행동은 내가 크리스천의 동료애를 저버린다는 데 대한 힐책은 받을 각오가 되어 있다네. 그런데 나는 지금 예수님의 발자취를 따르겠다는 서약을 충실히 이행하기 위해 나사렛 애비뉴 교회의 목사직을 사임해야 한다고 생각하네. 이렇게 한다 해서 나는 다른 성직자들을 심판할 생각은 추호도 없고, 다른 신도들의 그리스도교 정신을 비판할 생각도 없어. 그리고 나는 자네와 똑같은 생각을 하고 있어. 아무래도 나는 이 거대한 도시의 죄악과 수치와 타락에 직접 몸으로 부딪쳐야 한다고 생각하네. 그러기 위해서 나는 아무래도 나사렛 애비뉴 교회와의 관계를 과감히 끊어 버릴까 해. 그리스도를 위해 내가 고난을 당하는 길은 그 길밖에 없다고 보네."

두 사람은 또다시 침묵을 지키고 있었다. 이 두 사람이 내린 결단은 결코 평범하고 쉬운 것이 아니었다. 그들은 똑같은 이유로 똑같은 결정을 내렸으며, 두 사람 모두 너무나 신중한 행동으로 앞뒤를 재는 데 너무나 익숙해 있어서 자기들이 맡고 있는 직위의 중대성을 과소평가 할 리가 없었다.

"자네 계획은 어떤 것인가?"

이윽고 감독이 브루스 목사를 쳐다보며 물었다. 언제나 그의 얼굴을 아름답게 보여주는 미소를 띄고 있었다.

"내 계획은 간단하게 말해서, 이 도시의 빈민굴에 뛰어들어 거기서 생활하는 것일세. 내 아내도 전적으로 동의하고 있지. 우리의 삶을 가장 보람있게 영위할 수 있는 도시의 구역에 살림집을 마련하기로 우리 부부는 이미 합의를 보았다네."

하고 브루스 목사는 천천히 대답했다.

"내가 한 군데 추천할까?"

감독은 이제 흥분한 상태로 나왔다 그의 엄숙한 얼굴에는 자기와 친구가 필연적으로 착수하기로 한 사업에 대한 열성으로, 번쩍이는 광채를 발했다. 감독이 너무나 원대한 가능성과 위력이 내포된 계획을 진술해 나가자, 평소에 유능하고 경험을 가진 자로 자처하던 브루스 목사는 감독의 계획이 자신의 계획보다 훨씬 원대한 영적 소망을 가지고 있음에 놀라지 않을 수 없었다.

두 사람은 밤이 깊도록 마주 앉아서, 인간의 발길이 닿지 않은 미개 척지를 함께 여행하려고 계획을 짜는 사람들처럼 열심이었고 또한 기뻐했다. 감독은 그 후 여러 번 그때 내렸던 결단에 대해 언급했는데, 막상 자신이 택한 희생적 생활에 착수하기로 결정한 순간, 자기 어깨에서 큰 짐이 벗겨지는 듯함을 느꼈다. 감독은 성령을 느끼며 힘이 솟았고 브루스 목사도 똑같은 이유로 무한한 힘과 용기가 났다.

드디어 실현성있는 사실로 나타난 그들의 계획이란, 전에 양조장

창고로 썼던 큰 건물을 세내어 수리한 후, 술집이 판을 치고 가장 더러운 셋집들이 늘어서 있으며, 악과 무지와 수치와 가난이 무시무시한 형태로 밀집되어 있는 빈민가에서 그들이 실제로 살아간다는 것이었다.

일찍이 예수님께서 시작하신 착상이었다. 예수 그리스도는 인간을 죄악으로부터 구원하기 위해서 인간들에게 좀더 가까이 접근하여 그 죄악의 소용돌이 속으로 뛰어들었던 것이다.

그 때문에 예수 그리스도는 자기 아버지의 집과 자기 소유의 재산을 포기했었다. 그러니까 인보사업 착상은 오늘날에 생긴 것이 아니다. 그것은 베들레헴이나 나사렛만큼 역사가 오래된 사업이다. 그런데 두 성직자가 벌인 인보사업의 경우에 최선의 접근 방법이란 예수님을 위해 고난의 십자가를 짊어지려는 강열한 소망을 충족시키기 위해서 그 대상이 되는 사람들에게 좀더 가까이 접근하는 것이 최상의 방책이었던 것이다.

그들의 주위에서 맥박치고 있는 이 대도시의 커다란 물질적 비곤과 정신적인 타락상에 좀더 가까이 접근하고자 하는 소망이 두 사람의 가슴에서 솟아나 강한 열망으로 되어 갔다. 그들 스스로가 불쌍한 사람이 되어 빈민굴에서 빈민들과 함께 살지 않고서, 어찌 그들의 열망이 조금이라도 실현되겠는가? 그리고 자기 부정이란, 구체적이고 실질적으로 실현되어 그 도시의 고질적인 고통에 직접 뛰어들지 않고서 무슨 소용이 있겠는가?

그리하여 이 두 사람은 자기들에 대해 숙의했으며, 결코 다른 사람을 심판하지 않았다. 그리고 '예수님이라면 어떻게 행동하실 것인가'에 대한 솔직한 판단에 따라 예수님의 발자취를 따르기로 한 자신들의 서약을 묵묵히 지켜 나갈 뿐이었다. 바로 이것이 그 두 사람 사이에 이루어진 무언의 약속이었다. 만일 그들이 타의에 의해 억지로 자기들이 계획한 것을 실행했었다면, 어떻게 그 결과를 놓고 싸우지 않았겠는가?

감독은 거액의 자금을 마련할 수 있었다. 시카고 주민은 모두 그가 상당한 재산가 임을 잘 알고 있었다. 브루스 목사도 성직자의 의무와 관련된 저술로 큰 돈을 벌었고, 어느 정도 저축도 하고 있었다.

두 친구는 자기들이 가진 돈 중 상당히 많은 금액을 인보사업에 투자하기로 합의를 보았는데, 그 대부분을 인보회관 설립에 사용하기로 결정했다.

242

제 26장
사랑의 꽃밭

한편, 나사렛 애비뉴 교회는 그 교회가 생긴 이래 그 어느 때에도 경험하지 못한 파문과 갈등을 겪고 있었다. 담임 목사인 브루스 목사가 모든 교인들에게 예수님의 발자취를 따르라고 제안한 그 간단 명료한 호소가 일으킨 일대 파문이 여전히 계속되고 있었다. 사실 이 간곡한 호소가 불러일으킨 결과는 헨리 맥스웰 목사의 레이먼드 제일교회가 겪은 것과 비슷했다. 그러나 나사렛 애비뉴 교회는 훨씬 더 귀족적이었고 부유했으며 인습과 타성에 젖어 있었다. 그런데도 초 여름의 어느 주일 아침, 강단에 선 브루스 목사가 사의를 표명하자, 비록 그가 교회 운영위원회와 충분히 논의했고 그들도 목사의 사업계획을 듣고 놀라지 않았었지만, 온 시내에 큰 파문을 일으킨 셈이 되었다. 그런데 감독도 시카고에서 가장 나쁜 지역인 빈민굴 중심으로 옮겨가 살기 위해 그처럼 오랫동안 지켜 온 직위에서 물러나겠다고 발표하자, 사람들의 놀라움은 이만저만이 아니었다.

"그런데 왜 그런 일을 하려고 하지?"
하고 눈물을 글썽이며서 감독의 의도를 바꿔 보려고 애쓰는 한 소중한 친구에게, 감독은 다음과 같이 담담하게 답변했다.

"칼빈 브루스 목사와 내가 그 특별한 방법으로 버려진 영혼들을 구원

하려는 것이 전례가 없는 일이라는 듯이, 브르스 목사와 내가 하려는 인
보사업을 왜 그토록 문제시하는가? 만일 우리 두 사람이 폼페이나 홍콩,
그리고 아프리카의 오지로 가기 위해 사표를 낸다면 모든 교인들은 물
론 일반 시민들까지도 우리의 영웅적인 사명 앞에 찬사를 보낼 결쎄. 그
런데 우리 두 사람이 이 도시에 살고 있는 이도교들과 버려진 영혼들을
구제하기 위해 그들에게로 가서 함께 살겠다는 것이 무엇이 그리 대단
한 일인가? 두 성직자가 주변에서 드러나는 빈민가의 참상을 알아보려
고 실제로 체험하기 위해 그런 참상을 겪으며 살아 보겠다는 의지와 열
성을 갖는다는 것이 그렇게도 대단한 사건일까? 인간의 사랑이 이런 식
의 영혼 구제 사업을 통해서 특별한 형태로 구현되는 것이 무엇이 그리
대단한 일인가?”

　감독은 자기가 하는 일이 전혀 특별한 것이 아니라고 스스로 자처했
지만, 사람들은 계속 그들을 화제의 대상으로 생각했고, 각 교회 교인들
은 목회직에서 너무나 저명한 두 인사가 안락하고 편안한 가정을 떠나
서, 현실적 고통이 전제되는 생활에 뛰어들려한다는 데에 놀라움을 금
치 못했다. 그리스도교 국가임을 자처하는 미국 시민들이여! 예수님의
발차취를 따르고 있는 일부 사람들이 예수님을 위해 공개적으로 몸소
고통을 겪겠다는 것이 매우 특이한 사건이라도 되는 양 놀라움을 자아
내다니, 이는 우리들의 그리스도교 정신에 있어서 결정적인 치욕이 아
니고 무엇이겠는가?

　칼빈 브루스 목사를 떠나보내는 나사렛 애비뉴 교회의 대부분의 신도
들은 애석한 마음을 금치못했으나 서약을 거부한 일부 신도들은 안도의
한숨을 내쉬었다. 그래도 브루스 목사는 많은 교인들로부터 존경을 받
고 있었다. 교인들 중에는 그가 제안한 서약을 지키다가 파산을 면치 못
한 사업가들도 여럿 있었지만, 그들도 브루스 목사의 용기와 언행 일치
에 대해 존경받고 있었다. 신도들은 여러 해 동안 브루스 목사를 그저
친절하고 보수적이며 안전하게 사는 사람으로 여겨 왔는데, 이런 희생
의 관점에서 본 그의 의견은 그들에게 친숙하지 않았다. 일단 브루스 목
사에 대한 신도들의 이해가 성립되자, 그들은 자기 교회의 목사가 최근

에 예수님의 발자취를 따른다는 것이 무엇을 뜻하는가 하는 자신의 확신에 따라 진실하게 이행함으로 그에게 절대적인 신뢰를 보냈다. 그리하여 나사렛 애비뉴 교회는 브루스 목사가 교회를 떠난 후, 그가 시작한 서약 운동의 충격은 결코 잊을 수가 없었다. 그와 함께 서약한 신도들은 그 교회 내부에 성령의 바람을 불어 넣었으며, 바로 새로운 삶을 가져다 주는 사업을 계속하고 있었다.

또다시 가을이 왔다. 시카고는 어느덧 혹독한 겨울이 닥쳐오고 있었다. 어느 날 오후, 감독은 그 빈민지역에서 새로 사귄 친구를 만나려고 인보회관을 나와 길 모퉁이를 걸어가고 있었다. 네 구간쯤 걸었을 때, 감독은 다른 가게와는 어딘가 다르게 보이는 가게에 매혹되었다. 그에게는 자기 주변의 이웃이 아직도 낯설었다. 그는 매일 전혀 생소한 곳을 발견하거나 뜻밖의 사람을 우연히 만나기도 했다.

그의 시선을 끌게된 가게는 중국인 세탁소에 옆에 있는 자그마한 가게였다. 가게 정면에 아주 깨끗한 진열장이 두 개 있었으며, 그 진열장이 너무나 두드러져 그의 시선을 끌었던 모양이었다. 그런데 그 진열장 안에는 각종 요리가 먹음직스럽게 가지런히 진열되어 있었고, 제각기 가격 표시가 되어 있었다. 이것들을 목격하자 그는 약간 놀랐다. 왜냐하면, 그는 전혀 생소했던 그 곳 사람들의 여러 가지 진상에 익숙해져 있었기 때문이다. 그가 진열장을 들여다보고 있을 때, 갑자기 가게 문이 열리면서 펠리시아 스털링이 나오는 게 아닌가? 깜짝 놀란 감독은 큰 소리로 외쳤다.

"아니, 펠리시아가 아닌가? 나도 모르게 언제 내 교구로 들어오게 되었지?"

"감독님은 어떻게 금방 저를 찾아내셨어요?"

"왜 못 찾겠나? 너는 잘 모르는구먼, 이 동내에서 깨끗한 진열장이 달린 가게는 이 곳 뿐이거든."

"하긴 그래요."

이렇게 대답하며 활짝 웃는 펠리시아의 모습이 감독에게는 사랑스럽게 느껴졌다.

"그런데 어떻게 감히 시카고로 왔지? 내게 알리지도 않고 내 교구로 들어왔지!"

이렇게 말하면서 감독은 펠리시아가 지난 날의 아름답고 깨끗하게 세련된 모습을 그대로 지니고 있어서, 그녀를 보자마자 그 당시의 즐거웠던 시절이 생생하게 생각났으므로 용서해야겠다고 생각했다. 그러나 솔직히 말해서, 그는 지난 날을 새삼스럽게 떠올리고 싶지 않았다.

"글세요, 감독님. 저는 감독님께서 새로 착수하신 사업에 얼마나 신경을 쓰시고 계시는지 잘 알고 있답니다. 그래서 제 문제로 부담을 드리고 싶지는 않았어요. 그러나 방금 감독님께서 제가 도울 수 있는 일을 말씀드리러 가던 길이예요. 정말입니다. 저는 감독님을 찾아뵙고 도움의 말씀을 듣기 위해 가던 길이랍니다. 저는 당분간 여기서 방 세 개를 얻어 여자 외판원 배스콤 부인과, 버지니아 언니의 도움을 받아 바이올린 공부를 하고 있는 레이첼 언니의 문하생 한 명과 함께 지내기로 했답니다. 그 소녀는 서민 출신이예요."

펠리시아가 너무 근엄하게 그리고 무의식적으로 '서민 출신'이란 말을 사용하자 감독은 슬며시 미소를 지었다.

펠리시아는 다시 말을 시작했다.

"저는 그 애를 위해 가게를 운영하면서, 이곳 서민들을 위해 순수한 요리실습을 시작할까 합니다. 저는 요리라면 어느 정도 자신이 있어요. 그리고 제가 한 가지 말씀드릴 게 있는데, 감독님께서 가까이에서 격려해 주시고 도와 주셨으면 합니다. 그렇게 해 주시겠지요, 감독님?"

"도와 주고말고 어떤 것이든 도와주지."

감독은 펠리시아의 발랄하고 확신에 찬 모습과 두드러지게 참신한 점과 정열과 확고한 목적 의식에 그만 어리둥절해 버렸다.

"레이첼 언니의 문하생인 마사가 바이얼린 연주로 인보회관 일을 도울 수 있을 겁니다. 그리고 저는 음식솜씨로 도와 드리겠어요. 아시다시피, 저는 자리를 잡으면 뭔가 해 볼 참이었어요. 뭔가 조금은 도움이 될 수 있는 일이 있을 거예요. 저는 이제 스스로 자립 할 수 있답니다."

"자립할 수 있다고? 어떻게 말이냐? 저런 것들을 만들면서?"
하고 감독은 도무지 믿어지지 않는 다는듯이 말했다.

"저런 것들이라니요? 감독님께서 '저런 것들'이라고 말씀하신 것은 이 시카고에서 가장 맛있고 깨끗하게 만들어진 음식임을 알아 주셨으면 합니다."

펠리시아는 감독에게 두 눈을 크게 뜨고 쏘아붙이듯 말했다.

"그래. 네말을 믿지. 그런데 음식은 먹어봐야 맛을 알 수 있잖니."
하고 감독은 급히 대답하면서 두 눈을 껌벅였다.

"그럼, 들어오셔서 맛 좀 보세요. 가엾은 감독님, 한 달 동안 좋은 음식을 못드서 보신 모양이군요!"
하고 펠리시아가 말했다.

펠리시아는 감독을 억지로 자기 방으로 끌어드렸다. 그곳에는 짧고 곱슬곱슬한 머리에 깔끔해 보이는 소녀 마사가 그녀 근처에서 한 곡조라도 틀리지 않토록 부지런히 바이얼린 연주 연습을 하고 있었다.

"계속 해, 마사. 이분이 바로 감독님이시다. 내가 자주 말하던 분이야. 여기 편히 앉으셔서 제가 만든 이집트식 고기매운탕 맛을 좀 보세요. 몹시 시장하신 것 같군요."

그래서 감독과 펠리시아는 점심을 같이 먹었다. 솔직히 말해서, 지난 몇 주 동안 음식다운 음식을 즐기지 못한 감독은 자기가 의외로 발견한 잔치상을 받은 것처럼 즐겁게 식사를 했다. 그는 펠리시아의 뛰어난 요리솜씨에 놀랐고, 또한 놀라움과 만족감을 말할 수 있게 되었다.

"공회당의 대연회에서 항상 드시던 음식보다 못지 않다고 말씀하실 거예요."

펠리시아는 익살스럽게 물었다.

"정말 맛있구나, 여태껏 먹어본 공회당 연회의 음식은 이것에 비하면 술찌꺼기에 불과해. 펠리시아, 너는 아무래도 우리 인보회관에서 일을 도와줘야겠다. 지금 우리가 하고 있는 일을 보여 주고 싶구나. 거짓없이 말해서 나는 네가 이런 방법으로 자립해서 하는 것을 보고 놀랐다. 이제 너의 계획이 무었인지 알겠다. 너는 우리 사업에 큰 도움이 되겠어. 설마, 여기 눌러 살면서 이 곳 주민들에게 값싸고 좋은 음식의 가치를 깨우쳐 주겠다는 거냐?"

"정말 그렇게 하겠어요. 그렇게 하는 것이 저의 복음 사업이예요. 어떻게 그대로 따르지 않을 수 있겠어요?"

하고 펠리시아는 엄숙하게 대답했다.

"그래, 그래. 그게 옳아. 너의 그런 뜻에 하나님의 은총이 있기를 빈다! 내가 저 세상을 떠날 때 사람들이 '새 여인'에 대해 이야기를 많이 하고 있었지. 만일 네가 그 여인들 중 한 명이라면 나는 바로 이 자리에서 개심자가 된 셈이지."

"과찬의 말씀이세요. 저는 그럴 수밖에 없어요. 시카고의 빈민촌에서 우리가 짊어지려는 십자가로부터 벗어 날 수는 없을 거예요."

하고 펠리시아는 새삼스럽게 웃었다.

지난 몇 달 동안 광대한 죄악에 둘러싸여 짓눌려 온 답답하고 무거워진 감독의 마음이 이 말을 듣고 기뻐졌다. 그 말은 진정 유쾌하게 들렸으며, 좋은 말이었다. 바로 하나님의 말씀 같았다.

펠리시아가 인보회관을 방문하자고 해서, 감독은 펠리시아를 데리고 돌아왔다. 그녀는 많은 돈과 헌신적인 인간 두뇌가 이룩해 놓은 결과에 몹시 놀랐다. 인보회관 한가운데를 지나면서 두 사람은 여러 가지 이야기를 나누었다. 펠리시아는 이제 불타는 열정의 화신이 되어 있었다. 감독은 그녀에게서 열정이 넘쳐흐르고 번쩍임이 들어나자, 저으기 놀라지 않을 수가 없었다.

두 사람은 지하실로 내려갔다. 감독이 출입문을 열자 목수의 대패질 소리가 요란하게 안쪽에서 들려왔다. 그 방은 작은 방이었지만 여러 가지 연장 같은 것들이 잘 정돈되어 짜임새 있는 작업실이었다. 종이모자를 쓰고 작업복을 입은 한 청년이 휘파람을 불면서 그 소리에 맞춰 대패질을 하고 있었다. 그 청년은 두 사람을 보자 종이모자를 벗고 인사를 하였다. 그 바람에 작고 오글오글한 대패밥이 손가락에 묻어 올라가 머리칼에 붙어 매달려 있었다.

"이쪽은 스털링 양, 그리고 이쪽은 스티븐 클라이드 군."

하고 감독은 서로 인사를 시켰다.

"클라이드 군은 매주 이틀씩 오후에 이곳에 와서 우리 일을 돕고 있는 청년이지."

바로 그때 윗층에서 감독을 찾은 소리가 들렸다. 그는 잠시 머뭇거리다가 펠리시아와 그 청년을 남겨 놓고 윗층으로 올라갔다.

"우린 전에 만났었지요, 구면이군요."

펠리시아가 클라이드를 바라보면서 솔직히 말했다.

"그래요. 감독님 말씀처럼 '저 세상에서' 만난 적이 있지요."

청년은 이렇게 대답하면서 대패질하던 다섯 손가락이 판자 위에서 부르르 떨렸다. 펠리시아가 머뭇거리며 말했다.

"그렇군요. 다시 만나서 정말 반갑습니다."

이때 그 젊은 목수의 이마에 한 가닥 기쁨의 섬광이 스쳐 지나갔다.

"정말입니까? 그때, 그 후로 당신은 고생을 많이 하셨……."

이렇게 말하다가 그 청년은 펠리시아의 지난 감정을 건드리는 것같아 그만 입을 다물고 말았다. 그러나 펠리시아는 그 모든 고난을 다 겪은 후였다.

"그래요, 고생했지요. 당신도 역시 고생 많이 하셨지요. 어떻게 여기서 일하시게 되었어요?"

"스털링 양, 그 말을 하자면 매우 길답니다. 우리 아버지가 재산을 잃게 되자, 나는 돈벌이를 하려고 나서지 않을 수 없게 되었지요. 오히려 저에게는 참 잘된 일이었답니다. 감독님은 나더러 진심으로 감사해야 한다고 항상 말씀하신답니다. 실제로 나는 모든 것에 감사하고 있어요. 그리고 나는 지금 무척 행복하답니다. 언젠가 써먹으려고 장사하는 법도 좀 배웠지요. 지금 나는 호텔에서 야간에 일을 하고 있어요. 나사렛 애비뉴 교회에서 당신이 서약하던 바로 그 날 아침에 나도 다른 사람들과 같이 서약을 했답니다."

"그랬군요, 정말 반갑습니다."

바로 그때 감독이 윗층에서 내려왔다. 감독과 펠리시아는 일하는 젊은 목수를 남겨 두고 그들은 그 방에서 나왔다. 그 청년은 대패질을 하면서 그전보다 더욱 신나게 휘파람을 불었다.

"펠리시아 양은 스티븐 클라이드와 그전부터 아는 사이였나?"

"네, 감독님. '저 세상에 있을 때'부터 알고 있었어요. 그 청년은 나사렛 애비뉴 교회에서 만난 적이 있습니다."

"아, 그랬었군!"

"우리는 정말 좋은 친구였어요."

"그 이상은 아니었나?"

그 순간 펠리시아의 얼굴은 홍당무처럼 빨갛게 달아 올랐다. 잠시 후, 그녀는 정직한 눈초리로 감독을 쳐다보면서 대답했다.

"정말, 친구였어요. 그 이상은 아니었구요."

'두 남녀가 만나 서로 좋아하게 되는 것이 세상살이의 보편적인 이치가 아닌가!'

감독은 마음 속으로 생각했다. 이런 생각을 머리에 떠올리자 어쩐지 기분이 좋지 않았다. 옛날 카밀라(펠리시아의 어머니)와의 실연의 쓰라림이 되살아났기 때문이었다. 그러나 펠리시아가 떠나고 혼자 남게 되자 이러한 아픔이 서서히 사라지고 감독 눈가에 눈물이 고였을 뿐, 아무쪼록 펠리시아와 스티븐이 서로 사랑하기를 바랄 뿐이었다. 다시 감독은 호인답게 혼자 중얼거렸다.

'어찌 됐든 남녀간의 사랑도 인간생활의 일부가 아닌가? 사랑이란 나보다 훨씬 나이가 많고 슬기롭거든.'

그 다음 주에 감독은 그의 인보사업 역사의 한 장을 장식할 한 가지 경험을 하게 되었다. 그는 파업을 일으킨 양복공들의 모임에 나갔다가 늦게야 인보회관으로 돌아왔다. 두 손을 뒤로 잡고 생각에 잠겨 어슬렁거리며 돌아오는데, 두 명의 괴한들이 폐쇄된 공장건물의 낡은 울타리 뒤에서 뛰어나오더니 그를 가로막았다. 그 중 한 명은 권총을 그의 얼굴에 들이댔고, 다른 한 명은 굵은 몽둥이를 휘두르며 감독을 위협했다.

"손 들어! 빨리 손 들어!" 시키는 대로 하라니까!

하며 권총을 들고 있는 괴한이 소리쳤다.

그러나 후미진 장소였으므로 감독은 처음부터 저항할 생각을 하지 않왔다. 감독은 괴한이 시키는 대로 손을 들었다. 그러자 몽둥이을 든 괴한이 그의 주머니를 뒤지기 시작했다. 그의 마음은 담담했고 긴장하거나 떨리지도 않았다. 그리고 전혀 두려운 마음이 생기지도 않았다. 그가 두 손을 번쩍 쳐들고 서 있는 모습을 영문도 모르는 낮선 사람이 보았다면, 그가 두 괴한을 위해 기도하고 있는 것으로 착각했을 것이다. 그러나 사실 그는 이들을 위해 기도를 하고 있었다. 그리고 그의 기도는 묘하게도 바로 그 날 밤에 응답을 받았던 것이다.

제 27 장
하나님의 어린 양

정의가 주의 앞에 앞서 행하며
주의 종적으로 길을 삼으리로다.
(시편 85편 13절—역자 주)

감독은 원래 현금을 많이 가지고 다니는 습관이 아니었다. 몽둥이를 든 괴한이 감독의 호주머니를 뒤지다가 잔돈 몇 푼밖에 나오지 않자 심하게 욕설을 퍼부었다. 그러자 권총을 든 괴한이 다가서면서 사나운 소리로 말했다.

"시계를 떼어 내! 뺏을 수 있는 것은 모두 뺏는거야!"

몽둥이를 든 괴한이 시계줄을 잡아 당기려할 때, 저 쪽에서 사람이 걸어오는 소리가 들렸다.

"울타리 뒤로 숨어! 아직 뒤지려면 멀었어. 떠들지 말고 조용히 해. 만약 허튼 수작을 하면 알지?"

권총을 든 괴한이 그것을 흔들면서 의미심장한 몸짓을 하자, 그의 동료와 합세하여 감독을 으슥한 골목으로 끌고가 밀어넣더니 부서진 울타리의 틈 사이로 밀어넣었다. 그들 셋은 그 곳 그늘에서 발자국 소리가 사라질 때까지 몸을 숨기고 있었다.

"이제 됐어. 자네 그 시계를 떼어 냈어?"

권총을 든 괴한이 묻자, 다른 동료는 투덜거리며 대꾸했다.

"아니, 그 놈의 시계줄이 끌러지지 않았다고!"

"그럼, 빨리 끊어!"

"안 되오, 제발 시계줄은 끊지 마시오, 이 시계줄은 나와 절친한 친구가 사준 선물이라오. 제발 끊지는 마시오."
하고 감독은 말했는데, 이것이 그의 첫마디였다.

감독의 목소리를 듣자 권총을 든 괴한이 갑자기 자기 총에 맞기라도 한듯 깜짝 놀랐다. 그 괴한은 다른 손을 빠르게 움직여 감독의 머리를 골목에서 비쳐오는 작은 불빛으로 돌리는 동시에 더 가까이 다가섰다. 그리고는 놀라서 멍하니 서 있는 그의 동료에게 거친 소리로 외쳤다.

"시계는 그냥 뒤! 우린 돈을 빼앗으니까, 그만하면 됐어!"

"되다니! 겨우 50센트야! 자넨 뭔가 잘못 생각한게……."

몽둥이를 든 괴한이 미쳐 다음 말을 하기도 전에, 감독의 머리를 향했던 총구가 동료가 있는 쪽으로 향해졌다.

"시계를 그냥 두란 말이야! 그 돈도 빨리 돌려드려. 이분은 감독님이셔…… 감독님이란 말이다. 내 말 들려?"

"그게 어쨌다는거야! 설사 미국 대통령이래도 별 수 있겠어?"

"난 자네에게 돈을 돌려드리라고 말했어. 만일 5초 내로 그렇게 하지 않으면 네 놈의 머리통에 바람구멍을 낼 테야. 설마 여러 개의 머리통을 가지고 다니진 않겠지!"

몽둥이를 든 괴한은 사태가 이상스럽게 돌아가자 자기 동료의 의중을 알려는 듯 잠시 머뭇거렸다. 그러더니 돈 50센트를 급히 감독의 호주머니에 넣어 주었다.

그 괴한은 곁눈으로 자기 동료를 주시하면서, 권총을 서서히 내리더니 공손히 말했다.

"감독님, 이제 손을 내리시지요."

감독은 두 팔을 내리면서 두 괴한을 진지한 표정으로 바라보았다. 어두운 불빛 아래 두 괴한의 용모를 도무지 식별할 수가 없었다. 감독은 완전히 풀려나 자기가 갈 길을 갈 수 있었으나, 그런 생각이 없는 듯 우두커니 서 있었다.

"이제 가셔도 좋습니다. 우리 때문에 여기 더 계실 필요는 없습니다."

이렇게 마치 두 사람의 대변자처럼 그 괴한은 돌아서더니 돌 위에 걸

터앉았다. 다른 한 괴한은 심술궂게 서 있으면서 화가난 듯 몽둥이로 애
굿은 땅을 두드리고 있었다.

"바로 당신들 때문에 가지 않고 있답니다."

감독은 이렇게 말하면서, 부서진 울타리에서 빠져나와 판자 위에 걸
터 앉았다.

"당신은 우리를 고맙게 여겨야 해요. 일단 걸려든 사람은 순순히 놓아
준 적이 거의 없으니까."

하고 몽둥이를 든 괴한이 우뚝 서서 야비하고 비굴하게 웃으며 말하자.
다른 괴한이 고함을 쳤다.

"닥쳐, 이 망할 녀석, 우리는 지금 지옥으로 가고 있단 말이야. 이제
그만하면 됐어. 너 같은 놈과 함께 일하느니, 차라리 악마와 같이 하는
게 낫겠다."

이때 감독이 사랑으로 가득 찬 음성으로 입을 열었다.

"뭔가 내가 도움을 주었으면 하는데……."

그러자 돌 위에 걸터 앉아 있던 괴한은 어둠 속으로 감독을 쳐다보았
다. 그는 잠시 조용히 있더니, 이윽고 처음에는 거부하던 말을 털어 놓
기로 결심한 듯, 천천히 말을 시작했다.

"감독님은 전에 저를 만난 것을 기억하시는지요?"

"글쎄요, 잘 모르겠습니다. 불빛이 밝지 못해서 당신의 모습을 자세히
볼 수가 없군요."

"자, 이렇게 하면 알아보시겠습니까?"

하고 그 사나이는 모자를 벗더니, 그 자리에서 일어나 성큼 성큼 다가섰
다. 그리고 자기 얼굴을 감독에게 바싹 갔다대는 것이었다.

그 사나이의 머리칼은 정수리 부분을 제외하고는 검었고 그 한가운데
에는 손바닥 크기의 하얗게 센 머리가 있었다.

감독은 그 사나이의 모습을 똑똑히 보는 순간, 깜짝 놀랐다. 15년 전
의 기억이 되살아났기 때문이었다. 언젠가 감독이 도와 주었던 사람이
었다.

"81년인가 82년 어느 날 밤 감독님을 찾아가서 뉴욕 빈민가의 대화재

254

때, 아내와 자식을 잃었다고 하소연하던 사나이를 잊지는 않으셨겠지요?"

"아, 이제야 기억이 떠오르는군요."

다른 동료 사나이도 흥미를 느끼는 듯했다. 그는 몽둥이로 땅을 두드리는 짓을 그만두고 조용히 서서 두 사람의 이야기를 듣고 있었다.

"그 날 밤 감독님께서는 손수 저를 집안으로 맞아들여 재워 주셨고, 그 이튿날에는 온종일 제게 일자리를 구해 주시려고 힘쓰시던 일을 기억하십니까? 그리고 감독님께서 저를 창고장으로 취직시키면서 제게 한 가지 다짐을 하셨지요. 그건 술을 끊으라고 저와 약속을 했답니다."

"이제서야 그 일이 머리에 떠오르는군요. 지금 그 약속은 지키고 있겠지요?"

이 말을 듣고 사나이는 사납게 웃어대더니 주먹으로 울타리를 마구 치는 것이었다. 얼마나 울타리를 심하게 쳤는지 주먹에서 피가 흐르고 있었다.

"약속을 지켰냐구요? 웬걸요. 일 주일도 못되어 저는 다시 술을 마셨답니다. 그 후 지금까지 줄곧 술을 마셨지요. 하지만 저는 감독님이나 감독님의 기도를 한시도 잊은 적이 없답니다. 제가 찾아간 이튿날 아침에 식사를 마친 다음 감독님께서 저더러 들어와 함께 기도하자고 하신 일을 기억하십니까? 저는 그 기도로 큰 감명을 받았습니다. 우리 어머니도 살아계실 때 그렇게 기도하셨으니까요! 제가 소년시절 내내 저의 침대 옆에서 무릎을 꿇고 기도하시던 우리 어머니의 모습이 지금도 생생하답니다. 어느 날 밤 술에 취하신 아버지가 들어오시더니 내 옆에서 기도하시는 어머니를 걷어찼답니다. 그래서 나는 그 날 아침 감독님께서 하신 기도를 잊을 수 없었습니다. 그때 감독님께선 우리 어머니가 늘 하시던 것처럼 나를 위해 기도해 주셨지요. 그리고 그 날 현관 벨을 눌렀을 때, 나는 술이 만취되어 말할 수 없이 추한 모습이었는데도 감독님은 그런 점에 대해서는 조금도 개의치 않으셨어요. 아, 그런데 저는 지금껏 이 모양 이 꼴로 살아왔으니, 원! 날마다 술집에 드나들며 지옥같은 생활을 했지요. 그런데 감독님의 그 기도가 언제나 저의 마음을 찌르고 있

답니다. 술을 마시지 않겠다는 내 약속은 불과 두 주일도 못되어 산산
조각이 나 버렸답니다. 그리고 이틀 후에 나는 감독님이 얻어 주신 직장
에서 쫓겨났으며, 경찰서 유치장 신세가 되었지요. 그런데도 감독님의
인상과 감독님의 기도는 잊혀지질 않더군요. 그 기도가 제게 도움이 되
었는지 않되었는지는 모르겠습니다만, 정말로 잊혀지질 않았어요. 그래
서 저는 지금 감독님께 어떤 피해도 입히지 않겠으며 그 어느 누구도 감
독님을 해치지 못하도록 하겠습니다. 그러니까 감독님은 자유롭게 가셔
도 됩니다. 이것이 가셔도 되는 이유랍니다."

그러나 감독은 움직이지 않았다. 어디선가 교회의 시계가 1시를 알리
는 종소리가 들렸다. 그 사나이는 모자를 쓰고 돌 위 자기 자리로 되돌
아갔다. 감독은 깊은 생각에 빠져 있다가 입을 떼었다.

"일자리를 잃은 지 얼마나 되었소?"

서 있던 사나이가 대신 나서며 대답했다.

"우리가 이런 노상 강도짓을 한 지도 6개월이 넘었어요. 매우 고달픈
직업이라고 할 수 있지요. 특히 오늘밤처럼 얻은 것이 없는 날엔 더욱
화가 난답니다."

"내가 두 분께 좋은 일자리를 구해 드리면 어떻소? 이런 짓은 그만두
고 새 출발을 해 보시겠소?"

"그게 무슨 소용이 있겠습니까? 저는 수차례에 걸쳐 마음을 고쳐 먹
었는데, 그럴 때마다 더욱 깊숙히 나쁜 길로 빠져들었으며, 훨씬 전에
악마가 내 인생을 끝장내기 시작했답니다. 이제는 너무 늦었답니다."
하고 돌 위에 앉아 있던 그 사나이가 퉁명스럽게 말했다.

"아니오, 그렇지 않습니다!"

감독은 말의 힘을 주어 부인하듯 말했다. 감독은 지금까지 영혼의 구
원을 갈망하는 뭇사람들을 대해 왔지만, 이 두 사나이의 영혼을 구해야
겠다는 것 만큼 강렬한 욕망을 느껴 본 적이 없었다. 그는 그 기막힌 장
면의 현장에 앉아서 '오, 주 예수님. 당신을 대신할 테니 이 두 영혼을
저에게 맡겨 주시옵소서!' 하고 기도하였다. 그리고 다짐하듯 감독이 말
했다.

"아니오! 절대로 그렇지 않습니다. 당신들 두 분에게 하나님께서 뭔가 해 주실겁니다. 하지만 지금 내가 해드리고자 하는 것은 정말 보잘것없는 것이랍니다. 하나님께서도 이 경우에 처한다면 내가 실행하고자 하는 일을 하실겁니다. 두 분이 하나님에게는 말할 수 없이 소중한 존재임이 틀림없으니까요."

이때 놀랍게도 한 가지 옛날 기억이 되살아났으므로 그 두 사람을 설득하는데 큰 도움이 될 줄은 몰랐다. 감독은 그 두 사나이를 상면한 후부터 지금까지 정말 바쁘게 몇 해를 보냈지만, 용하게도 그의 이름을 기억할 수 있었던 것이다. 그는 두 사나이에 대한 형언하기 어려운 연민의 정을 느끼면서 말을 이었다.

"번즈 씨, 지금 당장 당신 친구와 함께 나를 따라온다면, 당신들에게 떳떳한 일자리를 마련해 주겠소. 앞으로 나는 당신들을 믿고 신뢰하겠소. 당신들은 아직 젊은나이인데 어째서 하나님이 당신들을 버리시겠소. 전지전능하신 하나님의 사랑을 얻는다는 것은 정말 귀하고 값진 일입니다. 반면에 내가 당신들을 사랑한다는 것은 보잘것없는 일에 불과하지만, 그러나 만일 당신들이 이 세상에 사랑이 있다는 것을 다시금 느끼게 된다면, 내 형제인 당신들을 내가 사랑한다고 말할 때 나를 믿어야 할 것이며, 우리의 죄를 대신하여 십자가에 못박히신 예수 그리스도의 이름으로 맹세하건데 나는 당신들께서 인간 생명의 영생을 잃어버리는 것을 그냥 보고만 있을 순 없다오. 자, 이제는 사람답게 살아 갑시다! 그러면 하나님이 당신들을 도우실 것이오. 또한 하나님과 당신들과 나를 제외하고 이 세상 아무도 오늘밤의 일을 알지 못할 것이오. 하나님은 당신들이 용서를 비는 순간부터 그 일을 용서하실 것입니다. 내 말이 진실임을 곧 깨닫게 될 것이오. 자! 당신들과 나 모두 힘을 합쳐 싸워 이깁시다. 우리의 생명이 지속되는 한 싸워 볼 만한 싸움이오. 그리스도께서는 죄인을 돕기 위해 이 세상에 오셨다오. 당신들을 위해 내가 할 수 있는 일이라면 어떤 일이든 해 드리겠소. 오, 하나님! 이 두 영혼을 저에게 맡겨 주시옵소서!"

이렇게 말하고 나서 감독은 기도를 했다. 이는 이 두 사나이의 개심을 호소하는 설득력으로 이어졌다.

감독은 울적한 기분을 달리 해소할 길이 없었다. 이렇게 기도하는 동안 번즈는 두 손으로 얼굴을 감싸 안고 흐느껴 울고 있었다. 그 옛날 자기 어머니가 해 주시던 기도를 이제 여기에서 다시 듣게 될 줄이야! 바로 이런 효과가 감독에게 힘을 보태 주고 있었다. 그리고 또 한 사나이는 번즈보다 훨씬 굳은 표정으로 처음부터 멍청한 채 담장에 몸을 기대고 움직이지 않았다. 그러나 감독의 기도가 계속되면서부터 그의 마음도 감동을 일으켰다. 과연 어떤 성령의 힘이 우둔하고 잔인하며 거칠기 짝이 없는 그의 삶에 엄습했는지는 영원한 천사의 기록이 아니고서는 밝혀 낼 수 없을 것이다.

그러나 초자연적인 성령의 존재가, 다시 말해서 바울이 다마스커스로 가는 도중 그의 영혼을 후려쳤던 그 성령의 힘이, 헨리 맥스웰 목사가 예수님의 발자취를 따르자고 교인들에게 주장한 주일 아침에 그의 교회에 밀물처럼 밀어닥쳤던 성령의 물결이, 나사렛 애비뉴 교회의 신도들에게 것잡을 수 없이 강렬한 힘으로 엄습해 왔던 그 성령의 위력이, 이제 이 거대한 도시의 지저분한 구석까지 임하시어 양심과 과거의 기억과 하나님에 대한 간절한 호소로 인하여 감동을 받은 죄많은 두 사나이의 본성을 뒤흔들어 놓았다. 감독의 기도는 그들을 오랫동안 에워싸고 하나님과의 대화를 끊어 버렸던 두꺼운 벽을 깨트려 버리는 듯했다. 그리고 두 사나이는 이것을 깨닫게 되자 크게 놀라는 기색이었다.

감독이 기도를 마쳤지만, 처음에는 그 자신조차 어떤 변화가 일어났는지 깨닫지 못했다. 그들 두 사나이도 역시 깨닫지 못한 것은 마찬가지였다. 번즈는 머리를 두 무릎 사이에 파묻은 채 앉아 있었다. 그리고 담장에 기대 서 있는 사나이는 놀라움과 두려움과 후회 그리고 뭔가 깨달은 기쁨이 교차된 묘한 표정으로 감독을 쳐다보았다. 마침내 감독은 일어서면서 말했다.

"자, 가십시다. 형제들이여 하나님은 좋으신 분이랍니다. 오늘밤에는 우리 인보회관에서 머물도록 하세요. 일자리를 주선해 주겠다는 내 약속을 지키도록 해 보겠소."

두 사나이는 조용히 감독을 따라갔다. 그들 두 사나이가 인보회관에 도착했을 때는 이미 새벽 두 시가 지난 후였다. 감독은 두 사나이를 데리고 들어가 그들이 쉴 수 있는 방으로 안내했다. 그들은 문 앞에서 조용히 서 있었다. 그의 큰 거구가 문간에 우뚝 서 있었는데, 그때의 그들의 얼굴은 창백해 보였으나 조금 전에 받은 깊은 감동으로 신성한 영광의 빛이 감돌고 있었다.

"내 형제들에게 하나님의 축복이 있기를!"

감독은 그들에게 축복의 말을 남기고 그 자리를 떠났다.

다음날 .아침이 밝아오자, 감독은 그들 두 사람을 대하기가 두려웠다. 그러나 지난 밤의 깊은 감동은 여전히 그의 가슴속에서 사라지지 않았다. 그들에게 약속한 것을 지켜, 일자리를 마련해 주었다. 인보회관의 수위실은 일이 많았기 때문에 보조 수위가 필요했다. 그래서 번즈는 보조 수위직을 맡게 되었다. 감독은 번즈의 동료를 위해 인보회관에서 그다지 멀지 않은 곳에 있는 짐마차 마부로 취직시켜 주었다. 이리하여 성령의 위대한 능력은 이들 어둡고 죄 많은 이 두 사나이의 가슴 깊숙이 파고 들어 그분의 놀라운 갱생의 역사을 이룩했던 것이다.

제 28 장
인보사업

번즈가 보조 수위로 일자리를 얻게 된 첫날 오후, 인보회관 현관 계단을 청소하다가 잠시 허리를 펴고 주변을 둘러보았다. 제일 먼저 눈에 띈 것은 건너편에 보란듯이 걸려 있는 맥주집 간판이었다. 그 간판은 선 채로 손에 들고 있는 빗자루를 뻗으면 닿을 만큼 낮게 걸려 있었다. 바로 한길 건너편에는 제법 큰 술집이 두 군데나 있었으며 좀더 아래쪽에는 큰 술집이 세 군데나 더 있었다.

그 중 제일 가까이 있는 술집의 문이 슬그머니 열리더니 안에서 한 명의 남자가 비틀거리며 나왔다. 그와 동시에 두 명의 남자가 그 술집으로 들어서는 모습이 보였다. 향긋한 맥주 냄새가 계단에서 일하고 있는 번즈의 코를 찔렀다.

그는 빗자루를 단단히 움켜쥐고 다시 계단 바닥을 쓸기 시작했으며, 한 발을 그 아랫 계단에 내려 놓았다. 그는 비질을 계속하면서 한 계단을 더 내려섰다. 날씨는 서리가 내린 듯 싸늘했는데도 이마에서 땀방울이 흘러내렸다. 술집 문이 또다시 열리더니, 서너 명의 사내들이 몰려나왔고 사내아이 한 명이 물통을 들고 들어가더니, 금방 맥주를 가득 담아 가지고 나왔다. 그 아이는 번즈의 바로 곁을 지났는데, 향긋한 맥주 냄새가 그의 코를 찔렀다. 그는 필사적으로 비질을 하면서 다시 아랫 계단으로 내려섰다. 빗자루를 얼마나 힘을 주어 잡았는지 손가락 끝이 자줏빛으로 변했으며 손목이 아팠다.

그러다가 그는 갑자기 한 계단을 올라서서 방금 전 깨끗이 쓴 곳을 다시 쓸기 시작했다. 그런 식으로 온갖 노력과 안간힘을 들여 가까스로 계단을 올라가 술집이 멀리 보이는 현관 구석을 쓸었다.

"오, 하나님! 감독님이 이럴 때 돌아와 주셨으면."

그는 나직히 외쳤다. 감독은 그날 브루스 목사와 함께 외출 중이었으므로, 그를 야단칠 사람은 한 명도 없었다.

번즈는 2, 3분쯤 현관 구석에서 더 비질을 했다. 그의 얼굴은 이런 갈등과 고민으로 인해 일그러질 지경이었다. 그는 계단 쪽으로 걸어가더니, 계단을 내려가기 시작했다. 얼른 보도 쪽을 쳐다보더니, 비질을 하지 않은 계단 하나를 발견했다. 그 계단은 그에게 아래로 내려가 비질을 끝내게 하는 적당한 구실을 만들어 주었다.

그는 계단을 내려가 인보회관 쪽을 바라보고 골목 바로 건너편에 있는 술집 쪽에 등을 돌린 채, 마지막 계단을 쓸기 시작했다. 그는 계단을 벌써 열두 번도 더 쓸었을 것이다. 얼굴에 맺힌 땀방울이 발끝으로 떨어졌다. 그는 맨 아랫계단에서 가장 가까운 술집 쪽으로 이끌려 가고 있음을 자기 스스로 느꼈다. 향긋한 맥주 냄새가 코끝을 풍기고 지나갔다. 그의 주변에서 맥주의 거품이 부글거리며 끓어오르는 듯한 착각에 빠지기도 했다. 그 거품은 마치 지옥 밑바닥에서 끓어오르는 지옥 유황 같았다. 그 위에 그것이 거인의 손아귀처럼 뻗어와 자신을 잡아 끌고 냄새가 나는 곳으로 가는 듯했다.

이때 그는 보도 한가운데까지 말끔히 쓸어내기 시작했다. 그는 인보회관 현관 앞 공터까지 쓸었고, 심지어 도랑 속으로 들어가 그곳까지 말끔히 쓸었다. 그런 다음 모자를 벗고, 옷소매로 얼굴을 닦았다. 입술은 창백해지고 이빨이 서로 맞닿은 소리가 들렸다. 마치 중풍환자처럼 온몸을 떨면서 비틀거리기 시작했으며, 그의 영혼도 몸 속에서 흔들거리고 있었다. 마침내 그는 골목을 가로질러 놓은 돌덩이 하나를 지나 술집 앞으로 다가갔다. 술집 간판을 쳐다보고는 창문을 통해 술집 안에 무수

히 쌓여 있는 위스키병과 맥주병을 쳐다보았다. 그는 혀로 입술을 축이
면서 한 발자국 다가서면서, 주위를 두리번거리며 살펴보았다. 그때 또
다시 술집 문이 조용히 열리더니, 몇 사람이 밖으로 나왔다. 또다시 향
긋한 술냄새가 코를 찌르며 풍겨나와 차가운 공기 속으로 퍼졌다. 그는
방금 나온 술꾼을 뒤로 한채 닫혀 있는 술집 문쪽으로 또 한 발자국 다
가섰다. 손으로 문을 붙잡는 순간, 덩치가 큰 사람이 길모퉁이에서 성큼
성큼 돌아 나왔는데 그는 다름아닌 감독의 모습이었다.

감독은 갑자기 한 팔로 번즈의 목덜미를 잡더니 보도쪽으로 끌어내었
다. 한잔 마시고 싶어 미치광이가 된 번즈는 날카롭게 욕을 퍼부으며 감
독을 사납게 후려쳤다. 처음에 번즈는 누가 자기를 파멸에서 낚아채 끌
어내어 주는지조차 모르는 듯했다. 주먹이 감독의 얼굴을 때렸고 뺨에
는 큰 상처가 나 피가 흘렀다. 그러나 감독은 한 마디도 하지 않았다. 감
독은 번즈를 어린 아이 다루듯 번쩍 치켜 올리더니 성큼성큼 계단으로
올라가 인보회관으로 들어갔다. 감독은 번즈를 홀에 내동댕이치고는 되
돌아가 현관문을 닫고, 그 문에 등을 기대고 서 있었다.

번즈는 그제서야 정신을 차린 듯 무릎을 꿇고 흐느끼면서 기도하고
있었다. 감독은 숨을 거칠게 몰아쉬면서 번즈가 있는 옆자리에 서 있었
다. 비록 번즈가 가벼운 체구의 사나이라 해도 체중이 너무 가벼웠던 것
이다. 감독은 번즈의 모습을 바라보면서 말 할 수 없는 연민의 정을 느
꼈다.

"기도해요, 번즈! 지금껏 한 번도 제대로 해보지 않은 그런 기도를 하
시오! 당신을 구해 줄 수 있는 것은 그것 뿐이오!"

"오, 하나님! 저와 함께 계시옵소서! 저를 구원해 주소서! 오, 제가 자
초한 이 지옥에서 저를 구해 주소서!"
하고 번즈는 울부짖었다. 감독은 번즈의 곁에 무릎을 꿇고 앉자 마음을
모아 간절하게 기도했다.

그들 두 사람은 기도가 끝나자 일어났으며, 번즈는 자기 방으로 돌아
갔다. 저녁무렵 번즈는 마치 겸손한 어린 아이처럼 순수한 표정이 되어
자기 방에서 나왔다. 그리고 감독은 이러한 경험으로 자기의 사업방법

이 더욱 노숙해졌음을 느끼게 되었고, 심지어 예수의 표상까지 띠게 되었다. 이제야 비로소 예수님의 발자취를 따른다는 것이 무엇을 의미하는지를 깨달은듯 했다. '그런데 그 술집! 그것은 여전히 그곳에 버티고 있고, 다른 술집들도 번즈를 유혹에 빠뜨리려는 수 많은 함정처럼 거리에 늘어서 있다. 과연 번즈는 그 저주스런 술의 냄새를 얼마나 참아 낼 수 있을까?' 감독은 깊은 생각에 잠긴 채 베란다로 나갔다. 도시 전체의 공기가 향긋한 맥주 냄새로 가득차 있는 듯했다.

"언제까지 이 지경일까요? 오, 주여. 얼마나 오랫동안 이 지긋지긋한 술 냄새를 맡아야 할까요?"

하고 감독은 깊은 기도 속으로 빠져들었다.

얼마 후 브루스 목사도 베란다로 나왔다. 두 친구는 번즈와 그가 받은 유혹에 대해 이야기를 나누었다. 대화를 하던 중 감독이 물었다.

"이 인보회관 주변의 부동산 소유자가 누군지 좀 알아봤나?"

"아니, 미처 그런 시간을 내지 못했네. 자네가 그걸 알아볼 만한 가치가 있다고 생각한다면 지금 당장 알아보겠네. 하지만 좀 생각해 보게. 이 거대한 도시에서 술집에 반대한다고 해서 우리가 뭘 할 수 있겠나? 술집은 교회나 정치계만큼이나 그 기반이 확고하다네. 그것을 우리의 미약한 힘으로 어찌 제거할 수 있겠는가?"

"때가 되면 하나님께서 없애실 거야. 그분이 노예 제도를 없애신 것처럼 말이야. 하여간 그건 그렇고 우리는 인보회관과 아주 가까이 있는 이 술집들의 주인이 누군지는 알아 내야 할 것 같군."

"내가 알아 보겠네."

하고 브루스 목사가 말했다.

브루스 목사가 약속한 이틀 후, 나사렛 애비뉴 교회의 신도 중 한 사람의 사무실에 들러 그를 잠시 만나자고 했다. 그 사람은 목사를 진심으로 반갑게 맞이하여 자기 방으로 안내한 다음, 서슴치 말고 무엇이든 말해 보라고 재촉했다.

"인보회관 바로 옆 건물에 대해 물어 보고 싶은 게 있어서 찾아왔습니다. 아시겠지만 감독님과 나는 지금 그 곳에서 거처하고 있지요. 우리가 이 일에 대해서 어리석게 망설이기에는 시간 낭비일 뿐만 아니라 중대한 잘못을 범하는 것이기 때문에 솔직이 말씀드리겠소. 클레이톤 씨, 당신은 그 건물을 술집으로 세놓은 것이 과연 정당하다고 생각하시나요?"

브루스 목사의 질문은 단도직입적인 타협의 여지가 없는 물음이었다. 목사의 오랜 신도인 클레이톤 씨의 반응은 즉시 나타났다.

시카고 시에서 실업계의 거물인 이 사나이의 얼굴에 뜨거운 피가 솟구치는 듯했다. 그러다가 갑자기 얼굴이 창백해지더니 머리 위로 두 손을 올렸다. 한참 있다가 다시 고개를 드는데 보니, 얼굴에 눈물이 흘러 떨어지고 있었다. 브루스 목사는 저으기 놀라지 않을 수 없었다.

"목사님, 그 날 아침에 저도 다른 신도들과 함께 서약한 사실을 알고 계시지요?"

"네, 물론 기억하고 말고요."

"하지만 목사님께서는 제가 이 문제를 가지고 서약을 지키지 못한데 대하여 얼마나 괴로워했는가를 잘 모르실 것입니다. 술집이 있는 그 건물이 저에게 악마의 유혹인 셈이었지요. 제가 갖고 있는 부동산 중에서 월세 수입이 가장 크답니다. 그런데 목사님이 찾아 오시기 몇 분 전만 해도 저는 양심의 가책 때문에 고민하고 있었답니다. 그러니까 이 세상에서 얼마간의 수입을 얻으려고, 내가 따르겠다고 서약한 바로 그분, 예수님을 부인하려고 했으니까요. 만일 예수님이라면 절대로 그 건물을 세놓지 않으리라는 것쯤은 너무나 잘 알고 있습니다. 목사님께서는 이런 문제들을 더 이상 말씀 안 하셔도 됩니다."

하고 클레이톤이 손을 내밀자, 브루스 목사는 그의 손을 잡고 반갑다는 듯이 힘차게 흔들었다.

잠시 후, 브루스 목사는 클레이톤의 사무실에서 나왔다. 그러나 그가 클레이톤이 겪는 투쟁에 관한 모든 사실을 알게 된 것은 시간이 꽤 지난 후였다. 그 투쟁은, 성령이 예수님의 발자취를 따르겠다고 서약한 신도들을 받아들인 주일 아침 이후, 나사렛 애비뉴 교회가 겪어 온 매사를 처리하면서 움직이고 있던 감독과 브루스 목사조차도 전혀 깨닫지 못한 사실이 있었으니, 그것은 이 죄악이 난무하는 도시 전체에 걸쳐서 성령이 강력한 열의를 가지고 임하셔서 신도들의 회생과 고난을 받으라고 호소에 호응하여 일어나기를 바라고, 오랫동안 우둔하고 냉혹하기만 했던 사람들에게 감동을 주고, 돈벌이에 눈이 어두운 사업가와 투기꾼들의 마음에 불안감을 안겨 주면서, 시카고 역사상 그 어느 때보다도 생기에 넘치는 교회의 활동과 사명감을 깨우치고 있었던 것이다.

감독과 브루스 목사는 인보회관에서의 짧은 생활기간에 이미 몇 가지 새롭고 경이로운 사건에 접했던 것이다. 얼마 후 이 두 성직자는 자기들이 이 세상에서 가능하다고 상상했던 것보다 더 크고 놀라운 하나님의 계시를 받을 운명에 놓여 있었다.

그 후 한 달이 되지 않아, 인보회관 앞에 있는 술집들은 문을 닫았다. 술집 주인과 건물주와의 임대차 계약이 만료되었던 것이다. 클레이톤은 그 건물 모두를 감독과 브루스 목사에게 헌납하여 인보사업에 사용토록 했다 당시 인보사업은 매우 크게 확장되어 그들이 처음에 타락의 길로 빠진 영혼들이 있던 바로 그 방에서 자리잡게 되었고 펠리시아는 요리를 맡게 되었으며, 그 부서의 책임자가 되었다. 또한 가정부로 일하고자 하는 소녀들에게 가사를 가르쳐 주기도 했다. 그래서 그녀는 인보회관에 살게 되었고, 브루스 목사 부인을 비롯하여 다른 여성들도 한 가정을 이루게 되었다.

한편 바이올린 연주자인 마사 양은, 감독이 두 소녀를 처음 보았던 그 집에 그냥 있으면서, 약속된 날 밤에는 인보회관에서 음악을 가르쳤다.

"펠리시아야, 이제 네가 생각한 모든 것을 털어놓아라."

하고 어느 날 저녁, 감독은 아주 오랫만에 브루스 목사와 함께 바쁜 마음을 달래면서 부속 건물에서 나와 조금 전 들어온 펠리시아에게 말을 건넸다.

"글쎄 저는 직업소녀 문제에 대해 오래 전부터 생각해 왔지요."

펠리시아는 브루스 목사 부인이 인자스럽게 웃음을 자아내는 지혜의 분위기에 휩싸여 입을 열었다. 목사 부인은, 예수님의 발자취를 따라 생활하겠다고 한 서약에 의해 새로운 인간으로 변화된 이 처녀의 정열적이고도 특이하게 아름다운 모습을 쳐다보며 흐뭇한 미소를 지었다.

"그리고 저는 이 문제에 관해 확실한 결정을 내렸답니다. 목사님과 감독님은 잘 납득이 되지 않으실지 모르지만, 브루스 부인께서는 저를 이해하실 거예요."

"그래, 우리는 그렇다치고 계속 설명을 해봐."

하고 감독이 겸손하게 말했다.

"그러니까 저의 생각은 이렇습니다. 술집으로 사용하던 저 건물은 제법 크기 때문에 일반 가정집의 방 같은 것을 여러 개 만들 수 있어요. 그리고 여러 개의 방으로 만든 다음 장차 직업 전선에서 일하게 될 소녀들에게 가사일과 요리를 가르치는 거예요. 그 교육과정은 6개월 정도로 하고요. 그 기간에 일반적인 요리 만드는 법을 가르치고, 또한 여러 가지 선행과 봉사에 대한 애착심을 심어 줄까 해요."

이때 감독이 펠리시아의 말을 가로막으며 나섰다.

"잠깐, 펠리시아! 지금은 기적의 시대가 아니란다!"

"그렇다면 우리가 기적을 만들어야죠. 이 계획이 불가능한 일이라고 생각되지만, 저는 기어코 해 내고 싶답니다. 저는 이미 교육을 받겠다고 하는 소녀들을 20여 명이나 알고 있답니다. 그러니까 만일 우리가 그 소녀들의 마음 속에 단체정신 같은 것을 일단 심어 줄 수 있다면, 그것이야말로 그들에게 큰 도움이 될 것입니다. 저는 맛있는 요리가 이미 수많은 가정에서 생활에 혁신을 일으키고 있음을 너무나 잘 알고 있거든요."

"펠리시아야, 네가 제안한 것을 절반만 제대로 성취할 수 있다면, 이 빈민구역은 살기 좋은 곳이 될 것이다. 과연 네가 그 일을 어떻게 해 낼 수 있는지는 모르겠다만, 네가 해보려고 애쓰는 한 틀림없이 하나님께서 은혜를 베푸실 거야."

브루스 목사 부인이 이렇게 격려하자, 브루스 목사와 감독도 이구동성으로 격려의 말을 했다.

"우리 모두 너와 똑같은 생각이란다!"

그래서 펠리시아는 참된 그리스도교 정신에서 열성적으로 실무에 뛰어들어 자기의 계획을 실천해 나갔으며, 날이 갈수록 더욱 더 실천적이고 헌신적으로 발전해 나가게 되었다.

여기에서 펠리시아의 계획이 모든 사람의 예상을 뒤엎고 성공했음을 거듭 밝혀 두어야겠다. 그녀는 감히 흉내낼 수 없는 놀라운 설득력을 발휘하였고, 자기 주위의 소녀들에게 모든 가사일을 놀라운 속도로 가르쳤다. 얼마 후, 펠리시아의 요리 교실 수료생들은 시카고 시의 주부들로부터 한결같은 칭찬을 받았다. 이 인보회관의 역사가 지금까지 기록된 적은 없지만, 만일 기록이 되어 있다면 펠리시아가 이룬 업적이 크나큰 기적으로 간주 될 것이다.

또다시 겨울의 혹독한 추위가 다가오자, 시카고는 세계의 여느 대도시와 마찬가지로 현격한 빈부의 차이, 문화·세련·사치·안일 무사주의와 무지·타락·극빈 사이의 두드러진 대조, 그리고 빵을 얻기 위한 비참한 싸움이 크리스천의 눈에 비치기 시작했다.

빈민들은 견디기 어려운 겨울이었으나 한편으로는 방탕한 겨울이기도 했다. 파티, 초청연, 무도회, 만찬회, 잔치, 축하연, 오락회 등이 열리는 것은 일찍이 찾아 볼 수 없을 정도였다. 오페라와 연극 공연에 유명인사들이 그토록 붐빈 적도 지금까지 없었다. 소위 상류층들이 몸에 걸친 보석과 멋진 의상과 장신구들도 전에 없이 요란스러웠다.

그러나 한편으로는 극빈자들과 고통받는 자들이 빈곤과 고통도 전에 없이 지독했고 살을 에이는 듯했으며 살인적이었다. 호수를 지나 인보회관 주변의 싸구려 셋방의 얇은 벽 틈으로 들어오는 차가운 바람도 어느 때보다도 더욱 춥게 느껴졌다. 식량과 땔감과 의복 걱정이 시카고 시민들을 절박하게 짓누른 적도 일찍이 없었다.

밤이면 밤마다 감독과 브루스 목사는 자기들의 협조자들과 함께 거리로 나와 굶어 죽기 직전의 남녀와 어린이들을 구해 냈다. 막대한 양의 식량과 의복, 그리고 거액의 돈이 교회, 자선단체, 시당국 그리고 각종 상조회에서 전달되었다. 그런데 크리스천들의 인간적인 손길에 의한 인정은 눈을 씻고도 찾아볼 수 없었다. 고통받는 자들에게 스스로 찾아가서 적절한 때에 보살펴 주라는 예수님의 명령에 순종하는 크리스천은 과연 몇 명이나 된단 말인가? 이처럼 냉혹한 현실에 직면하자, 감독은 마음이 자기 몸 속으로 가라앉는 듯한 기분이었다.

사람들은 직접 사랑과 봉사를 내주는 대신에 돈을 내놓으려는 경향이 있었다. 따라서 그들이 주는 돈은 결코 진정한 의미의 희생을 대변하지는 못했다. 왜냐하면 그들은 그 정도의 돈쯤은 대단치 않게 여기기 때문이다. 그들은 가장 내주기 쉬운 것, 최소한도의 피해를 가져다 주는 것을 내놓을 따름이다. 도대체 진짜 희생은 어디서 비롯되는 것일까? 과연 그런 행동이 예수님의 발자취를 따르는 것이라고 할 수 있을까? 돈 몇 푼을 내는 것을 예수님과 함께 하는 행위라고 할 수 있을까?

감독은 얼마 전까지만 해도 독특하고 귀족적이며 눈부시게 돈많은 무리의 일원으로 살아왔다. 이제 그는 교회에 다니는 사치스런 상류계층의 남녀 중에서 고통받는 사람들을 위해 진정으로 희생을 감수하려는 사람이 거의 없다는 사실을 알자 온몸이 움추러 들었다. 자선이란 낡아 빠진 의복 몇 점을 주는 것이 교회의 소속된 자선 기관의 일이란 말인가? 몸소 빈민구역을 찾아가 손수 자기의 선물을 전달하는 게 도리가 아닐까? 여자라면 초청연이나 파티, 음악회에 나가는 대신에, 이 거대한 도시에서 병들어 신음하며 몸부림치는 죄많은 생명들을 직접 찾아가 손수 보살펴 주는 게 도리가 아닐까? 자선이란 것이 몇몇 단체나 상조회에 의해 편리하고 안일하게 시행되는 게 고작일까? 과연 사랑이란 못마땅한 일을 대리인에게 맡겨 해 낼 만큼 조직적으로 처리할 수 있는 것일까?

그 혹독한 겨울 동안, 감독은 죄지은 자들과 비통해하는 자들 속에 깊숙히 뛰어들어 분주한 생활을 하면서 이 모든 질문을 자기 스스로에게 던져 보았다. 그는 자기의 십자가를 기쁜 마음으로 짊어지고 있었다. 그러나 그는 수많은 사람들 중 몇몇 소수 사람들의 값싼 동정심 때문에 내심 무척 화를 내기도 했으며 고민도 했다. 그러나 성령은 시종일관 조용하게, 힘차게, 저항할 수 없는 위력을 지니고 여러 교회에서 역사를 펼쳐 나가고 계셨다. 그런데도 귀족적이고 부유하고 안일하게 생활하는 신도들은 사회문제의 골치거리를 마치 전염병이라도 되는 듯 기피하려고 했다.

마침내 이러한 사실이, 어느 날 아침에 한 사건으로 인하여 현실로 나타나자. 인보회관 모든 종사자들은 큰 충격을 받게 되었다. 그 해 겨울에 일어난 어떠한 사건도 이 사건만큼 예수님의 발자취를 따르자는 서약에 바탕을 둔 나사렛 애비뉴 교회의 개혁 운동과, 브루스 목사와 감독의 열렬한 인보 활동이 얼마나 많이 성장했는가를 보다더 분명하게 드러낸 준 사건은 없을 것이다.

제 29 장
사랑으로 새 생명을

인보회관의 아침식사 시간은 하루 중 한 시간 정도를 온 집안 식구들이 함께 모여 잠시 동안 마음놓고 이야기를 나눌 수 있는 시간이었다. 그 시간은 또한 휴식시간이기도 했다. 이 시간에는 여러 가지 흐뭇하고 재치있는 즐거운 농담도 할 수 있었다. 감독은 멋진 이야기를 하는가 하면 브루스 목사는 가장 좋은 경험담을 털어놓기도 했다. 이 참다운 크리스천들은 끊임없이 그들을 에워싸고 있는 슬픈 분위기에도 불구하고 건전하고 재치있는 유머를 즐겨 했다. 실제로 감독은 인간의 유머 기질이야말로 다른 것과 마찬가지로 하나님이 내려주신 것이라고 이따금 말했으며, 사실 그도 항상 자신을 짓누르고 있는 커다란 고민거리에서 벗어나는 하나의 안전 밸브 역할을 했다.

그 특별한 날 아침, 감독은 식탁 앞에 모여앉은 사람들의 이익을 위해 조간신문을 발췌해서 읽고 있었다. 그는 갑자기 읽기를 멈추더니, 순식간에 얼굴이 벌겋게 붉어지면서 슬픈 표정을 드러냈다. 깜짝 놀란 사람들이 모두 그를 쳐다보았고 식탁에는 침묵과 정적이 흘렀다.

"화차에서 석탄 한 덩어리를 가져가다가 총맞아 죽었군. 희생자의 가족은 추위에 얼어죽고 남자는 6개월 동안 실직했었군, 여섯 아이와 아내는 웨스트 사이드에 있는 세 칸짜리 판자집에서 살았고, 한 아이는 벽장

속에서 누더기를 감고 살고 있다더군!"

그는 신문 기사의 표제를 천천히 읽어 내려갔다. 그 다음에 그는 총격 내용과 가족이 사는 셋집에 관한 자세한 기사를 읽었다. 기사를 다 읽고 나자 식탁 주위에 무거운 침묵이 감돌았다. 이 처참하기 짝이 없는 인간의 비극을 보자 식사 시간의 즐거움은 어디론가 사라져 버렸다. 인보회관을 중심으로 이 거대한 도시가 사나운 맹수처럼 사납게 소리쳤다. 인간 생명의 무서운 흐름이 거대한 물줄기가 되어 인보회관을 지나 흘러가고 있었다. 인보회관에서 일해 온 사람들이 서둘러 거대한 협동집단에 합류했다. 그러나 여전히 무수한 사람들이 그 흐름 가운데로 내려가고 있으며 마지막 희망을 꼭 붙잡은 채 이 풍요의 땅에서 문자 그대로 죽어가고 있었다. 왜냐하면 이들은 노동의 댓가를 제대로 받지 못했기 때문이다.

이같은 극빈자들의 처지에 대한 여러가지 의견들이 분분하게 쏟아져 나왔다. 목사가 되기 위해 준비하고 있는 신입자 청년이 별안간 한 마디 했다.

"그 남자는 왜 자선기관에 도움을 청하지 않았을까요? 아니면 시 당국에라도 말입니다. 아무리 인심이 사납기로 크리스천들이 많은 이 도시의 시민들이 식량이 부족해 굶어죽어 가거나 땔감이 부족해 얼어죽어 가는 사실들을 번연히 알면서도 그대로 용인하는 것은 확실히 성실치 못합니다."

"그래, 그럴 수 없지. 하지만 우리는 이 남자가 총살당한 사건의 경위를 잘 모르고 있어. 아마 이 남자는 사건이 있기 전까지 매우 자주 도움을 청했을 걸세! 그러다가 최후의 절망적 순간에 이르자 스스로를 돕고자 결심했겠지. 이번 겨울에 그런 사건들이 몇 번 있었다네."
하고 브루스 목사가 말을 끝내자, 이번에는 감독이 나서며 말했다.

"이번 사건의 경우 그런 것은 심각한 사실이 되지 못해. 이 사건의 가장 중요한 문제점은 그 남자가 6개월 동안 일자리를 구하지 못했다는 사실일세."

"그런 사람들이 굳이 시골로 내려가지 않으려는 이유는 도대체 무엇일까요?"

하고 그 신학생이 다시 의문을 제기했다.

식탁에 앉아 있는 사람들 가운데는 시골의 취업 기회에 관해 특별히 연구한 적이 있는 사람이 나서서 그 질문에 답변했다. 그 연구자의 말에 의하면, 시골에서는 가족을 거느린 사람이 정착하여 일할 만한 곳이 없는 실정이며, 설령 있다고 하더라도 거의 대부분이 가족이 없는 독신 남자들에게만 취업의 기회가 주어진다는 것이었다.

만일 결혼한 남성의 경우 그의 아내나 자식들이 병들었다고 가정해 보자, 그 남자는 무슨 수로 이사를 할 수 있겠으며, 무작정 시골로 내려 갈 수 있겠는가? 이사비용을 또한 비록 소액이지만 어떻게 감당할 수 있겠는가? 그리고 그 특별한 남자가 어딘가 일자리를 찾아 떠나지 못한 이유는 그런 것 밖에도 수없이 많았으리라는 것이 그의 의견이었다.

"무엇보다도 남아 있는 아내와 자식들도 정말로 문제입니다. 정말 불 쌍하답니다. 그들이 사는 곳이 어디라고 했지?"

하고 브루스 목사 부인이 물었다.

"옳아, 여기서 세 구역밖에 되지 않는 곳이야, '펜로즈·구역'이라고 하 는 곳인데, 내가 알기로는 펜로즈라는 사람이 그 구역내의 가옥 절반을 소유하고 있다지 뭔가. 이 빈민 구역에서 가장 흉칙한 가옥들이지. 그리 고 그 펜로즈라는 사람은 교회에 나오는 신도라네."

"맞아, 그 사람은 나사렛 애비뉴 교회에 나와."

하고 브루스 목사가 침착한 어조로 응수했다.

감독은 분함을 참지 못하겠다는 자세로 식탁에서 벌떡 일어났다. 그 는 좀처럼 폭발하지 않으려고 자제해 오던 비판의 폭언을 퍼부으려고 입을 여는 순간, 현관 벨이 울렸고 그들 중의 한사람이 문 앞으로 갔다.

"브루스 목사님과 감독님을 뵈러 왔다고 전해 주십시오. 내 이름은 펜 로즈, 클라렌스 펜로즈라고 합니다. 브루스 목사님은 저를 보시면 아실 것입니다."

아침 식탁에 앉아 있던 사람들은 그 말을 들었다. 감독과 브루스 목사 는 서로 말없이 의미심장한 눈짓을 나누고 곧 두 사람은 식탁에서 일어나 현관으로 나갔다.

"이리 들어오십시오. 펜로즈 씨!"

하고 브루스 목사가 그를 영접했다.

감독과 목사는 방문객을 응접실로 안내한 다음, 문을 닫고 세 사람은 식탁에 마주앉았다.

클라렌스 펜로즈는 시카고에서 이름난 멋장이의 한 사람이었다. 그는 돈많고 사회적으로 영예로운 귀족가문 출신이었다. 그는 대단한 부자였으며 시내 곳곳에 소유하고 있는 부동산도 엄청나게 많았다. 그는 다년간 브루스 목사의 교회에 참석해 온 신도였다. 그는 약간 심상치 않은 인상을 나타내며 흥분된 표정으로 두 성직자를 대했다. 그는 안색이 창백한데다가 말할 때 입술이 떨렸다. 클라렌스 펜로즈가 이처럼 이상한 감정을 갖은 적이 있었단 말인가?

"그 총살 사건 말입니다. 이미 두 분은 알고 계시겠지요? 오늘 신문을 읽어 보셨습니까? 그의 가족은 내가 세놓은 집에 살았답니다. 끔찍한 사건이었지요. 하지만 제가 방문한 것은 그 사건 때문에 찾아온 것은 아니랍니다."

그는 더듬거리며 말했다. 브루스 목사와 감독의 표정을 근심스럽게 살펴보았다. 감독은 상기된 표정을 짓고 있었다. 감독은 여유있고 부유한 멋장이가 자기 소유의 가옥에서 셋방살이를 하는 사람들의 공포를 덜어 줄 수 있었을 뿐아니라, 만일 그가 자기 구역내의 어려운 사람들의 생활 조건을 개선하기 위해 자기 개인의 안락과 사치를 약간 희생시켰더라면 이런 비극를 미리 막을 수 있었을 것이라는 생각을 떨쳐 버릴 수가 없었다.

펜로즈는 브루스 목사를 쳐다보며 울부짖듯이 다음과 같이 외쳤는데, 그의 목소리에는 두려움과 공포심 같은 것이 섞여 있었다.

"목사님! 저는 초자연적이라고밖에 설명할 수 없는 아주 이상한 경험을 했습니다. 그런 것을 말씀드리려고 찾아왔습니다. 아시겠습니다만, 저도 예수님의 발자취를 따르겠다고 서약한 사람 중 한 사람입니다. 어리석게도 저는 그때까지 크리스천으로서 할 만큼의 일을 해 왔다고 자부심을 가지고 있답니다. 그러니까 저의 재산의 일부를 교회와 자선단체에 기증했습니다. 그렇지만 어떤 고통을 감수하기 위해 스스로 나선 일은 없었지요. 그런데 제가 그 서약을 한 다음부터 그만 자기 모순에 빠져서 생활해 오고 있답니다. 목사님께서도 아시겠지만 제 어린 딸 다이애너도 나와 함께 그 서약을 했습니다. 최근에 그 애는 가난한 사람들과 그들이 거처하는 곳에 관해 이 애비에게 질문을 했답니다. 저는 애비의 도리로서 딸애의 질문에 답하지 않을 수 없었답니다. 그러니까 어젯밤 그 애의 질문은 이 애비의 가슴을 찌르는 것이었습니다.

'혹시 아빠는 이 가난한 사람들이 세들어 살고 있는 집들을 소유하고 계신 건 아닌가요? 이 사람들의 집도 우리 집처럼 훌륭하고 따뜻한가요?' 어떻게 어린 아이가 이런 질문을 할 수 있을까요? 그 날 밤 저는 쓰라린 가슴을 안고 잠이 들었답니다. 알고 보니 바로 신성한 양심의 화살에 제가 맞았던 것을 알았지요. 저는 잠을 이룰 수가 없었습니다. 마치 심판의 날이 돌아온 듯했어요. 저는 심판관 앞에 나서게 되었어요. 육신 안에서 제가 행동한 것을 설명하는 질문을 했지요. '나는 감옥을 찾아가 죄많은 영혼을 얼마나 많이 만나 봤나? 내가 맡은 청지기 직분으로 무슨 일을 해 왔나? 겨울에는 추위에 떨고 여름에는 무더위에 허덕이고 먹을 것이 없는 셋방살이 하는 사람들에게 어떻게 해 주었나? 이들로부터 집세를 받는 것 이외의 그들을 위해 뭔가 조금이라도 생각한 것이 있었나? 나의 고통은 어디서 비롯된 것인가? 과연 예수님이라면 내가 한 대로 행동하셨을까? 나는 내가 한 서약을 깨뜨리나 않았나? 내가 소유하고 있는 돈과 교양과 사회적 영향력을 어떻게 활용해 왔나? 과연 나는 그것을 인간들에게 하나님의 은총이 내리게 하고, 고통받는 자의 고통을 덜어주고, 재난당한 자에게는 기쁨을, 그리고 실망한 자에게는 희망을 가져다 주는 데 사용해 왔는가? 나는 많은 것을 누리면서 살아 왔다. 그렇다면, 얼마나 많은 것을 베풀어 왔던가?' 이 많은 질문이 지금 제가 두 분과 제 자신을 의식하고 있는 것처럼 잠을 깬 환상으로 뚜렷하게 제게 나타났습니다.

저는 그 환상의 끝을 볼 수 없더군요. 고통받고 계신 그리스도가 저에게 지탄하시는 모습이 내 마음 속에 일종의 혼란된 영상으로 비춰졌고, 그 나머지는 뿌연 안개와 어둠에 가리워졌습니다. 그 후 24시간 동안 저는 한숨도 잠을 자지 못했답니다. 오늘 아침에 제가 처음으로 대한 것은 바로 석탄 야적장에서 벌어진 총격 사건의 기사였지요. 저는 도저히 떨쳐 버릴 수 없는 공포를 느끼면서 그 기사를 읽었습니다. 저는 이제 변명할 길 없는 죄인으로서 하나님 앞에 서 있습니다."

갑자기 펠로즈는 말을 중단했다. 브루스 목사와 감독은 진지한 모습으로 그를 바라보았다. 어떠한 성령의 힘이 있었기에 지금껏 자기만족적이고 우아하며 교양있는 이 사나이를 이토록 움직여 놓았을까? 그는 이 큰 도시의 큰 슬픔에는 무관심하고 예수님을 위하여 고통받는다는 게 무엇인지 실제적으로 모른다는 식으로 외면하는 사고방식 위주로 살아온 사나이가 아닌가! 방 안에는 일찍이 헨리 맥스웰 목사와 나사렛 애비뉴 교회를 휩쓸었던 성령의 기운이 스며들었다. 감독이 펜로즈의 어깨에 한 손을 얹고 말했다.

"형제여, 하나님께서 당신과 가까이 하십니다. 우리 함께 하나님께 감사드립시다."

"네, 그렇게 하겠어요."

하고 펜로즈는 흐느끼며 의자에 앉더니 얼굴을 두 손으로 감쌌다. 잠시 후 감독은 기도했다. 그리고 기도가 끝나자 펜로즈는 조용히 말했다.

"두 분께서 괜찮으시다면 저와 함께 그 셋집에 가 주시지 않겠습니까?"

브루스 목사와 감독은 대답 대신에 외투를 걸치고 나섰다. 그들 세 사람은 고인의 유족이 살고 있는 셋집으로 갔다. 클라렌스 펜로즈의 새로운 삶이 시작되었다. 그가 불쌍한 오두막 셋집에 발을 들여놓는 순간, 지금까지 글로만 읽었고 한 번도 체험해 본 적이 없는 절망과 고통을 난생 처음으로 대하게 되었고, 이로써 그의 새로운 삶이 시작되었다. 그가 예수님의 발자취를 충실히 따르겠다는 서약에 따라 셋집으로 빌려준 자기 가옥들을 어떻게 처리했는가를 일일히 쓴다면 한 권의 책이 되고도 남을 것이다. 가령 예수님께서 시카고와 같은 대도시에 세놓을 부동산을 소유하고 계신다면 그 부동산을 어떻게 처리 하실까? 누구든지 이 질문에 정확한 대답을 할 수 있다고 생각하는 사람이라면 클라렌스 펜로즈가 무슨 일을 시작했는지는 쉽사리 짐작할 수 있을 것이다.

그 해 겨울, 시카고에서는 예수님의 발자취를 따르기로 서약한 교인들 전부와 관련된 여러 가지 많은 일들이 끊임없이 일어났다.

어느 날 오후, 펠리시아가 음식을 가지고 인보회관에서 막 나오려는데 우연히 스티븐 클라이드와 마주친 것도 불가사의한 일 중의 한 가지였다. 펠리시아는 펜로즈 구역에 있는 빵집에 견본으로 주기 위해 빵을 가지고 가려고 보도에 나섰을 때, 마침 스티븐 클라이드가 지하 목공실의 문을 열고 나오려다가 공교롭게 두 사람은 마주쳤다.

"그 음식 바구니, 제가 들어다 드릴까요."

"왜, 그렇게 공손하게 말하지오?"

하고 펠리시아는 반문하면서 들고 있던 바구니를 스티븐에게 넘겨 주고는 같이 걸었다.

"말씀드릴 게 있는데요."

하고 나지막하게 대답하면서 수줍은 듯이 스티븐은 펠리시아를 흘깃 쳐다보았다. 그러나 그는 자신의 대담성에 스스로 놀라는 눈치였다. 사실 그는 처음 펠리시아를 보았을 때, 특히 그녀가 감독과 함께 목공실로 들어왔던 그 날 이후로 그녀를 더욱 더 사랑하게 되었다. 그 후 수 주일이 지난 지금에도 두 남녀는 수줍음을 버리고 자주 만나기도 했다.

"무슨 말씀인데요?"

아무 것도 모르는 척하며 펠리시아가 물었다.

"저……"

하면서 스티븐은 자기의 곱상한 얼굴을 그녀에게로 돌리고 우주 안에서 최상의 것을 모조리 소유한 듯한 사랑의 눈빛으로 그녀를 쳐다보았다.

"사실 나는 이렇게 말하고 싶었소. '사랑하는 펠리시아 양, 그 들고 있는 음식 바구니를 제가 들어다 드리지오' 라고 말입니다."

그 순간 펠리시아는 여느 때 보다도 더욱 아름답게 보였다. 그녀는 앞만 쳐다보면서 한참 걸었다. 자신의 마음이 얼마 전에 스티븐에게 쏠려 왔던 것은 숨길 수 있는 일이 아니었다. 결국 그녀는 돌아다보며 수줍게 말했는데, 그의 얼굴은 장미빛처럼 붉게 달아올랐고 눈길은 한없이 부드러웠다.

"그래요, 하지만 왜 그렇게 말하지 않으셨어요?"

"제가요?"

하며 스티븐은 그 순간 너무 기쁘고 반가운 나머지 들고 있던 바구니를 떨어뜨릴 뻔했다. 펠리시아가 크게 소리쳤다.

"그렇다니까요. 하지만 제 음식바구니는 떨어뜨리면 않되요!"

"아니, 이 세상에서 이렇게 귀중한 것을 떨어뜨리다니요. 사랑하는 펠리시아."

이렇게 대답한 스티븐은 몇 구역을 하늘을 날으듯이 걸어갔다. 두 남녀가 걸으면서 나눈 이야기는 개인에 관련된 것이므로, 여기서 거론할 필요가 없다. 다만 그 날 음식 바구니가 목적지에 도착하지 않았다는 사실과, 그 날 오후 늦게서야 감독이 펜로즈 구역에서 한가롭게 걸어오다가 인보회관 구역 외곽의 후미진 곳에서 귀에 익은 두 남녀의 목소리를 들은 것은 기록에 중요한 사실이므로 여기에 밝혀 둔다.

"펠리시아, 솔직히 말해 봐요. 언제부터 날 사랑하게 되었지요?"

"얼마 전 감독님과 함께 목공실에서 처음 만났을 때에요. 그 날 당신의 귀 바로 위에 작은 대팻밥이 붙어 있는 것을 보고 당신을 사랑하게 되었다고요."

그녀의 웃음섞인 목소리가 너무나 순수하고 고마워서 듣는 사람의 귀를 즐겁게 했다.

"아니, 지금 너희들 그 음식 바구니를 들고 어딜 가려는 거지?"

하고 감독이 나서면서 근엄하게 물었다.

"우리가 이걸 가지고 지금 어딜 가려고 했지, 펠리시아?"

"감독님, 저희는 이걸 집에 가지고 가서……."

"요리를 만들려는 참이었어요."

하고 스티븐이 펠리시아의 말을 받아 말 끝을 맺었다. 마치 궁지에 몰린 펠리시아를 구하려는 듯이 말했다.

"너희 두 사람이 요리를? 음식을 만들거든 나도 맛 좀 보게 해다오. 난 펠리시아의 요리솜씨를 이미 잘 알고 있으니까."

"감독님, 감독님두! 여부가 있겠어요? 감독님께서 오신다면 정말 영예로운 손님이 되실 거예요. 이제 마음이 흡족하시죠?"

하고 펠리시아는 자기의 행복한 모습을 숨기려하지 않았다.

"물론 흡족하다마다."

감독은 펠리시아의 말을 그대로 받아들였다.

그리고 나서 감독은 잠시 망설이다가 나직한 목소리로 말했다.

"너희 두 사람에게 하나님의 축복이 내리시기를!"

이윽고 감독은 자기 갈 길로 발길을 돌리면서 두 눈에서는 눈물이 글썽거렸고 그는 진심으로 그들을 위해 기도하면서 두 청춘 남녀가 즐거움을 나눌 수 있도록 그 곳을 떠났다.

이 세상의 슬픔과 고통과 죄악의 십자가를 홀로 짊어지고 가신 그분, 즉 예수님의 제자들이라고 해서 남녀간의 낭만적인 사랑의 신비스러운 행복을 함께하고 찬미하지 못하란 법이 어디 있겠는가? 그렇다, 정말 그렇게 할 수 있고말고! 그리고 이 두 남녀는 손에 손을 맞잡고 이 도시에서 벌어지는 인간사의 슬픈 경험으로 사랑을 성장시키며, 서로 사랑하기 때문에 더욱 긴밀하게 예수님의 발자취를 충실이 따를 것이며, 많은 집없고 외로운 사람들과 함께 가정생활을 영위해 나감으로써 수많은 불쌍한 영혼들에게 참다운 축복을 더해줄 것이 아닌가! 예수님께서는 '사람이 부모를 떠나 제 아내와 합하여 한 몸이 되는 것이다'(마태복음 19장 5절 새번역—역자 주) 라고 말씀하셨지.

이리하여 펠리시아와 스티븐은, 하나님께서 친히 허락하시고 축복해 주신 세속적인 사랑으로 인하여 더욱 깊고 참된 봉사와 헌신을 베풀면서 예수님의 발자취를 따르게 되었다.

인보회관 가족의 이런 아름다운 사랑 이야기가 있은 지 얼마 후, 레이먼드의 헨리 맥스웰 목사가 레이첼 윈슬로우, 버지니아 페이지, 롤린 페이지, 알렉산더 파워즈 그리고 마쉬 학장과 함께 시카고를 방문하게 된 것은 인보회관의 역사상 큰 영광이 아닐 수 없었다. 감독과 브루스 목사는 이따금 인보회관 강당에서 주목할 만한 모임의 기회를 만들었다. 결국 레이먼드에 있는 맥스웰 목사와 그의 동료 신도들에게 이번 모임에 참석해 달라고 초청했던 것이다.

그날 밤, 인보회관 강당에서의 모임은 실직자, 하나님과 인간에 대한 믿음을 포기한 자, 무정부주의자, 무신론자, 자유사상가, 무관심한 자들이 초청되었다. 모임이 시작되자 온 시카고에서 가장 악한 자, 가장 절망적인 자, 가장 위험한 자, 가장 타락한 부류의 대표라고 할 만한 사람들과 헨리 맥스웰 목사를 비롯한 크리스찬들이 마주 앉게 되었다. 그리고 성령의 놀라운 위력은 여전히 이 거대하고 이기적이며 쾌락에 탐닉하고 죄로 얼룩진 이 도시에 임하시어 나름대로 역사하고 계셨고, 이 도시는 그저 하나님의 손에 놓인 채, 앞으로 무슨 일을 당하게 될지 전혀 모르고 있었다. 그날 밤 모임에 참석한 사람들은 남녀노소 할 것 없이 모두 인보회관 현관문 위에 신학생들이 걸어 놓은 불타는 듯한 표어를 유리 칸막이를 통해 바라보게 되었다.

'예수님이라면 어떻게 하실까' 라는 표어였다.

헨리 맥스웰 목사가 처음으로 인보회관 문을 들어서면서 그 표어를 보자 더할 수 없는 감명을 받았다. 그러므로 그가 오래 전에 초라한 모습의 젊은이가 레이먼드 제일교회의 아침 예배 때 나타나 가련하게 호소한 그 질문을 처음 했을 때보다 더 깊은 충격을 받았다.

동지를 얻겠다는 그의 간절한 소망이 과연 이뤄질 수 있을까? 레이먼드에서 시작된 이 서약 운동이 전국 각지에서 실직적인 영향력을 발휘할 수 있을까? 그는 이런 의문에 대한 해답을 과연 이 거대한 도시 사람들의 마음 속에서 발견할 수 있을 지를 가늠해 보려는 의도도 있고 해서 몇몇 친구들과 함께 시카고를 방문했던 것이다. 이제 잠시 후면, 이 도시에 살고 있는 여러 계층의 사람들을 대하게 될 것이다. 그는 처음으로 철도공작소의 근로자들 앞에서 난생 처음으로 설교한 이후 상당히 대담해졌고 침착해졌지만, 지금도 그때처럼 깊게 심호흡을 하면서 성령의 도우심을 바라는 기도를 드렸다. 그리고 나서 강당 안으로 들어선 그는 그곳에 참석한 신도들과 함께 이 세상에서의 중대한 경험 한 가지를 겪게 되었다. 그는 이 모임이 지금껏 그의 끊임없는 의문이었던 '예수님이라면 어떻게 하실까'에 대한 대답 같은 것을 암시해 줄 것 같은 느낌이 들었다. 그날 밤, 오랜 세월 동안 교회를 멀리하고 적대시해 왔던 남녀노소 많은 얼굴을 대하자, 그는 마음 속으로 이렇게 부르짖었다.

'오, 나의 하나님이시어! 교회 성도들에게 가르쳐 주소서. 당신의 교회가 어떻게 하면 당신의 발자취를 더욱 잘 따를 수 있을지 가르쳐 주옵소서!'

헨리 맥스웰 목사의 이 간절한 기도에 응답을 받게 될까? 이 도시의 교회는 예수님의 발자취를 따르자는 호소에 응할 것인가? 이 도시의 교회는 고통과 고난을 감수하면서 예수님의 발자취를 따르기로 결심할 것인가? 성령은 여전히 도시 전체를 감싸고 계셨다. 지금이야말로 주님이 이 세상을 개혁하시기 위해 그 어느 때보다 만반의 준비를 갖추신 때가 아닌가!

오, 시카고여! 예수님을 슬프게 하지 말지어다.

제 30 장

비판 받는 크리스천

예수께서 이 말을 들으시고 말씀하셨습니다.
아직도 네게 한 가지 부족한 것이 있다
가진 것을 모두 팔아 가난한 사람들에게 나누어 주어라.
그리하면 네가 하늘에서 보화를 가지게 될 것이다. 그리고 와서 나를 따르라.
(누가복음 18장 22절 새 번역—역자 주)

헨리 맥스웰 목사는 그 날 밤 인보회관 강당에 모인 영혼들을 마주 대하고 말하면서 느낀 것은, 이런 다양한 청중을 대하는 것이 자기 평생에 최초의 일이 아닌가 하는 느낌이 들었다. 비단 레이먼드에는 이 처럼 다양한 청중이 모일 수는 없을 것이다. 레이먼드 시의 가장 나쁜 렉탱글에서도 교회뿐만 아니라 모든 종교의 영향과 크리스천의 영향에서 완전히 단절된 남녀노소가 이처럼 많이 모일 수는 없었다.

무엇에 관해 말할 것인가? 그는 이 점에 대해서 이미 결정해 둔 것이 있었다. 그는 레이먼드에서 일어난 서약 운동의 몇 가지 결과를 조금이라도 쉽고 간결하게 설명해 주었다. 강당에 모인 청중들은 대부분 예수 그리스도에 관해서 무엇인가 알고 있긴 했다. 그들은 모두 예수 그리스도가 어떤 분인지를 어느 정도 알고 있었다. 그리고 그들은 그리스도교의 교회주의나 사회 체제에 대해서는 아무리 심한 비판을 해 왔다해도, 자기의 정의와 진리에 대한 판단 기준을 갖고 있었으며, 그들 중에 수는 적지만 '갈릴리의 시골뜨기'와 같은 사람들도 있었다.

강당에 모인 청중은 '예수님이라면 어떻게 하실까?'에 대해 멕스웰 목사가 말하자 관심을 가지고 귀를 기울였다. 그는 레이먼드에서 일어난 사건들에 대한 이야기를 마친 다음, 위의 질문을 일반적인 사회 문제에 적용시켜 말하기 시작했다. 청중들은 조용히 귀를 기울일 뿐만 아니라, 몹시 긴장되고 정말 진지한 관심을 가졌다. 맥스웰 목사가 말을 하는 동안 온 강당에 있던 청중들의 얼굴은 모두 앞으로 쏠렸다. 이런 모습은 거리에서 노동자나 시민들이 총궐기할 때를 제외하고는 교회의 회중에서나 어디에서도 보기 힘든 광경이었다.

"예수님이라면 어떻게 하실까?"

이 표어가 교회에만 적용되는 것이 아니라 사업가, 정치가, 신문기자, 노동자, 사교계 인사에게도 적용된다고 가정해 보자. 이렇게 된다면 그런 행동 기준에 따라 이 세상을 개혁하는 데 얼마나 시간이 걸릴까? 이 세상의 골칫거리는 무엇인가? 그것은 이기심에서 비롯된 고통이다. 지금까지 예수님만큼 이기심을 극복하는 데 성공한 사람은 없을 것이다. 만일 우리 인간들이 사사로운 결과에 구애됨이 없이 예수님을 따르기만 한다면, 이 세상 사람들은 빠른 시일내에 새로운 삶을 누리게 될 것이다.

또한 맥스웰 목사는 마음이 병들고 죄지은 인간들로 가득찬 강당의 청중들로부터 큰 관심을 끌었다는 것이 얼마나 중요한 일인지 깨닫지 못하고 있었다.

맥스웰 목사의 연설을 들으면서 청중들의 반응을 살펴보던 감독과 브루스 목사는, 신자를 신랄하게 경멸하고 사회질서를 증오하며 극도로 편협한데다가 이기적인 기질을 지닌 수많은 얼굴을 바라보다가, 인보회관 활동으로 감화를 받고 있는데도 무지와 무관심으로 인해 더 커지기만 했던 그들의 마음의 고통과 많은 고뇌가 순식간에 완화되고 감소되어 가는 모습에 놀랐고 기쁘지 않을 수가 없었다.

비록 설교자에 대한 존경심이 표면상 가장된 것이라 해도 그 아무도, 심지어 감독까지도 그 날 밤 강당을 가득 메운 감동의 정체가 무엇인지 알아채지 못했다. 이 모임의 소식을 듣고 온 사람과 초청에 응한 사람들 중에는 그 날 오후 우연히 인보회관 앞을 지나가다가 모임의 안내문을 읽고 호기심 때문에 들어왔거나 추운 겨울 바람을 피하기 위해 들어온 사람들도 20~30명 가량 끼어 있었다. 그 날 날씨는 혹독하게 추웠고 술

집은 사람들로 가득차 있었다. 그런데도 3만여 명의 불쌍한 영혼들이 우
글거리는 이 구역을 통틀어 봐도 술집을 제외하고는 인보회관의 순수하
고 깨끗한 문만이 그들에게 열려 있었다. 집 없고 할일 없는 사람들이
자연스럽게 갈만한 곳이 술집이 아니면 어디 있겠는가?

　이런 식의 공개 모임에서 강연이 끝나면 자연스럽게 자유 토론을 하
는 것이 인보회관의 관례처럼 되어 있었다. 맥스웰 목사가 강연을 마치
고 자리에 앉자, 그날 밤 사회를 보던 감독이 일어나 누구든 마음대로
질문이나 의견을 피력하고 자기가 확신하는 바를 주장해도 좋다고 했
다. 그러나 이 모임에 참석한 사람들에게 항시 다음 사항에 대한 이해를
구했다. 즉 토론에 참가한 사람은 누구든지 다수결에 의해 간단한 회의
규칙을 지켜야 하며, 3분이라는 발언 시간을 지켜야 한다는 것이다. 이
런 종류의 모임에 참석한 적이 있는 몇몇 사람들이 즉시, '동의합니다!
재청합니다!' 하고 외치는 소리가 회중들 가운데에서 들렸다.

　감독이 자리에 앉자마자, 강당에 모여 있던 사람이 재빨리 발언권을
얻기 위해 일어나기 시작했다.

　"우선 오늘밤 맥스웰 목사님의 말씀이 저에게 상당히 감명 깊었음을
말씀드리고 싶습니다. 저는 잭 매닝이라는 사람을 잘 알고 있습니다. 그
친구가 목사님 댁에서 숨을 거둔 겁니다. 저는 2년 동안 필라델피아에
있는 한 인쇄소에서 일을 했답니다. 잭은 좋은 친구였습니다. 내가 어려
울 때 한번은 5달러나 빌려줬는데, 저는 그 돈을 갚지 못했답니다. 그는
인쇄소 경영상 변동 때문에 실직하게 되자, 뉴욕으로 이사를 갔기 때문
에 그 후로는 그를 다시 만나지 못했습니다. 라이노타이프라는 식자기
계가 새로 나오자 저도 그와 마찬가지로 실직을 당했지요. 저는 그 후
줄곧 실직 상태에 있었습니다. 사람들은 흔히 발명이 좋은 일이라고 하
지요. 나는 한번도 그렇게 생각해 본적이 없답니다.

　제가 잘못된 편견에 사로잡혀 있는가 봅니다. 기계 때문에 든든한 일
자리를 잃은 사람들이라면 자연히 그런 생각을 하게 되겠지요. 맥스웰
목사님은 오늘날의 그리스도교에 대해 말씀하셨는데, 물론 지당한 말씀
입니다. 하지만 저는 교인들의 대부분이 그런 희생을 감수하지 않으려

한다고 봅니다. 제가 지금까지의 경험으로는 크리스천들이라 해서 이기심과 돈이나 세속적 성공에 대한 욕망에서는 비크리스천과 별로 다를 바가 없다는 것입니다. 물론 감독님과 브루스 목사님을 비롯한 약간의 몇 사람은 예외지만 말입니다. 그런데 사업과 돈벌이의 경우, 소위 보통 사람과 교인 사이에 별다른 차이점이 없다는 것입니다. 사업과 돈벌이에 있어서는 양쪽 모두 같다고 생각합니다."

"정말 그렇소!"

"당신 말이 옳은 말이오!"

"물론, 그렇고 말고요!"

발언하는 동안 고함소리 때문에 발언자는 말을 중단했다. 그 사람이 자리에 앉자마자, 마룻바닥에 앉아 있던 남자 두세 명이 한꺼번에 일어나 동시에 발언을 하려했다.

감독이 일어나 그들에게 순서대로 발언하게 하기 위해 두 사람을 제자리에 앉도록 지시했으나, 그래도 계속 버티고 서 있던 남자가 발언을 시작했다.

"저는 이 모임에 처음으로 참석했습니다. 그리고 이런 모임에 참석은 마지막이 될지도 모릅니다. 사실, 제 수명이 얼마 남지 않은 것 같습니다. 저는 일자리를 구하려고 이 도시에서 한없이 헤매다가 그만 병이 들었답니다. 저 같은 처지의 사람들이 많지요. 괜찮으시다면 목사님께 한 가지 묻고 싶은 말이 있는데. 괜찮겠지요?"

"맥스웰 목사님게 드릴 말씀이 있다는 군요"

하고 감독이 말했다.

"그렇게 하시지요. 하지만 저분이 만족하실 답변을 할 수 있을는지 모르겠습니다."

하고 맥스웰 목사가 재빠르게 대답했다.

"제가 묻고자 하는 것은 다름 아니라……."

하고 그 남자는 몸을 앞으로 기울이고 극적인 효과를 위해 한쪽팔을 길게 죽 뻗고는 온몸에 힘을 주어 자신의 생각을 털어놓기 시작했다.

"예수님이 만일 저의 입장이라면 어떻게 하실지 알고 싶습니다. 저는 지금 두 달 동안 일자리를 얻지 못해 방황하고 있답니다. 제게는 아내와 세 자녀가 있는데, 천만금보다 더욱 사랑하지요. 그 동안 세계 박람회 때 일해서 저축해 두었던 몇 푼의 돈으로 살아 왔답니다. 제 직업은 목수인데, 팔방으로 일자리를 구하려고 노력해 봤지요. 목사님은 우리더러 '예수님이라면 어떻게 하실까?'를 생활 신조로 삼아 살아야 한다고 말씀 하셨습니다. 만일 예수님이 지금 저처럼 실직자가 되셨다면 어떻게 하실까요? 제가 묻고자 한 질문은 이것뿐입니다. 저는 일자리를 원하고 있답니다 예전처럼 하루 10시간을 지치도록 일할 수만 있게 해 주신다면 최선을 다해 일하겠습니다. 제가 자립하지 못한 것이 불찰일까요? 저도 살아가야 하고 내 아내와 자식들도 살아가야 합니다. 그러나 도대체 어떻게 살아가야 할까요? 예수님이라면 이럴 때 어떻게 하실까요? 목사님 께서는 일을 처리하기 전에 먼저 이런 질문을 스스로에게 던져야 한다고 말씀하셨습니다."

맥스웰 목사는 자기를 바라보는 사람들의 시선을 보면서 앉아 있었다. 당장 그 남자의 질문에 대한 답변이 지금 이 순간에 나올 것 같지 않아, 그는 마음 속으로 기도했다.

'오, 하나님! 이 질문이야말로 인간의 오류가 얽히고 섞인 데에서, 그리고 인간의 행복을 위하시려는 하나님의 뜻에 반대되는 현 상황에서 초래된 사회 문제 전체를 대변하는 것이 아니고 무엇이겠습니까? 신체가 건장하고 일 할 수 있는 능력과 열의를 가진 남자가 일을 하지 못해 정직하게 생계를 이끌 수 없을 때의 세 가지 방법, 즉 구걸이나 자선에 매달리거나 아니면 자살을 한다거나 그렇지 않으면 굶어죽는 방법 중에서 한 가지를 택하지 않을 수 없다면 이보다 비참한 비극이 어디 있겠습니까? 과연 예수님이라면 이런 경우 어떻게 하실까요.'

질문한 당사자의 입장에서 볼 때, 그 질문은 당연한 것이었다. 만일 그가 크리스천이라 할지라도 그것은 그가 할 수 있는 유일한 질문이었다. 그러나 그런 상황에서는 어떤 사람도 대답하기는 어려웠을 것이다.

이 모든 점을 헨리 맥스웰 목사는 더 깊이 생각했다. 다른 사람들도 모두 똑같은 생각에 잠겨 있었다. 감독도 굳고 슬픈 표정을 짓고 앉아 있었는데, 그도 그 질문에 큰 충격을 받은 것을 쉽게 알 수 있었다. 브루스 목사 역시 고개를 푹 숙이고 있었는데, 그가 서약을 하고 자기 교회를 떠나 인보회관으로 들어온 이래 이보다 더 처참한 인간 문제를 대해 본 적이 없는 듯했다. 예수님이라면 어떻게 하실까? 그것은 답변하기엔 너무나 어렵고 두려운 질문이었다. 그런데 그 질문을 던진 당사자는 여전히 그 자리에서 수척한 모습으로 장승처럼 서서 대답을 기다린다는 표정으로 팔을 내뻗고 있었다. 그때마다 긴장이 고조되었다. 이윽고 맥스웰 목사가 입을 열었다.

"이 강당에 계시는 신자들 가운데 누가 저분과 똑같은 어려운 처지에서 예수님의 발자취를 따르려고 애쓰신 분이 계십니까? 만일 그런 분이 계시다면 저보다도 훨씬 좋은 대답을 해 드릴 수 있으리라 믿어집니다만……."

강당 전체가 한동안 조용해졌는데, 강당 앞쪽에 앉아 있던 남자 한 명이 천천히 일어났다. 그분은 노인이었다.

그가 말할 때, 의자의 등받이를 잡고 있는 손이 몹시 떨리고 있었다.

"저는 지금 질문하신 저분과 비슷한 경우를 수없이 당했답니다. 그럴 때마다 저는 언제나 크리스천답게 처신하려고 노력했답니다. 저는 실직했을 때, '예수님이라면 어떻게 하실까?' 라는 질문을 스스로에게 던져본 적은 없습니다만, 언제나 예수님의 제자답게 살아가려고 애썼지요. 정말 그랬답니다."

이렇게 말을 하는 동안 그 노인의 얼굴에는 슬픈 미소가 스치고 지나갔다. 그것은 질문을 한 젊은 사나이의 절망적인 상황보다도 감독과 맥스웰 목사의 처지에 대해 더욱 동정적인 미소였다.

"그래요 저는 살기 위해 구걸을 했으며 자선 기관을 찾기도 했지요. 실직했을 때, 음식과 연료를 얻기 위해 도둑질과 거짓말만 제외하고는 무슨 짓이든 모두 했답니다. 제가 살기 위해 하지 않을 수 없었던 일들을 예수님께서는 하실지는 모르겠습니다만, 나는 실직했다 하더라도 결코 나쁜 짓은 하지 않았답니다. 이따금 예수님이라면 구걸하느니 보다 차라리 굶어죽는 길을 택하실 거라는 생각도 할 수 있었지만, 실제로 그런 생각을 한 기억은 없습니다."

노인의 목소리는 떨리는 음성이었고 쑥스러운 듯이 주위를 둘러보았다. 한동안 침묵이 흘렀다. 감독의 자리에서 세 칸 떨어진 좌석에 앉아 있던 몸이 크고 검은 머리털에 수염이 많은 남자가 사나운 목소리로 침묵을 깨뜨렸다. 그 사나이가 말을 시작하자 강당 안에 있던 사람들이 모두 몸을 앞으로 내밀며 귀를 기울였다. '예수님이라면 내 경우에 어떻게 하실까?' 라는 질문을 던졌던 남자는 자리에 앉으면서 옆 사람에게 귓속말로 물었다.

"저 사람은 누구지?"

"사회주의 운동 지도자, 칼센일세. 이제 무슨 말을 하는지 듣게 될 거야."

칼센은 내면 깊숙히 쌓여있는 분노로 말미암아 억센 턱수염을 떨면서 말을 시작했다.

"허튼 소리 하지 마시오. 우리의 사회 체제가 온통 잘못투성이란 말이오. 이른바 문명이란 것도 속까지 썩어 빠져 있답니다. 이런 사실을 숨기려 해도 아무 소용이 없어요. 우리는 지금 수만 명의 무고한 사람들의 생명을 앗아가기만 하는 기업합동과 기업제휴와 자본주의자들의 탐욕이 판을 치는 시대에 살고 있답니다. 만일 하나님이 존재한다면, 나는 그런 존재를 믿지 않지만, 내가 결혼하여 가정을 가지려고 하지 않는 데 대해 하나님께 감사드리는 바입니다. 가정이라! 차라리 지옥이 더 더욱 낫지!

지금 저분의 경우, 자신과 세 자녀의 생계 유지보다 더 중요한 게 이 세상에 어디 있겠소? 그리고 저 사람은 실직한 수많은 사람들 가운데 한 명일 뿐이오. 그런데도 이 도시와 이 나라에 있는 큰 도시마다 수많은 사이비 크리스천들이 온갖 사치와 쾌락을 누리다가 일요일만 되면 교회에 나와 모든 것을 예수님께 바치고 십자가를 지고 언제나 예수님을 따라 구원을 받겠다며 찬송가를 부른단 말입니다! 물론 그런 크리스천들 가운데 착한 사람이 한 명도 없다는 것은 아닙니다만, 하지만 오늘 밤 이 강당에서 좋은 말씀을 해 주신 목사님께서 내가 이야기하는 고급 교회 중 한군데에 가셔서 그 교회 교인들에게 오늘밤에 말씀하신 것과 같은 서약을 하도록 제의해 보십시오. 그러다간 그 고귀한 교인들이 당장에 목사님을 정신빠진 얼간이 바보같이 취급할 것이 뻔한 것이지요. 모두 부질없는 짓이랍니다. 그것은 개선책이 되지 않습니다. 그것으로는 조금도 실효를 거둘 수 없어요. 우리는 이제 정치에서 새 출발을 해야 합니다. 또한 모든 것을 재건해야 합니다. 교회에서는 어떠한 개혁도 기대할 수 없습니다. 교회는 대중 편이 아니랍니다. 교회는 귀족들과 돈 많은 사람 편입니다. 기업합동과 전매청의 우두머리들은 모두 교회에 다니는 교인들이랍니다. 목사들은 일종의 노예나 마찬가지인 셈이지요. 지금 우리에게 필요한 것은 사회주의의 보편적인 기초에 의거한 새로운 매체, 다시 말해서 대중의 권리에 중점을 둔 체제를……."

칼센은 3분 발언 규정을 잊고 청중 앞에서 보통 때처럼 늘 하던 대로 연설을 하고 있었는데, 그의 바로 뒷자리에 앉아 있던 남자가 버릇없이 그를 잡아당겨 앉히고는 자기가 일어났다. 칼센은 처음에 화를 내면서 소란을 피울 것처럼 협박했지만, 감독이 3분 발언 규칙을 알려주자 턱수염을 움직이며 투덜거리다가 잠자코 입을 다물었다. 다음 발언자가 일어나 모든 사회적 병폐에 대한 치유책이라면서, 단일화 된 세금제도를 적극적으로 찬성하고 나섰다. 그 다음에 일어난 발언자는 교회와 목사들에 대한 심한 비판을 가하고 나서, 진정한 완전 개혁을 해 나가는데 있어서 두 가지 큰 장애물이 있는데, 그것은 바로 법정과 복음주의적 교회 조직이라고 선언했다.

이 발언자가 자리에 앉자, 이번에는 근로자 행색의 사나이가 자리를 박차고 일어나 대기업체, 특히 철도회사에 비위사실에 대한 욕설을 일사불란하게 쏟아 부었다. 그 다음에는 자신을 금속 기능공이라고 소개한 몸집이 크고 건장한 사나이가 일어나서, 발언권을 요구하더니 사회적 온갖 병폐들에 대한 치유책은 노동조합 운동에 있다고 선언했다. 그의 주장에 따르면, 노동조합 운동이야말로 다른 무엇보다도 확실하게 근로자들에게 황금시대를 가져다 줄 것이라고 했다. 그 다음 발언자는 수 많은 사람들이 실직하게 된 이유들을 말한 다음, 기계의 발명이 인간

이 인간을 파멸시키는 악마적 소행이라고 비난했는데 많은 사람들이 그의 발언을 지지하며 박수갈채를 보냈다.

최후로 감독이 '자유 발언' 시간이 끝났음을 알리고 레이첼에게 성가를 부르도록 부탁했다.

레이첼 윈슬로우는 예수님의 발자취를 따르겠다고 서약한 후, 레이먼드에서 보람있는 한 해를 보내는 동안, 그는 아주 건강하고 겸손한 크리스천으로 성숙했으며, 그녀의 탁월한 노래 솜씨는 오로지 하나님을 받드는 데에만 바쳐졌다. 레이첼은 그 날 밤 인보회관 모임에서 성가를 부르기 전에, 그 어느 때보다 더 간절한 마음으로 목소리의 효과를 높여달라고 기도했다. 다시 말해서, 그녀는 이제 자신의 목소리가 아니라, 바로 하나님의 목소리가 되게 해달라고 했던 것이다. 그녀가 정성을 다하여 성가를 부르는 동안 그녀의 기도는 분명히 응답되고 있었다. 그녀가 선택한 성가는 다음과 같다.

예수 말씀하시기를
믿는 자여 따르라 (찬송가 366장—역자 주)

헨리 맥스웰 목사는 가만히 앉아서 레이첼이 성가을 불러 사람들을 조용하게 한 렉탱글 천막에서의 첫 경험을 회고했다. 그 성가의 효과는 여기서도 똑같이 나타났다. 예수님께 봉헌한 미성의 놀라운 위력이 이처럼 한결같을까? 레이첼의 뛰어난 천부적 재질은, 그는 그 시대의 주름잡는 유명한 오페라 가수가 되고도 남음이 있었다. 정말 그 날 밤에 모인 청중들은 그런 노래를 들은 적이 없었다, 어떻게 이 아름다운 노래를 부를 수 있을까? 거리를 떠돌다가 들어온 사나이들은 감독의 말처럼 세상의 외진 곳에 살고 있는 서민들은 들을 수 없는 목소리에 압도당한 채, 멍하니 앉아 있었다. 만일 그들이 그토록 좋은 노래를 들으려면 꽤 비싼 입장료를 물어야 했기 때문이다. 그녀의 노래는 구원의 전주곡인 양, 그 넓은 강당을 흘러 넘쳐서 자유와 기쁨의 분위기로 변화시켰다.

칼센은 검은 수염이 덥수룩한 얼굴을 들어올린 채 깊은 사랑을 담은 그 노래에 **빠져** 들었다. 마침내 눈물 한 줄기가 **뺨으로** 흘러내렸고, 눈물이 흐른 수염은 빛을 반사하며 반짝였으며, 그의 얼굴 표정이 부드러워지더니 용모가 고상하게 되었다.

예수님이 자기와 같은 입장이라면 어떻게 하실 것인지 알고 싶어 하던 실직한 남자는 성가에 사로잡힌 듯 입을 약간 벌리고 앞 사람의 의자 등받이에 더러운 손을 얹고 앉아 있었는데, 그 순간에는 자기의 그 큰 비극를 모두 잊은 듯했다. 성가가 계속되는 동안, 그것은 음식이요 일자리요 따뜻함이요 가족들과의 기쁜 만남이었다. 교회와 목사에 대해 신랄하게 비난했던 남자는 머리를 곤두 세우고 앉아서 처음에는 완강한 저항의 표정을 지었는데, 교회의 예배 의식과 전혀 관련이 없다 해도, 이런 행사에 그런 것이 끼어드는 데 대해 그는 완강히 거부하는 듯했다. 그러나 그 남자도 강당에 있는 사람들의 마음을 뒤흔들어 놓고 있는 그 성가의 위력에 차차 감복하게 되었고, 슬픈 표정을 지었다.

레이첼이 찬송가를 부르는 동안, 감독은 마음 속으로 이렇게 중얼거렸다.

'온갖 죄악과 질병과 타락과 인간성 상실이 만연한 이 세상 사람들이, 하나님께 봉헌된 오페라 가수와 직업적인 테너·알토·베이스 가수들이 아름다운 목소리로 전하는 복음을 들을 수만 있다면, 이 세상에 그 어떤 힘보다도 빨리 하늘나라가 이룩될 수 있을 텐데!'

감독의 가슴 속에서는 울부짖음 같은 것이 울려 퍼지고 있었다.

'오, 이 얼마나 안타까운 일인가? 천부적인 재능을 소유한 가수나 연주자, 다시 말해, 가장 신성한 멜로디를 만들어 낼 수 있는 자들이 자기들의 재능을 돈벌이 수단으로 간주하기 때문에 이 위대한 음악의 보물을 가난한 사람들이 가까이 대할 수가 없다니, 이 얼마나 안타까운 일인가? 이 세상의 천부적인 재능을 가진 가수나 연주자들 가운데 순교자가 나올 수 없단 말인가? 그런 위대한 재능 같은 것을 무조건 남을 위해 바칠 수 없단 말인가?'

그리고 헨리 맥스웰 목사는 새삼스럽게 이 자리에서 렉탱글에 모였던 사람들을 염두에 두면서, 참신한 그리스도교 정신이 보다 널리 확산되기를 갈망하며 기도했다. 지금까지 그가 인보회관에서 보고 들은 모든 경험으로 보아, 도시의 크리스천들이 예수님께서 명령하신 대로 따른다면 이 도시의 문제점을 서서히 해결할 수 있으리라는 신념을 더욱 깊게 해주었다.

그러나 이 많은 대중을 어떻게 할 것인가? 구세주가 오셔서 구원하려 했던 바로 이 태만하고 죄많은 대중은 모든 오류와 편협, 그리고 비참과 절망, 특히 교회에 대한 무조건적인 반감에 젖어 있으니 말이다. 이 문제는 헨리 맥스웰의 양심에 가장 깊은 충격을 주었다. 과연 교회는 이제 대중들이 더 이상 그 안에서 예수님을 찾을 수 없을 만큼 예수님으로부터 완전히 소외당하고 있단 말인가? 그리스도교의 초창기에는 교회가 그토록 많은 사람들에게 영향력을 발휘하였는데, 오늘날의 교회가 그런 영향력을 완전히 상실한 것은 사실일까? 그리스도교도들이 갖고 있는 이기주의와 배타주의와 귀족적인 근성으로, 교회에 나가 개혁을 한다거나 구원을 받는다는 것은 전혀 기대할 수가 없다고 한 사회주의자의 말은 과연 어느 정도 진실일까? 헨리 맥스웰은 더욱 난감한 기분이 들었다. 왜냐하면, 이 강당에 모인 사람들 가운데 상당수의 사람들은 지금 레이첼의 성가에 사로잡혀 조용히 있지만, 위로나 행복을 찾기 위해, 교회와 목사에게 가기보다는 술집이나 도박장으로 몰려가 그들과 똑같은 수많은 무리들의 대변자 구실을 할 것이라는 엄연한 사실 때문이었다. 그렇게까지 술집에 가야만 위안이나 행복을 느낄 수 있단 말인가? 만일 교회의 신자들이 한결같이 예수님의 발자취를 따른다고 해도, 수많은 사람들이 여전히 일거리를 찾아 거리를 헤매고, 그들 가운데 상당수가 계속 교회를 비난하고, 대다수의 사람들이 술집을 가야만 과연 위안을 받을 수 있을까? 오늘밤 바로 이 강당에서 개인적으로 설명된 이 인간 문제에 대해 크리스천들은 예수님의 발자취를 철저히 따라가면서 예수님을 위해 고통을, 그것도 진정한 고통을 감수해야 한다고 주장한다면 대부분 거절할 것이 뻔하다는데 과연 그것이 사실일까?

헨리 맥스웰 목사는 레이첼의 성가가 끝나고, 비공식적인 사교 모임이 있은 후, 모든 집회가 사실상 끝났는데도 여전히 이러한 의문들을 제기하고 있었다. 그는 인보회관의 관례적인 행사에 따라 이 곳 가족과 레이먼드에서 온 손님들과 함께 예배를 드릴 때에도 새벽 1시까지 계속된 감독과 브루스 목사와의 회의 때에도, 모든 일을 끝내고 잠자리에 들 때에도 무릎을 꿇고, 혼신의 정열을 다해 전국 모든 교회에 지금껏 경험치 못했던 영적 세례를 퍼부어 달라고 기도할 때에도, 그리고 잠자리에서 일어났을 때와 하루종일 인보회관 구역을 돌아다니면서 '풍요로운 삶'과는 너무나 동떨어진 생활을 하고 있는 사람들을 대했을 때도 헨리 맥스웰 목사는 여전히 그 질문과 싸우고 있었다. 이 시카고에 있는 교회뿐만 아니라 전국에 있는 교회에서 크리스천들에게 예수님의 발자취를 따르자고 하면, 실제로 십자가를 지고 따라야 한다는 것 때문에 이러한 제안을 거절할 것인가?

바로 이것이 끊임없이 그에게 대답을 요구하는 질문이었다.

제 31 장
그리스도 정신

헨리 맥스웰 목사는 시카고를 방문하면서 주일에는 꼭 레이먼드로 돌아가 제일교회의 강단에 서기로 계획을 세웠다. 그런데 인보회관에서 금요일 아침에, 시카고에서 가장 큰 교회 목사로부터 돌아오는 주일 아침 예배와 저녁 예배에서 설교를 해 달라는 간절한 부탁을 받았다.

처음에는 주저했으나 그 부탁 속에 성령이 인도하시는 능력의 손길을 느끼고 마침내 초청을 수락했다. 그는 자신에게 던진 질문을 시험해 볼 작정이었다. 그는 인보회관 모임에서 제기되었던 교회에 대한 비난의 진상을 규명해 볼 생각이었다. 과연 교회는 예수님을 위해서는 자기 부정과 희생을 어느 정도 실천하고 있을까? 교회는 얼마나 충실히 예수님의 발자취를 따를 수 있을까? 교회는 하나님을 위해 스스로 나아가 고통을 감수할 각오가 되어 있을까?

토요일 밤, 그는 밤을 지새우며 기도를 했다. 난생 처음으로 당하는 매우 커다란 영혼의 시련이었다. 이런 시련은 레이먼드에서 겪은 그 어떤 고된 체험보다도 더욱 큰 것이었다. 사실상 그는 새로운 체험을 겪게 되었던 것이다. 자기가 설정한 참다운 그리스도교 정신은 이제 또 다른 시험을 거치게 되었고, 자기 자신도 예수님의 더욱 큰 진리 속으로 빠져 들어가고 있었다.

주일 아침이 되자, 큰 교회는 교인들로 메워졌으며, 지난 밤을 뜬눈으로 새운 헨리 맥스웰 목사는 강단에 서자, 일부 교인이 보내는 굉장한 호기심의 압력을 즉시 느낄 수 있었다. 전국의 교인들과 똑같이 그들은 이미 레이먼드에서 일어난 서약운동의 소식을 들어 알고 있었으며, 브루스 목사가 최근에 전개한 예수님의 발자취를 따르겠다는 서약 운동에 대해 큰 관심을 가졌던 것이다. 이런 관심에는 단순한 호기심 이외에 뭔가 더욱 깊고 심각한 것이 내포되어 있음을 맥스웰 목사는 느끼고 있었다. 그리고 그는 성령의 임하심이야말로 자신의 설교에 생명력과 힘을 부여할 수 있음을 자각하면서 예수님의 메시지를 가지고 그 날 그 교회의 교인들에게 전해 주었다.

헨리 맥스웰 목사는 유명한 설교가는 아니었다. 그에게는 유명한 설교가가 될 만한 영향력이나 천부적인 소질도 없었다. 그러나 예수님의 발자취를 따르겠다고 서약한 후부터 그에게는 웅변의 모든 주요점들을 내포한 설득력이 점차 생겼던 것이다. 그 날 아침, 교인들은 위대한 진리의 한가운데로 깊숙이 빠져들어간 한 인간의 완전무결한 성실성과 겸손을 접하게 되었다.

맥스웰 목사는 레이먼드 제일교회에서 예수님의 발자취를 따르겠다는 서약 운동이 일어난 후 자기 교회에서 있었던 몇 가지 체험을 간단히 설명한 다음, 며칠 전 인보회관 모임 이후 자기 스스로에게 던져온 질문에 대해 설명해 나갔다. 그는 한 젊은이가 예수님을 찾아와 영생을 얻으려면 어떻게 해야 할지 질문했던 이야기를 이 날 설교의 주제로 삼았다. 예수님은 그 젊은이를 시험해 보셨다.

'가진 것을 모두 팔아 가난한 사람들에게 나누어 주라. 그리하면 네가 하늘에서 보화를 가지게 될 것이다. 그리고 와서 나를 따르라'(누가복음 18장 22절)고 말씀하셨다. 그 젊은이는 예수님을 따르고 싶었지만, 예수님을 따른다는 것이 그런 식으로 고통을 당하는 것이라면 따르지 않겠다는 것이었다.

헨리 맥스웰 목사는 준수하고 사려깊은 얼굴로 좀처럼 감동을 표시하지 않는 교인들의 마음을 마구 흔들어 대는 호소력과 열정으로 타오르는 듯한 빛을 내면서 설교를 했다.

"오늘날의 교회가, 그리스도의 이름을 그대로 본딴 교회가 고통의 감수와 물질적 손실과 일시적인 이익 때문에 예수님의 발자취를 따르지 않으려 한다는 뭇사람들의 비난이 사실일까요? 지난 주 인보회관에서 있었던 모임에서 한 노동운동 지도자가 교회에서 사회의 개혁이나 구원을 기대한다는 것은 가망이 없는 일이라고 주장했습니다. 그런 진술의 근거는 무엇일까요? 쉽게 말해서, 다음과 같은 가정이 그 근거가 됩니다. 교회 대부분의 신자들은 자기 자신의 안일과 사치를 인간의 고통과 궁핍과 죄악보다 훨씬 앞세우고 있다는 것입니다. 이 주장이 어느 정도 사실일까요? 오늘날 미국의 크리스천들은 과연 자신들의 그리스도교 정신을 시험대에 올릴 만한 준비가 되어 있을까요? 또한 부자들은 어떠할까요? 과연 그들은 모든 재산을 털어 '예수님이라면 어떻게 하실까?' 라는 물음에 대한 양심적인 대답에 따라 자신의 재산을 옳은 일에 사용할 수 있을까요? 천부적인 재능을 지닌 남녀 신도들은 어떻습니까? 과연 그들은 '예수님이라면 어떻게 하실까?' 라는 물음의 대답에 따라 그들의 재능을 모든 동포에게 바칠 수 있을까요?

그러면 오늘날에는 참된 그리스도교 정신의 새로운 구현이 요망되지 않는단 말입니까? 이런 문제에 대해서는 죄악이 가득 찬 이 도시에 살고 계신 여러분이 나보다 더 잘 알고 있으리라고 여겨집니다. 육체와 영혼이 죽어가면서 크리스천들의 도움을 바라는 남녀와 어린이들이 처한 극도의 비참한 상황을 외면한 채, 인종 차별의 비극을 연출한 채, 아니면 그런 것에는 관심도 생각도 없다는 식으로 여러분은 과연 바르게 살아갈 수 있을까요? 술집이라는 마수가 분명히 전쟁보다도 더 많은 영혼들을 앗아가고 있는데도 그것이 당신들의 관심사가 아니라고 할 수 있겠습니까? 수많은 사람들이 건강하고 의욕을 갖고 일자리를 찾으려고 시카고를 비롯 전국 도시에서 아우성을 치며 떠돌아 다니다가 결국에는 일자리를 찾지 못해 범죄를 저지르거나 자살을 하는데, 당신들은 이로 인해 아무런 고통을 받는 일이 없단 말입니까? 이런 일은 당신들이 상관할 일이 아니라고 말할 수 있겠습니까? 각자 스스로를 뒤돌아 보십시오. 또한 잘 생각해 보십시오. 만일 미국의 모든 크리스천들이 예수님의 발자취를 따라 행동했다면, 사회 전체, 기업계, 더욱이 상업 활동과 행정 활동을 지배하는 정치 활동에 있어서는 큰 변화가 일어나 인간의 고통을 최대한으로 줄일 수 있으리라고 주장한다면 전혀 터무니 없는 황당무계한 생각일까요?

이 도시에 살고 있는 모든 크리스천들이 한결같이 힘을 합쳐 예수님의 발자취를 따르고자 노력한다면 어떤 결과가 나타날까요? 이에 대해서는 상세히 말할 수 없습니다. 그러나 쉽고 간결하게 말할 수 있는 것은, 그렇게 되면 인간 생활의 문제점에 대한 적절한 해결책이 즉시 발견되리라는 것입니다. 참된 그리스도교 정신에 대한 시험이란 무엇을 의미할까요? 그 시험이란 그리스도 생존 당시의 그것과 똑같은 것일까요? 그렇지 않으면, 우리가 살고 있는 주변 환경이 그 시험을 수정하거나 혹은 변경시켰을까요? 만일 예수님께서 오늘 이 자리에 계신다면, 이 교회에 모인 몇 분을 부르셔서, 옛날 예수님께서 청년에게 명령하신 대로 하라고 하신 다음 재산을 포기하고 당신을 당연하게 따르라고 하신 것처럼 말씀하시지 않겠습니까? 만일 예수님께서 이 교회의 교인들 가운데 어떤 분이 구세주보다도 자신의 재산을 더 생각한다는 것을 아신다면 틀림없이 그렇게 말씀하실 것입니다. 이런 점에서 볼 때 시험은 예나 지금이나 똑같다고 생각됩니다. 예수님께서 이 세상에 살아 계셨을 때, '누구든지 자기 소유를 다 버리지 않으면 내 제자가 될 수 없다.(누가복음 14장 33절)'고 말씀하셨듯이, 오늘날 이 자리에 계시더라도 많은 고통을 감당하고 완전히 자기 자신을 부정하면서 철저히 자기를 따르라고 요구하실 것입니다. 즉, '나를 위해 그 일을 기꺼이 하지 않는 자는 내 제자가 될 수 없다'고 하실 것입니다.

만일 이 도시에서 모든 교인들이 '예수님이라면 어떻게 하실까?' 라는 질문에 대한 양심의 대답에 따라 매사를 처리해 나간다면 과연 어떤 결과가 나타날까요? 그 결과를 소상히 언급한다는 것은 결코 쉬운 일이 아닙니다. 그러나 우리 모두가 확실히 알 수 있는 것은 지금 교인들에 의해 자행되는 여러 가지 그릇된 일들이 전혀 일어나지 않으리라는 것입니다. 예수님이라면 그 재산을 어떻게 관리하실까요? 예수님이라면 재산을 활용함에 있어서 어떤 원칙을 적용하실까요? 과연 예수님이라면 지나칠 정도로 호사스런 생활을 하시면서, 고통받는 동포를 위해 구제 하시는 돈보다 열배나 많은 돈을 개인적인 손님 접대비로 낭비하실까 요? 또한 예수님이라면 당신 소유의 부동산을 술집이나 추잡스런 업소 로부터 세를 받거나 아니면 소유하신 재산을 동거 양식에 맞추어 개조 하여 사적 자유나 청결의 가능성이 없는 상태로 세놓아 그 세를 받아 챙 기실까요?

만일 예수님이라면 거리를 돌아다니며 교회를 비난하거나, 교회에 전 혀 무관심하고 맛이 쓴 빵 한 조각을 얻기 위해 결사적인 투쟁을 하다가 패배한 수많은 실업자와 절망에 허덕이는 자들에게 어떻게 대해 주실까 요? 또한 그들에 대해 전혀 관심이 없는 척 하실까요? 예수님이라면 오 로지 그들보다 훨씬 편안하고 안일한 생활만 추구하실까요? 예수님이라 면 그저 '내가 상관할 바가 아니다' 라고 말씀하실까요? 예수님이라면 그런 비참한 상황이 발생하게 된 원인을 근본적으로 제거할 모든 책임 을 지지 않으려고 변명만 하실까요?

만일 예수님이라면 이익 추구에 급급한 나머지 문명 세계의 한가운데 에서, 끔찍한 유혹에 휘말려 들지 않도록 무엇을 어떻게 하실까요? 영혼 과 육체를 보존하기에 충분한 임금도 지불하지 않는 대기업체에 고용된 어린 소녀들 가운데 엄청난 수가, 결국 쓰러져 소용돌이치는 깊은 물에 빨려들어가 버리는 사태를 당할 때 어떻게 하실 것이며, 교육을 시킨다 든지 도덕 훈련을 시킨다든지 따뜻한 사랑을 베푼다는 식의 그리스도교 적인 의무를 모조리 무시한 기업체에서 수많은 청소년들이 희생당하고 있는 상황에 대하여 어떻게 개척해 나가실까요? 만일 예수께서 오늘 이 자리에 계시고 영리적인 사업체의 비리를 체험한 바 있으시다면, 모든 기업가들이 알고 있는 이 사실에 직면하셔도 아무 말씀도 하지 않으시 고, 아무런 조치도 않으시고 아무런 생각도 하지 않으실까요?

예수님이라면 어떻게 하실까요? 예수님이 하실 만한 일을 그 제자는 해서는 안 되는 것일까요? 예수님은 이제 당신의 발자취를 따르라고 명

령하지 않으실까요? 이 시대의 크리스천들은 예수님을 위해 얼마나 큰
고통을 당하고 있을까요? 과연 이 시대의 크리스천들은 자신의 생활에
서 안일과 안락과 사치와 품위를 희생시켜 스스로를 부정하고 있을까
요? 개인적인 희생보다 이 시대가 요구하는 것은 도대체 무엇일까요?
교회가 선교단을 설립하거나 극빈자를 구제하는 데에 적은 돈을 냈다고
해서 예수님을 따르려는 의무를 다했다고 말할 수 있을까요? 천만 달러
의 재산을 가진 사람이 고작 1만 달러를 자선사업에 헌납했다고 해서
그것을 희생이라고 할 수 있을까요? 개인적인 고통 감당이라는 면에서
볼 때, 어찌 그런 사람을 자신의 희생을 감수하면서 뭔가를 기부했다고
할 수 있을까요? 오늘날 대부분의 교회에 적을 둔 교인들이, 희생이라고
할 수 있는 희생과는 아주 거리가 먼 이기주의적이고 안일한 생활을 하
고 있다는 것이 사실일까요? 예수님이라면 어떻게 하실까요?

크리스천들이 깊이 명심해야 할 금언은, '주는 자가 없는 선물은 가치
가 없다' 라는 것입니다. 고통을 누가 대신 받게 하려는 그리스도교는 참
된 그리스도교가 아닙니다. 참된 크리스천이라면 시민이든 사업가든 반
드시 예수님에게로 가는 희생의 좁은 길을 따라 그분의 발자취를 밟아가
야 합니다. 오늘날의 이 좁은 길은 예수님이 살아 계실 때의 좁은 길과
조금도 다를 바가 없습니다. 그 때나 지금이나 똑같은 좁은 길입니다. 저
물어 가는 금세기와 앞으로 다가올 새 세기가 요구하는 바는 새로운 크
리스천 정신이며 예수님의 발자취를 따르는 새로운 자세입니다. 제자들
이 모든 재산을 포기하고 문자 그대로 예수님을 따랐던 초기의 단순한
사도적 그리스도교와 같이 되는 것입니다. 이와 같은 크리스천 정신이
아니고는 어떠한 희생으로도 오늘날의 압도하는 파괴적 이기주의와 맞
설 수는 없습니다. 오늘날 유명 무실한 크리스천의 수가 많아졌습니다.
진정한 크리스천이 더욱 더 많이 있어야겠습니다. 우리는 이제 그리스도
의 정신을 본받는 참된 그리스도교를 다시 부활시켜야겠습니다. 우리는
지금까지 예수님이라면 절대로 용납하지 않으실 그런 그리스도교 정신
을 무의식적으로 게으르게, 이기적으로 공공연하게 조장해 왔습니다. 예
수님은 우리들 모두에게 다음과 같이 말씀하실 것입니다. 너희가 '주여,

298

주여' 하고 부르짖을 때 '나는 너희를 모르노라!' 라고 말씀하실 것입니다. 이제 우리는 예수님의 십자가를 짊어질 각오가 되어 있습니까. 과연 이 교회에서 진정으로 다음과 같은 찬송가를 부를 수 있을까요?

    십자기를 내가 지고
    주를 따라가도다. (찬송가 367장—역자 주)

만일 우리가 이 찬송가를 진실한 마음으로 부를 수 있다면, 비로소 우리는 참된 그리스도교 정신을 갖추었다고 말할 수 있겠지요.그러나 만일 우리가 그리스도교 정신의 정의를 예배의 특권이나 누리고, 스스로 아무런 희생을 감당함이 없는 풍요한 생활을 누리고, 기분에 맞는 친구들과 마음 편한 일에 둘러싸여 즐겁게 시간을 보내며, 훌륭하게 생활하는 동시에 너무 고통스러워 견디기 어렵다는 이유로 이 세상의 죄악과 고통의 엄청난 부담을 피하려는 것이라고 확정짓는다면—정말, 이런 것이 참다운 그리스도교 정신이라면, 올바른 길을 잃고 방황하는 인간들에 대한 고뇌로 신음하시고 눈물을 흘리시고 흐느끼면서 오솔길을 걸어가신 그분, 온몸에서 커다란 핏방울을 땀처럼 뚝뚝 흘리신 그분, 우뚝솟은 십자가에 매달리신 채 '나의 하나님, 나의 하나님, 어찌하여 나를 버리셨습니까?'(마태복음 27장 46절) 하고 울부짖으신 예수님의 발자취를 따르는 것과는 너무 먼 거리에 우리가 서 있는 셈이지요.

우리는 이제 참신한 그리스도교 정신을 굳건히 세우고 그것에 따라 살아갈 준비가 되어 있습니까? 진실한 크리스천의 정의를 다시 검토할 준비가 되어 있습니까. 진실한 크리스천이 된다는 것은 무엇을 의미할까요? 그것은 예수님의 행적을 모방하는 것입니다. 그것은 예수님 하신 것처럼 그분의 발자취를 따라서 행동하는 것입니다."

헨리 맥스웰 목사는 설교를 마친 후 잠시 교인들을 우두커니 서서 내려다보았다. 이때 그의 표정이 너무 진지해서 교인들의 뇌리에 깊이 박혀 있었다. 그러나 그들은 무엇을 뜻하는 표정인지 도무지 이해할 수 없었다. 그 날 이 웅장하고 멋진 교회에 모인 천여 명에 가까운 교인들은 오래 전부터 유명무실한 크리스천 생활을 해 온 사람들이었다. 맥스웰 목사가 설교를 마치자 무거운 침묵이 교인들을 덮쳤다. 그 침묵을 통해 그들에게 오랫동안 생소했던 성령이 모든 교인들의 영혼 속으로 파고 들어옴을 모두가 의식했다. 교인들 모두가 목사님께서 예수님을 따르겠다는 서약할 자원자가 있으면 나서라는 말을 할 줄 알았다. 그러나 맥스웰 목사는 성령의 인도하심에 따라 오늘 이 설교를 했으므로 조용히 나타날 결과를 기다리고 있었다.

그가 부드러운 음성으로 예배를 마치는 기도를 하자, 성령의 임하심이 모든 교인들에게 매우 가까이 느껴지는 듯했다. 교인들은 천천히 일어나 퇴장했다. 이때 예측할 수 없었던 기적 같은 장면이 일어났다.

수많은 신도들은 강단으로 몰려와 맥스웰 목사에게 예수님의 발자취를 따르겠다는 서약를 하게 해 달라고 호소했다. 그것은 누구의 강요 아닌 자발적이고 자연발생적인 움직임이었는데, 전혀 예측하지 못한 결과가 나타나자, 헨리 맥스웰 목사는 정신이 아찔하였다. 그러나 그는 바로 이런 성과가 있게 해 달라고 기도하지 않았던가? 그것은 자신의 기도에서 소망했던 것 이상으로 응답을 받은 셈이었다.

이런 움직임에 이어 기도회가 열렸는데, 레이먼드 제일교회에서의 체험이 재현되는 듯한 인상이었다. 저녁 예배 때, 맥스웰 목사는 매우 기뻤는데, 이 교회의 전도봉사회 회원 전원이 앞으로 나와, 아침 예배 때 수많은 신도들이 했듯이, 예수님의 발자취를 따르겠다는 서약을 진지하고 엄숙한 태도로 했기 때문이다. 이렇게 형언할 수 없는 자애롭고 기쁨이 넘치는 동정적인 성과를 거두고 폐회가 가까워지자, 성령의 깊은 물결이 모임에 참여한 모든 신도들의 머리 위에서 넘실거렸다.

그 날은 그 교회 역사의 뜻깊은 날이었을 뿐만 아니라, 헨리 맥스웰 목사의 생애에도 그에 못지 않은 뜻깊은 날이기도 했다. 그는 밤늦게 집회를 마치고 인보회관의 자기 방으로 돌아왔다.

감독과 브루스 목사와 한 시간 동안 동석하여 그 날 일어난 사건들을 즐거운 마음으로 되새기면서, 그는 가만히 앉아서 그리스도의 제자로서 자기가 겪어 온 모든 체험을 다시 생각해 보았다.

그는 잠자리에 들기 전에, 항상 해오던 대로 무릎을 꿇고 기도를 했다. 바로 그 때, 이 참신한 그리스도교 정신이 언젠가 이 그리스도교 국가 국민의 의식과 양심 속으로 파고들어 자리를 굳혔을 때, 이 세상에 나타날 여러 가지 생생한 모습들에 대한 환상을 보게 되었다. 그는 분명히 깨어있었으나, 앞으로 닦칠 일들이 일부는 현실 그대로, 일부는 자기의 소망대로 아주 뚜렷한 형상으로 나타났다. 헨리 맥스웰이 생생하게 목격한 환상은 다음과 같은 것이었다.

그가 제일 먼저 본 것은 자신의 모습이었다. 그는 레이먼드 제일교회로 돌아가서 평소에 자기가 앞으로 살아갈 것을 마음먹었던 것보다 훨씬 더 단순하면서도 자기 부정적인 생활 방식으로 살아가는 모습이었다. 왜냐하면, 그는 실제로 자기의 도움에 전적으로 의지하여 생활하는 사람들을 도울 수 있는 구체적인 길을 보았기 때문이다. 또한 다소 희미하기는 했지만, 예수님과 그분의 행적에 대한 자기의 견해를 반대하는 세력이 확장되고 있어서 제일교회의 목사로서 자신이 더욱 가혹한 고통을 겪어야 할 시기가 다가오고 있음을 보았기 때문이었다. 그러나 그것은 희미한 윤곽에 불과했다. 이러한 상황을 통해서 더욱 뚜렷이 들려오는 말씀이 '내 은혜가 네게 충족하다' 라는 음성이었다.

그 다음에는 레이첼 윈슬로우와 버지니아 페이지가 렉탱글에서 봉사 사업을 계속해 나가면서, 한편으로는 레이먼드의 경계를 훨씬 초월하여 구원과 도움을 주는 사랑의 손길을 뻗치고 있는 모습이 보였다. 레이첼이 롤린 페이지와 결혼한 모습도 보였다. 부부는 예수님의 일에 완전히 몸을 바쳤고, 서로 사랑하고 순화된 열성으로 예수님의 발자취를 같이 밟아가고 있었다. 그리고 레이첼은 절망과 죄악에 병든 빈민굴에서 성가를 계속 불러 길 잃은 영혼들을 하나님과 하늘나라로 다시 인도하는 모습도 보였다.

마쉬 학장은 그의 위대한 지식과 막강한 영향력을 발휘하여 레이먼드 시를 정화하고, 애국심을 심어 주었으며, 자기를 사랑하고 흠모하는 청년들에게 크리스천의 봉사 생활 정신을 고취시키는 모습이 보였는데,

그가 항시 청년들에게 가르치는 바른 교육이란 바로 약자와 무식자를 위한 막대한 책임감을 뜻한다고 가르치고 있었다.

가정 생활에서 쓰라린 시련을 겪고 있는 알렉산더 파워즈의 모습도 보였다. 아내와 친구들의 거리감 때문에 혹독한 시련을 겪고 있었으나 사회적인 지위와 재산을 잃는다하더라도 자기가 복종하겠다고 서약한 예수님을, 전심전력을 다해 섬기고 모든 명예를 걸고 꾸준히 자기의 길을 가고 있었다.

장사꾼인 밀턴 라이트가 큰 불운을 만나고 있는 모습도 보였다. 밀턴 라이트는 여러 가지 악조건에 휩싸여 커다란 충격을 받았으나, 자신의 실수가 전혀 없었으므로 어려운 가운데서도 상당한 이익을 올렸고, 깨끗한 크리스천으로의 명예를 지니고 불운에서 벗어나 다시 완전한 사업 기반을 쌓으므로써 수많은 청년들에게 '예수님이라면 사업을 어떻게 운영하실 것인가'에 대한 훌륭한 본보기를 보여 줄 수 있게 되었다.

데일리 뉴스의 편집인인 에드워드 노먼의 모습도 보였다. 노먼은 버지니아가 기부한 기부금의 힘으로 언론계에서 큰 영향력을 일으키고 있었다. 그래서 데일리 뉴스는 국가의 참된 요인인 신문의 하나로 인정받게 되었으며 국가의 통치 원칙과 국가 정책의 수립에까지 영향력을 행사하게 되었고, 그리스도교 신문으로서의 막강한 힘을 과시했다. 그리고 예수님의 발자취를 따르겠다고 서약한 다른 언론인 신도들도 데일리 뉴스와 같은 계열의 그리스도교 신문을 창설해서 운영해 나갔다.

예수님을 부인했던 야스퍼 체이스의 모습도 보였다. 그는 점점 냉정하고 냉소적인데다가 형식적인 생활을 하면서 사회적으로 성공한 소설 몇 권을 써 냈지만, 그가 쓴 통속 소설 속에는 가시가 남아 있었다. 그 가시는 쓰라린 양심의 가책에서 연유한 것인데, 비록 자기가 아무리 애써도 사회적 성공만으로는 절대로 제거할 수 없는 것이었다.

로즈 스털링의 모습도 보였다. 그녀는 수년 동안 이모와 펠리시아를 의지하고 살다가 드디어 자기보다 훨씬 나이가 많은 중년 남자와 결혼했는데, 사랑이 없는 부부 관계를 부담스럽게 여기고 있었다. 왜냐하면 그녀의 소망은 돈많은 남자의 아내가 되어 옛날의 누렸던 온갖 겉치레와 물질적 호화스런 생활을 즐기는 데 있었기 때문이다. 그녀의 이런 생활 너머에서 환상에 의해 어떤 어둡고 쓸쓸한 그림자가 드리워졌는데, 자세한 모습은 드러나지 않았다.

행복한 결혼 생활을 하는 펠리시아와 스티븐 클라이드의 모습도 보였다 그들 젊은 부부는 아름다운 생활을 영위해 나가면서 열렬하고 즐거운 마음으로 고통을 감수하면서, 거대한 도시 시카고의 음산하고 어두운 빈민지역에서 위대하고 강력하고 향기로운 봉사 활동을 펼치고 있었다. 그러다가 인간 향수병에 걸린 사람들을 만나면 누구든지 자기 집으로 데리고 와서 따뜻한 사랑으로 보살펴 줌으로써 방황하는 영혼들을 구원하기도 했다.

브루스 목사와 감독의 모습도 보였다. 두 사람은 인보회관 사업을 계속했다. 맥스웰 목사의 환상에서는, '예수님이라면 어떻게 하실까?' 라고 쓴 커다란 표어가 현관문 위에 걸려 강력한 빛을 발하는 것처럼 보였다. 누구든지 이 표어에 이끌려 인보회관으로 들어오는 사람은 반드시 예수님의 발자취를 따르게 되었다.

번즈와 그의 친구도 보였으며 그들과 비슷한 처지의 사람들도 보였다. 그들은 하나님의 은총에 힘입어 인간적인 욕망을 극복해 나가면서 구제 활동을 했다. 그리고 그들은 일상 생활을 하면서 아무리 비천하게 타락하고 또한 철저하게 버림받은 사람이라 해도 새롭게 태어날 수 있음을 현실로 증명해 주기도 했다.

그런데 이번에는 환상이 흔들렸다. 맥스웰 목사는 자기도 모르게 무릎을 꿇고 간절히 기도를 시작했다. 그러자 환상은 다시 뚜렷해지면서 장래의 자기가 이뤄지기를 바라는 것들을 보여 주었다. 시카고와 나라 안에 세워진 예수님의 교회의 장관! 과연 이 교회들은 예수님의 뒤를 따를 것인가? 레이먼드의 제일교회에서 시작된 이 서약 운동이 나사렛 애비뉴 교회와 자신이 오늘 설교한 교회 등 몇몇 교회에 전파되는 것으로 끝나고 말 것인가? 그는 이와 같은 환상을 접하게 되자 몹시 마음이 괴로웠다. 그러나 그는 예수님의 교회가 성령의 영향에 따라 전국 교회들이 마음의 문을 활짝 열고서, 예수님을 섬기는 척하면서 예전의 안일무

사주의와 자기만족적인 타성에서 벗어나 희생을 감수하려고 일어서는 모습을 목격한 것 같았고, '예수님이라면 어떻게 하실까?' 라는 표어가 교회의 현관 문 위에 또한 모든 신도들의 가슴에 새겨져 있는 모습을 본 듯 했다. 이런 환상이 이내 사라지더니 그전보다 훨씬 뚜렷한 환상이 다시 나타났다. 온 세상의 그리스도교 청년 봉사대원들이 거대한 집회에서, '예수님이라면 어떻게 하실까?' 라고 새겨진 깃발을 높이 들고 씩씩하게 행진하는 모습이 보였다.

그리고 그는 젊은 남녀의 얼굴에서 고통과 재산 손실과 자기 부정과 순교를 즐거운 마음으로 감수하겠다는 표정이 뚜렷이 나타나 있음을 본 듯했다. 그리고 이러한 환상이 서서히 사라지면서 하나님의 아들이 나타나셔서 맥스웰 목사 자신과 자기 일생 동안 만난 모든 사람들에게 손짓으로 부르시는 모습도 보았다. 어디선가 천사들의 성가대가 찬송하는 소리가 들려왔다. 또한 많은 사람들의 환희에 찬 함성이 들렸고 승리의 고함소리도 들려오는 듯했다. 그러다가 예수님의 모습이 점점 더 커지고 광채를 발했다. 이윽고 예수님은 고통과 회생으로 점철된 기나긴 인생행로의 끝에 서 계셨다.

"그렇습니다! 이제야 예언하신데로 나타나셨군요. 오, 나의 주님이시여. 그리스도교 역사상 천년왕국의 희망의 빛이 아직도 도래하지 않았습니까? 이 시대의 그리스도교 정신을 혁신시켜 주옵시고 어디까지나 저희가 당신의 발자취를 충실히 따를 수 있도록 도와 주소서!"

마침내 헨리 맥스웰 목사는 천국에서 일어난 일들을 미리 목격한 자가 느끼는 두려움으로 자리에서 천천히 일어났다. 오늘날 전세계적으로 만연되어 있는 인간의 죄악과 비리가 전에 없이 뼈아프게 느껴졌다. 그리고 예수님의 진실한 제자 헨리 맥스웰은 믿음과 사랑으로 손에 손을 맞잡고 함께 걷고 싶은 강렬한 희망을 간직한 채 잠자리에 들었으며, 이 땅에 그리스도교 국가들이 거듭나 오점이나 잡티 하나 없는 순결한 예수님의 교회들이 서 있는 모습을 꿈꾸었다. 그리고 그는 꿈 속에서도 끝까지 예수님을 따르면서 예수님의 발자취를 충실히 밟아가고 있었다.

예수라면 어떻게 하실까

1판 1쇄 인쇄	2000년	2월 10일
1쇄 발행	2000년	2월 15일
2쇄 발행	2004년	1월 10일
3쇄 발행	2007년	4월 15일
4쇄 발행	2009년	10월 25일
5쇄 발행	2021년	4월 20일
6쇄 발행	2022년	3월 30일

지은이 | 찰스M. 쉘돈
옮긴이 | 최 정 선
펴낸이 | 김 용 성
펴낸곳 | 지성문화사
등   록 | 제5-14호(1997. 10. 21)
주   소 | 서울시 동대문구 신설동 117-8 예일빌딩
전   화 | 02)2236-0654
팩   스 | 02)2236-0655, 2236-2952

정   가 | 14,000원